브랜드의 시작

브랜드 수립에 필요한 생각과 도구들

브랜드의 시작

초판 1쇄 인쇄일 2025년 11월 5일
초판 1쇄 발행일 2025년 11월 19일

지은이 Josh
펴낸이 양옥매
디자인 송다희 표지혜
마케팅 송용호

펴낸곳 도서출판 책과나무
출판등록 제2012-000376
주소 서울특별시 마포구 방울내로 79 이노빌딩 302호
대표전화 02.372.1537 **팩스** 02.372.1538
이메일 booknamu2007@naver.com
홈페이지 www.booknamu.com
ISBN 979-11-6752-705-9 (03320)

* 저작권법에 의해 보호를 받는 저작물이므로 저자와 출판사의 동의 없이
  내용의 일부를 인용하거나 발췌하는 것을 금합니다.
* 파손된 책은 구입처에서 교환해 드립니다.

브랜드 수립에 필요한 생각과 도구들

브랜드의 시작

Josh 지음

브랜드 가치 체계 수립 시 필요한 모든 과정이 담긴 실무 가이드북

Brand

프롤로그

 지난 20년간 브랜드 매니저로 브랜드 마케팅 전략을 담당하고, 컨설턴트로서 브랜드 가치체계 구축과 포트폴리오 수립의 업무를 맡아 왔다. 다년간 컨설팅 경험을 통해 깨달은 것은 진정한 브랜딩의 핵심이 화려한 기교나 수백 장에 달하는 분석 보고서에 있지 않다는 점이었다.
 브랜딩을 위해 꼭 필요한 것은 남이 만들어 주는 보고서가 아닌, 단 열 장짜리라도 브랜드를 담당하는 본인의 목소리와 생각이 직접 담겨 있어야 한다는 점이다. 그래야만 실무자들의 단단한 브랜딩 체력이 생겨나고 전략과 유기적인 실행력이 만들어질 수 있다.
 하지만 현장에서 실무자들이 매일 해야 하는 업무량을 생각하면 브랜드를 직접 수립하는 일은 매우 힘든 상황이며, 자원이 충분하다면 외부의 도움을 거부할 이유가 없다. 실무자가 직접 해야 하는 환경에 있더라도 어디서부터 어떻게 시작해야 할지 막막한 경우가 대부분이다.

 지난 몇 년간 브런치에서 브랜드 아이덴티티 수립에 관한 글을 연재하면서, 많은 분들이 조언을 구하는 것을 보며 브랜드 구축에 어려움을 느끼는 사람들이 여전히 많다는 것을 실감했다. 또한 업무 환경에 따라 맞닿아 있는 브랜딩 이슈들이 다양할 것이다.

그래서 브랜드 매니저와 브랜드 컨설턴트의 실무 경험을 바탕으로 브랜드 수립 시 발생할 수 있는 이슈를 정리하고 문제에 따라 도움이 될 수 있는 접근 방법들을 최대한 다뤘다. 외부의 도움을 받거나 혹은 내부에서 진행하더라도 내부에서 최대한 자신의 것으로 만들 수 있도록 했다.

물론 20년의 짧은 경험이 모든 문제와 이슈에 다 통용될 수는 없다. 나의 국한된 업무 경험은 더 나은 방법과 대안이 되지 못할 수도 있다. 생성형 AI 등 빠르게 변화하는 업무 환경에 부합하지 못한 부분도 있으리라 본다. 이런 부족함은 독자분들에게 많은 양해를 구하는 바이다.

그럼에도 가장 기본적인 것은 어디에서나 통용된다는 믿음이 있다. 반대로 누구나 다 알고 있는 내용이고, 이미 진행하고 있는 방법일 수 있지만 당신이 하고 있는 업무에 조금이라도 도움이 된다면 이 책의 역할은 다 한 것이라고 생각한다.

Part 1은 회사 내에서 브랜드를 담당하는 실무자라면 브랜드 수립 과정에서 누구나 한 번은 겪을 수 있는 어려움과 해결할 수 있는 팁들을 정리했다. 업무 환경에 따라 차이는 있겠지만 브랜드 수립이 갖는 특수성을 감안하면 대부분의 어려움들은 예측 가능한 범위 내에 있을 것으로 보인다.

Part 2는 컨설턴트로 활동하면서 선배들에게 배우고 고민한 분석 방법들을 정리했다. 또한 브랜드나 마케팅 책에 나온 이론과 개념들을 브랜드 수립에 어떻게 적용할 수 있는지, 이론서를 실무에 응용할 때 체득한 노하우를 누구나 알기 쉽도록 설명했다. 단계별 브랜드 수립 방법과 예시들을 보면서 자신에게 맞는 방식을 선택하거나 더 나은 자신만의 방법을 찾는 데 유용하기를 바란다.

Part 3은 브랜드 수립 방법을 업무에서 바로 사용할 수 있도록 브랜드 프레임워크와 생성형 AI 프롬프트를 수록했다. 이 두 가지는 책에서 제안하는 내용에서 멈추지 않고 앞으로도 계속 발전시켜야 할 부분이기도 하다. 이것은 실무진에게 가장 유용한 도구가 될 것으로 확신하기에, 앞으로도 분석 방법을 정교화하고 이에 맞는 프레임워크와 프롬프트를 지속적으로 개선해 나갈 것이다.

2006년부터 줄곧 브랜드 업무를 하면서 몸으로 배운 경험들을 정리하여 내가 생각하는 브랜딩 방법의 방점을 찍고 싶었다. 부족한 경험과 지식이지만 조금이나마 사회에 기여하는 마음으로 용기를 내어 책을 썼다. 진심으로 브랜드로 고민하고 어려움을 겪는 분들에게 유용한 도구가 되기를 바란다.

2025년 9월
조명희

CONTENTS

프롤로그　5

PART 1　브랜드 수립 전 워밍업
: 완성도를 높이는 브랜딩의 기초

1　브랜딩이 막막한 당신에게　12
2　브랜드 아이덴티티를 왜 수립해야 할까?　24
3　누가 고양이 목에 방울을 달 것인가?　31
4　전문 에이전트社의 브랜드 수립의 차이는 무엇일까?　42
5　브랜드 아이덴티티를 실무에 적용하는 팁　49
6　미션, 비전, 브랜드 에센스, 컨셉의 구분　59

PART 2　브랜드 아이덴티티 수립 완벽 가이드
: 브랜드 진단부터 브랜드 가치체계 수립까지

7　브랜드 아이덴티티 수립의 전체 프로세스　72
8　모듈 1. 브랜드 진단(Brand diagnosis)　84

9	모듈 2. 현재의 방향성 분석(Look Inside) 91
10	모듈 3. 주요 경쟁사 분석(Key Players Analysis) 108
11	모듈 4. 브랜드 이미지 탐색(What Customers Say) 119
12	모듈 5. 타깃 인사이트 도출(Target Insights) 135
13	모듈 6. 인사이트 발굴을 위한 서베이 설계(Survey Design) 157
14	모듈 7. 산업의 정적 가치 분석(Industry Value Analysis) 168
15	모듈 8. 시장 핵심 동인 탐색(Market Dynamics Drivers) 178
16	모듈 9. 브랜드 워크숍(Brand Workshop) 186
17	모듈 10. 브랜드 밸류 구축(Building Brand Value) 194
18	모듈 11. 브랜드 포지셔닝(Brand Positioning) 200
19	남들은 어떤 브랜드 아이덴티티를 갖고 있을까 206
20	모듈 12. 브랜드 플랫폼(Brand Platform) 213
21	브랜드 플랫폼 사례들 224

PART 3 실무에 바로 사용 가능한 브랜드 수립 툴
: 생성형 AI로 브랜드 여정 마무리하기

22	브랜드 수립을 위한 프레임워크 236
23	브랜드 수립을 위한 프롬프트 258

에필로그 279

참고 자료 281

PART 1

브랜드 수립 전 워밍업

: 완성도를 높이는 브랜딩의 기초

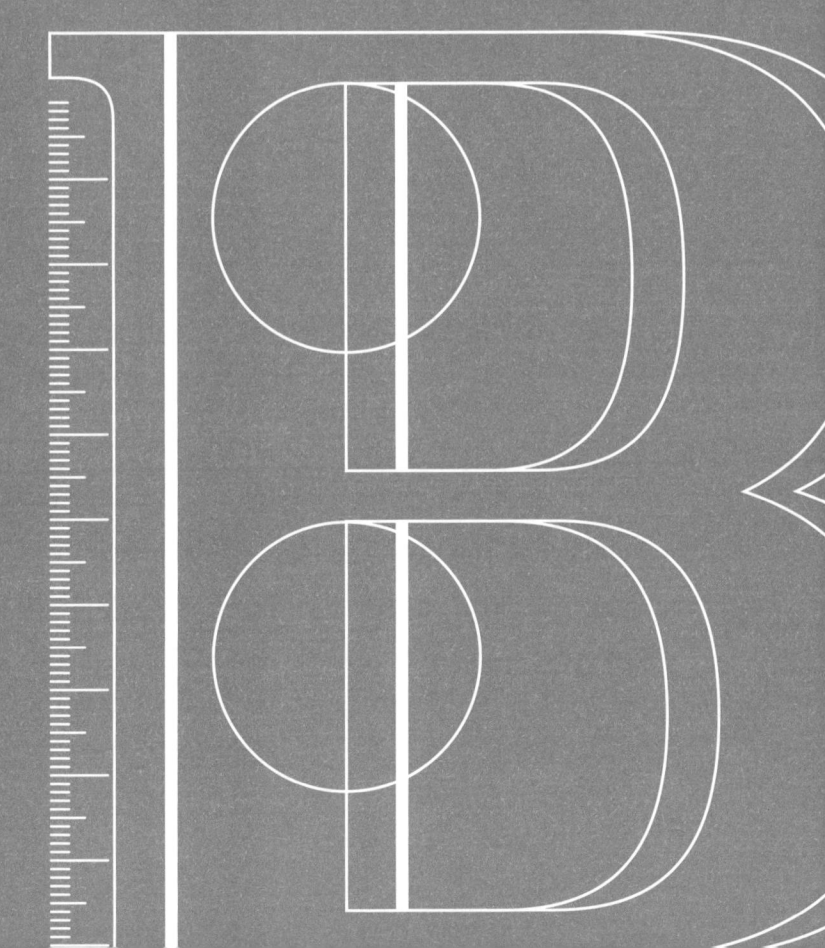

①

브랜딩이 막막한 당신에게

회사를 싫어지게 만드는 브랜드 회의

국내에서 팀들과 함께 브랜드 아이덴티티를 수립할 때였다. 상사였던 K부장이 한마디 한다.

"경쟁사를 좀 보거나 삼성, LG 등 국내 리딩 기업의 좋은 말들을 다 모아 보고 우리에게 가장 잘 맞는 것으로 정리합시다. 그리고 챗지피티를 활용해서 가치제안을 만들고 가장 괜찮은 것으로 정합시다."

산업 내 글로벌 7위의 국내 기업에서 일어나는 일이다. 일반적으로 회사 내 브랜딩을 위한 미션, 비전을 만들자는 분위기가 생기면 관련 부서들은 본능적으로 피하려 한다. 힘들고 귀찮은 일이라는 것을 직감적으로 안다. 자신이 맡고 있는 업무 외에 하나가 더 생기는 셈이다. 어떻게 해야 할지도 모르고 언제 끝날지도 모른다. 경험이 있어도 과정의 어려움을 알고 있어서 하고 싶지 않다. 담당자들 스스로 해결이 아닌 종결을 원한다.

결국에는 경영기획팀, 브랜드 마케팅팀, 홍보팀에서 진행하거나 별도의 TF(Task Force)가 만들어진다. 담당팀이 정해지면 공장에서 물건을 찍어 내듯 결정권자의 코드에 맞는 결과물들이 만들어진다. 입맛에 맞는 표현들로 구성된 말들이 나오고 '이걸로 갑시다'라는 말이 나오면 마무리된다. 직원들의 생각과 공감대가 없는 공허한 방향성이 결정되는 셈이다. 다음 날 당신 회사의 홈페이지나 메일 공지에 결정된 내용이 공표된다.

스타트업에서는 대기업과 달리 또 다른 형태의 고민이 존재한다.

"우리 회사도 이제는 방향성이 필요한 것 같아요."
"브랜드 방향성은 필요한 것 같은데 어디서 어떻게 시작해야 할까요? 일단 함께 모여서 회의를 해 볼까요?"

중소기업과 스타트업은 개개인의 적극성과 유연성이 발휘되는 환경이지만 어떻게 수립해야 할지 모르기 때문에 어려움을 겪는다. 그렇기에 그들은 직원의 역량에 의존할 수밖에 없다. 이런 조건에서 외부 전문가를 의뢰하는 높은 비용과 경험의 부족은 브랜드 수립에 걸림돌이 된다.

브랜드 수립에 걸리는 장애물들

개인적으로 어떤 일을 할 때 걸리적거리는 것을 싫어한다. 방해되는 것을 정리하는 데 에너지를 쏟다 보면 정작 힘을 줘야 하는 순간에는 그렇지 못하기 때문이다. 회사마다 차이는 있겠지만 브랜드 수립을 어렵게 하는 장애들이 존재한다. 마주한 장애물과 당신의 현재 조건을 극복하는 것이 브랜드 수립을 위한 첫걸음이 된다.

이런 장애물로는 수직적인 기업 문화, 결정권자의 브랜드 마인드 부족, 결정자 간 브랜드 방향의 시각 차이, TF(Task Force) 구성의 어려움, 참여자의 동기 부족 등 다양하게 나타난다. 실무 입장에서 이런 내부의 벽들은 당신을 지치게 하고 포기하고 싶게 만드는 주된 요소다. 이외에도 생각지 못한 변수들이 당신을 가로막을 수 있다.

그럴 때마다 당신은 쇄빙선처럼 하나하나 부수며 앞으로 나가는 힘겨운 여정을 해야 할지도 모른다. 그런 당신을 위해, 브랜드 실무자가 마주하게 될 이슈들과 함께 이러한 어려움을 맞닥뜨렸을 때 도움이 될 만한 팁들과 함께 선행 업무들을 정리해 보았다.

브랜드 아이덴티티 수립을 마치고 나면 아쉬움이 남는 경우가 가끔 있다. 좀 더 잘하고 싶은 마음과 미리 대응하지 못했던 나에 대한 자책과 욕심이 엉킨 아쉬움이다. 당신의 현재 상황을 고려했을 때 앞으로 겪게 될 난관들을 예측해 보고, 상황에 맞게 잘 대응해 나가길 바란다. 브랜드 방향성 수립이 끝나면 아쉬움보다는 동료들과 함께 성취감을 맛보는 시간이 되었으면 좋겠다.

- **내부적으로 합의되지 않은 과업 목표**

어떻게 진행해야 할지 모르기 때문에 무작정 시작할 경우 첫 단추부터 헤맬 수 있다. 시작 전 브랜드 아이덴티티 수립 시 필요한 용어의 정의와 의미, 관련된 개념의 차이들을 명확히 알고 시작해야 한다. 만약 당신이 브랜드 협력사와 진행한다면 브랜딩에서 사용하는 언어를 알아야 명확한 커뮤니케이션이 이루어진다.

만일 사용하는 정의부터 다르다면 결과는 불 보듯 뻔하다. 브랜드 용어는 학자마다 차이가 있기도 하고, 새롭게 재구성한 의미도 많다. 브랜드 개념상 여러 가지 의미가 있어서 정확한 의미가 혼동되는 경우, 내부적으로 의미에 대한 합의를 보기를 바란다. 통일된 개념으로 동일한 이해 선상에서 시작하도록 한다.

예를 들어 당신이 최종적으로 만드는 결과물이 브랜드 에센스를 수립하는 것이라고 하자. 그렇다면 브랜드 에센스가 무엇인가에 대해 부서장, 팀원 간 공통적인 합의를 이루고 시작해야 한다. 브랜드 에센스가 한두 개의 단어로 구성된 브랜드 지향점을 만드는 것인지, 아니면 브랜드 슬로건이나 카피와 같은 창조적인(Creative) 결과물을 만드는 것인지, 당신과 팀들이 기대하는 결과물이 무엇인지 명확하게 정의한다.

암묵적으로 알고 있다고 하더라도 한 번 더 의미를 확인하고 시작하자. 몇 달의 시간이 지나고 난 후에 의미의 인식 차이가 만들어 내는 영향 격차(Impact Differential)로 일을 처음부터 다시 시작해야 하는 끔찍한 상황이 발생할 수도 있다. 6장에 브랜드 아이덴티티, 에센스, 브랜드 컨셉 등 꼭 알아야 할 개념과 차이를 담았다. 시작 전과 중간에 개념을 떠올리면서 결과물을 다듬어 가길 바란다.

여기서 언급하는 브랜드 아이덴티티는 디자인이나 상품처럼 눈에 보이는 탠저블한(Tangible) 개념이 아니다. 브랜드 로고나 디자인의 의미로 보고 배우기 위해 선택했다면, 그것들과는 다른 개념이라는 것을 미리 밝힌다.

- 브랜드 수립 프로세스 이해의 부족

당신에게 주어진 상황에 따라 프로젝트의 인원 구성은 다양한 형태로 나타날 것이다. 당신 한 명이 단독으로 맡거나 부서가 함께 수행할 수도 있다. 또는 부서별 인원이 모여 TF로 운용될 수도 있다.

구성이 결정되면 다음 단계는 전체 프로세스 맵을 작성하는 것이다. 혼자 진행하거나 외주사와 협업할 때에도 먼저 전반적인 방법론과 프로세스를 설계한 후 파트너사와 협업을 시작하길 바란다. 4장에서는 브랜드 전문 수행사들의 특징을 다뤘는데, 파트너사의 고유한 특성을 파악하면 더 큰 시너지를 창출할 수 있을 것이다.

상호 간의 신뢰는 유사한 지식과 이해를 바탕으로 형성된다. '전문성이 부족한 에이전시', 무지한 클라이언트라는 비난은 신뢰의 부족에서 비롯되며, 결국 갈등으로 끝나기 마련이다. 당신의 생각이 명확해야 상대방의 차이점을 정확히 알 수 있다. 기대하는 결과물이 명확할수록 더 선명한 결과물을 얻을 수 있다. 최종 결과물의 완성도는 세부 진행 과정과 직결되어 있다는 점을 명시하자.

7장에는 브랜드를 수립의 전체 과정을 담았다. 다년간의 브랜드 경험을 토대로 브랜드 대상에 맞는 브랜드 아이덴티티 수립 프로세스를 정리했다. 물론 브랜드를 구축할 때 반드시 이 프로세스만을 사용해야 하는 것은 아니다. 이러한 기본적인 접근법을 바탕으로 당신의 인사이트를 추가하여 더욱 효과적인 과정을 만들어 나가기를 기대한다.

• 끊임없는 결정권자와의 소통과 조율

브랜드 아이덴티티 수립은 최종적으로 확정될 때까지 끈기와 지속적인 설득이 요구되는 작업이다. 브랜드 수립을 좋아서 하는 사람이 얼마나 될까? 브랜드 아이덴티티 수립이 어려운 이유는 진행자와 결정권자가 분리되어 있기 때문이다. 담당자가 다수의 의견을 조율하지만 대부분 사장이나 대표가 결정권을 갖고 있다.

이런 환경은 당신을 자연스럽게 수동적으로 만든다. 그런데 제한적인 결정권으로 피동적인 태도를 취하면 상황은 오히려 더 힘들어진다. 본인이 결정권을 가진 것처럼 주도적으로 해야 한다. 그렇지 않으면 지지부진한 의사결정으로 프로젝트는 표류될 가능성이 높다.

당신이 가장 많이 힘써야 하는 부분은 결정권자에게 지속적으로 진행 과정과 중간결과를 공유하여 이해 선상을 동일하게 맞추고 논리적인 결과물을 만드는 것이다. 여기에 7할 이상의 시간을 할애해야 한다. 브랜드 컨설팅사에서 프로젝트를 진행하다 보면 차이는 있지만 실무진 보고부터, 팀장 보고, 대표 보고, 그룹사 보고, 자문단 보고, 최종 대표 보고 등 다층적인 보고 단계를 거치는 경우가 많다. 이처럼 보고체계가 복잡한 조직에서는 결정권자의 프로젝트 이해도와 참여 수준이 프로젝트의 성공을 좌우하는 핵심 요소가 된다.

수많은 프로젝트를 경험하면서 담당자의 태도와 의지에 따라 결정권자의 이해도가 크게 달라지는 것을 자주 목격해 왔다. 쉽지 않은 일이지만, 당신의 적극적이고 주도적인 자세는 선택 사항이 아니라 필수 조건이다.

• 단기적 성과 압박을 가진 상사와의 마찰

기업 규모에 상관없이 오너가 아닌 한 임원은 계약직의 시한부 인생을 가진 사람들이다. 그들은 성과가 나오지 않으면 미래가 없다. 브랜딩 전략은 장기적 접근이기 때문에 그들의 미래를 보장해 주지 않는다. 즉, 브랜드 수립을 하는 데 느긋하게 기다려 주는 임원은 없다는 말이다.

이런 제약을 극복하려면 2개월, 3개월, 6개월 등 명확한 데드라인 (Deadline)을 설정하고 시작해야 한다. 프로젝트가 장기화되면 관심에서 멀어진다는 뜻이다. 임원들의 업무 우선순위에서 장기 전략은 당면 과제에서 밀려나기 마련이다.

외국계 O社에서 팀장으로 브랜드 아이덴티티를 수립할 때 1년 반의 시간이 걸렸다. 브랜드 수립은 매출액처럼 직접적으로 회사에 수익을 가져다주지 않기 때문에 성과로 인정받기도 힘들다. 따라서 부서 내 긴급 상황이 생기면 중단되거나 우선순위에서 밀리는 일이 반복됐다. 심지어는 매출 압박으로 인해 타 부서로 이동되기도 했다. 결국에는 프로젝트가 중간에 없어지고 말았다.

이것은 기간 내에 완수하지 못한 완전한 나의 책임이다. 경영진이 우선시하는 시급한 업무가 무엇인지, 회사 문화, 부서 간 역학관계 등 내부 상황을 제대로 파악하지 못했기 때문이다. 그 결과 전략회의에서 소외되고, 부서 간 의견 조율에서 막히며 결국 프로젝트는 표류하게 되었다.

B社에서 부장으로 프로젝트를 진행할 때는 이전 경험을 반면교사로 삼아 단기간 내 결과물을 만들어 내겠다고 다짐했다. 기회가 있을 때마다 과업의 배경과 진도를 공유하며 적극적으로 소통했다. 이런 지속적인 노력 덕분에 3개월 만에 결론을 도출할 수 있었고, 의미 있는 성과를 얻을 수 있었다.

긴장감 있는 일정 관리가 매우 중요하다. 전체 플랜과 세부 일정을 지속적으로 업데이트하고 공유해 보자. 먼데이닷컴(Monday.com), 라이크(Wrike), 트렐로(Trello) 등의 프로젝트 관리 업무 툴을 사용하여 실시간으로 상사에게 보여 주는 것도 하나의 방법이다. 무형의 과정을 유형의 것(Tangible)으로 바꾸어 전체 진행의 진척도를 보여 줌으로써 신뢰를 쌓는 것이다.

기약 없이 당신을 기다려 주는 회사는 그 어디에도 존재하지 않는다. 일반적으로 브랜드 아이덴티티 수립 시 최소 2~3개월의 시간은 확보하고 진행해야 무리가 없다. 최소 3개월의 시간을 보장받아도 1, 2개월로 단축해야 하는 상황이 생길 수 있지만 말이다. 내부 소통을 위해서라도 꼭 일정 기간은 확보하길 바란다.

• 최종 결정의 어려움

브랜드 수립 시 가장 힘이 많이 들어가고 욕심이 많아지는 시기가 결정 단계이다. 이때는 다들 브랜드 방향성에 대한 생각이 더 많아진다.

- 지금의 결과물이 최적인가?
- 더 나은 대안은 없는가?

- 여기까지 온 과정은 모든 사항을 빠짐없이 고려했는가?
- 보충할 부분은 없는가?
- 어떻게 결정하는 것이 효율적인가?

결정을 앞두면 누구나 신중하게 고민하기 마련이다. 특히 CEO나 회사 리더들은 기업 생존에 대한 책임감만큼 가장 깊은 고민을 한다. 대부분의 경우 대표나 부서장들의 논의를 거쳐 가장 합리적인 결정이 내려진다.

한편으로는 기업의 방향성이 직원과도 밀접하게 관련이 있기 때문에 내부의 의견을 수렴하여 최종 결정에 반영하기도 한다. 이런 과정은 공동체 의식을 심어 주고 회사에 대한 관심도를 자연스럽게 높이는 넛지(Nudge: 바람직한 방향의 선택을 유도하는 부드러운 개입) 역할을 한다. 넛지 방식으로는 내부 직원의 선호도 조사나 브랜드 수립 워크숍 참여 등이 있다. 이렇게 함으로써 구성원들의 의견이 반영된 수평적 문화와 객관성을 확보할 수 있고 대표의 독단적 결정이라는 인식도 완화할 수 있다.

국내 부동산 자산운용 1위 기업인 이지스 자산운용은 지금까지 만난 기업 중에서 수평문화가 가장 잘 형성된 조직이었다. 이 회사의 기업 브랜드 방향성 수립 시 100여 명이 넘는 전 직원들의 의견을 수렴하여 브랜드 아이덴티티를 결정했다. 또 아시아 1위 건축 회사인 일본의 니켄 센케이 역시 천여 명이 넘는 전 직원의 의견을 수렴하여 회사의 비전과 미션을 수립한 대표적인 사례로 알려져 있다.

- **아웃-인 사이드의 객관성 확보**

 기업 브랜드와 달리 제품, 서비스의 브랜드 아이덴티티를 수립할때는 공급자 관점에서 수요자(소비자, 고객) 관점으로의 전환이 필요하다. 최종 결정 단계에서 내부 직원들이 추구하는 지향점과 소비자의 니즈(Needs)나 원츠(Wants)와 상반되거나 다른 결과가 나오는 경우가 많다.

 분석의 무게중심을 어디에 둘지는 브랜딩 대상에 따라 결정된다. 기업 브랜딩이라면 내부의 지향점에도 무게를 두어야 하겠지만 제품이나 서비스 등 소비재와 관련이 높다면 소비자, 즉 외부에 더 큰 비중을 두는 것이 적절하다.

 브랜드 아이덴티티를 수립할 때 우리는 무의식적으로 기획자 중심에서 출발한다. 우리의 강점이 무엇인지, 우리가 무엇을 더 잘할 수 있는지, 어떤 약점을 보완해야 하는지 등을 깊이 고민할수록 소비자가 실제로 고려하는 니즈와 원츠에서 멀어질 수 있다. 그러므로 당신의 관점과 소비자와 관점의 격차를 의도적으로 줄이는 것은 반드시 신경 써야 하는 부분이다.

 매 단계마다 소비자를 고려해야 할 포인트가 있다면, 의도적으로라도 이 부분을 반영하도록 노력해 보자. 그들이 원하는 것, 우리가 그들에게 줄 수 있는 효익, 가치관, 라이프 스타일 등 고객이 원하는 요소들을 브랜드 안으로 적극 끌어들여야 한다. 아웃사이드-인 관점에서 고객과의 관계를 형성하고 그들의 요구를 반영하려는 자세를 항상 유지하도록 한다.

• 내부 공감대 형성의 어려움

새로 온 전학생이 학교생활에 적응하기 위해 가장 먼저 하는 것은 친구를 만드는 것이다. 동네에 새로 문을 연 가게가 매출을 늘리기 위해 단골로 만드는 데 집중하는 것도 같은 맥락이다. 고객과의 관계를 형성하는 과정은 브랜딩의 시작이자 종착점이다. 사람들은 브랜드 관계라고 하면 주로 외부 소비자를 떠올린다. 하지만 그보다 더 중요한 것은 내부 고객과의 관계다. 외부 고객은 품질을 보고 평가하는 사람이지만, 내부 고객은 품질을 창조하는 사람이기 때문이다. 방향성을 모르고 일하는 것과 방향성을 이해하고 일하는 것은 전혀 다른 결과를 낳는다.

시작 단계에서 함께 브랜드 아이덴티티를 만들고 논의하면서 목적지의 유대를 형성하는 것이 바로 내부 브랜딩(Internal Branding)의 출발점이다. 브랜드 아이덴티티를 수립은 내부 결속과 공감대를 강화할 수 있는 최고의 기회로 활용할 수 있다.

H社 재직 당시 의욕이 앞선 나머지 수행 기간을 30일로 무리하게 정하고 진행한 적이 있다. 30일 만에 500쪽이 넘는 전략 보고서가 나왔다. 개인적으로 나는 이 과업을 0점으로 평가한다. 단기간의 성과 압박에 시달리고 보여 주기 성과에 급급한 직원에 불과했을 뿐이었다. 기업 브랜드의 정체성 수립에서 가장 중요한 내부 공감대를 전혀 얻지 못했다. 밤을 꼬박 새운 한 달의 노력이 책꽂이에 꽂힌 장식용 껍데기로 전락하는 순간이었다.

일부 실무자들은 내부 결속력을 프로젝트의 장애로 인식하고 외부 전문기관에 맡겨 버리는 경우가 종종 있다. 이것은 내부의 결속력을 다질 수 있는 기회를 포기하는 셈이다. 전체 프로젝트를 외부 파트너사와 진행하더라도 부서장이 참여하는 워크숍, 팀빌딩의 장치를 요청해야 한다. 소통을 통해 구성원들이 가진 생각의 차이를 이해하는 시간을 갖는 게 중요하다. 수직, 수평 간 이해하고 합의하는 과정으로 함께라는 소속감을 심어 주는 장치가 꼭 필요하다.

그렇지 않으면 그럴듯한 보기 좋은 말이 담긴 보여 주기에 지나지 않는다. 어디든 회사에 가 보면 먼지가 쌓인 브랜드 북이 있다. 브랜드를 잘 활용하고 지키는 회사를 만나는 것은 쉽지 않다. 이유는 간단하다. 봐야 할 이유에 대한 내부 공감대가 없기 때문이다.

2024년 삼성물산 프로젝트를 진행할 때의 일이다. 래미안 브랜드가 매우 까다롭고 엄격하게 관리되고 있는 것을 보았다. 로고 사용 및 응용에도 다양한 사용 환경을 고려하고, 예외 사항도 최소화하여 통일성, 일관성 유지에 힘쓰고 있었다. 래미안의 브랜드 관리가 모든 환경에서 일관성 있게 지켜지고 있는 이유는 바로 부서 간 내재화된 약속과 그 중요성을 알고 있기 때문이다. 우리 안의 정체성을 외부로 전달하는 데 내부의 기준과 필요성이 선행되지 않으면 외부에서의 관리는 요원한 일이 되어 버리고 만다.

2

브랜드 아이덴티티를
왜 수립해야 할까?

우리는 언제 브랜드 방향성이 필요하다고 느낄까?

   브랜드 자문을 요청할 때의 이슈를 살펴보면, 대부분 다음과 같은 배경이나 상황에 직면해 있는 경우가 많다.

- 내부에서 정리하지 못한 회사의 중장기적 브랜드 방향성 수립
- 대표, 리더 교체 등으로 리더십을 다시 강화해야 하는 상황
- 기업 M&A로 회사 내부의 결속력이 필요한 상황
- 인지도는 높으나 실제 구매로 연결이 되지 않는 경우
- 상품의 만족도는 높으나 반대로 매출이 낮은 경우
- 기존 제품과 신제품으로 회사 내 다양한 제품이 얽혀 있는 경우
- 지금 브랜드의 위치, 위상을 재점검해야 하는 경우
- 브랜드 노후화로 시장 환경에 맞는 포지셔닝이 필요한 경우
- 시장 환경에 맞는 효과적인 포지셔닝 전략

- 브랜드 이미지 구축이 잘 안 되는 상황

하지만 브랜드 전략으로 위의 이슈들을 모두 해결할 수 있는 것은 아니다. 브랜딩으로 할 수 있는 것도 있고 없는 것도 있다. 품질 개선, 유통망 확대, 판매 증진 등 가치사슬 전반에 걸친 문제들은 브랜딩만으로는 근본적인 해결이 어렵다. 그렇다면 브랜드 방향성을 정의함으로 실질적으로 개선할 수 있는 것은 무엇일까? 명확한 브랜드 정체성이 가져다주는 핵심 효과는 다음 네 가지 범주로 정리할 수 있다.

1. 명확성(Clarity): 기업/사업을 더 명확하게 정의하고, 브랜딩의 명확한 방향을 결정하는 것
2. 유대감(Bonding): 직원들의 목표의식, 유대 관계를 강화하고 결속력을 갖게 하는 것
3. 차별화(Difference): 시장에서 제품과 서비스의 차별화를 강화하는 것
4. 일관성(Consistency): 커뮤니케이션의 일관성을 유지하고 향상시키는 것

결국 당신이 브랜드 아이덴티티를 수립함으로써 기대할 수 있는 것은 자원의 효율성과 효과를 극대화하여 기업의 생존과 성공 가능성을 높이는 것이다. 따라서 브랜드 책임자로서 당신의 역할은 이러한 목표 달성을 위해 일관성 있고 응집력 있는 브랜드 아이덴티티를 확립하는 데 있다.

브랜딩도 살기 위해 하는 겁니다

생존을 정의한다면, 자신과 환경 사이의 경계를 멈추지 않는 것이다. 시장에서의 생존 역시 마찬가지로 당신의 기업이 시장 환경과의 경계를 늦추지 않고 주시하는 것을 의미한다. 이것은 환경에 대해 주도권을 획득하기 위한 준비 과정이라 할 수 있다. 처음부터 강력한 주도권을 잡는 경우는 거의 없다. 그래서 기업의 첫 번째 우선순위와 목적은 양적 성장이 된다. 지속 가능한 비즈니스 모델로 자생력을 갖추는 데 힘을 쏟는다.

이 시기를 지나 안정기에 접어들고 나서야 질적 성장의 갈증이 생기기 시작한다. 이런 목마름은 곧 환경에 대한 주도권을 향한 것이다. 즉 우리의 신념과 철학, 지금 가는 길이 맞는 것인지에 대한 확신과 더불어 시장 리더십을 이끌어 갈 동력과 믿음이 필요해지는 순간이 오는 것이다. 이때 기존의 방향성을 재점검하기도 하고, 때로는 완전히 새로운 것을 만들기도 한다. 물론 명확성(Clarity) 없이 마케팅을 펼치는 기업들도 존재한다. 하지만 결국 이런 기업들은 사내 자원 투입이 분산되고 효율성을 잃어버리기 쉽다. 반면 모든 구성원이 공감할 수 있는 목적지만 있어도 한 단계 더 높은 성장을 위한 기본 토대는 마련된 셈이다.

여기서 한 걸음 더 나아가 기업의 모든 생산 활동과 투자를 브랜딩으로 승화시켜 더욱 위대한 기업으로 보이게 하면 어떻게 될까? 고객으로부터 진정한 사랑을 받는 기업이 될 것이고, 회사의 생존기반은 한층 더 견고해질 것이다. 이것이 바로 당신이 회사에서 브랜딩을 해야 하는 근본적인 이유가 아닐까? 실제로 지금도 많은 기업들이 브랜드의 존재 이유와 방향성을 바탕으로 브랜딩의 면적을 마케팅에서 PR, HR, IR 등으로 확장해 나가고 있다.

그리고 차별화가 있어야 살아남습니다

매년 기업의 사업 목표가 설정되면 각 부서는 이에 맞춰 세부 추진 과제를 마련한다. 각 사업부서는 목표 달성을 위해 기존 사업을 강화하거나, 신사업(New-biz)을 기획하는 등 구체적인 사업 로드맵을 그린다.

이러한 사업 전략 중에서 소비자와의 접점이 발생하거나 고객과의 관계 형성이 중요해지는 지점에서 브랜드 전략이 본격적으로 검토된다. 시장 변화에 대응하기 위해 브랜드 체계를 재정립하기도 하고 브랜드 포트폴리오를 재점검하기도 한다. 이 과정에서 새로운 제품 개발로 이어지기도 한다.

기존 브랜드의 재정립이든 신규 브랜드 론칭이든 기본 출발점은 경쟁사와의 차별화에 있다. 가격, 제품, 광고, 콘텐츠, 프로모션 등 브랜드가 활용할 수 있는 모든 자원을 동원해 최대한의 차별화를 만들어 내야 한다. 만약 제품 자체의 차별화가 어렵다면 브랜드 컨셉만으로 시장에서 경쟁해야 할 상황도 발생한다. 왜 이렇게까지 차별화에 사활을 걸어야 할까? 다양한 산업에서 수많은 제품과 서비스가 출시되지만 시장에서 성공하는 제품, 서비스는 극소수에 불과한 현실 때문이다.

2023년 자체 조사한 결과, 라면 산업의 경우 상위 4개社인 농심, 오뚜기, 삼양, 팔도가 2018년에서 2023년까지 5년간 출시한 신제품은 약 147개에 달한다. 이 중에서 시장에 성공적으로 안착한 브랜드는 불닭볶

음면 하나에 불과하다. 그 외에는 대부분 시장에서 반짝하거나 소비자의 외면 속에 조용히 사라졌다.

나의 것이라는 생각이 사장의 마음가짐을 만든다

물건의 진정한 가치는 그것을 소유해 본 사람만이 깨달을 수 있다. 집을 소유해 본 사람은 집을 갖게 된 순간부터 '집'이라는 개념과 그에 대한 인식이 완전히 달라진다. 직접 소유해 보지 않고서는 결코 알 수 없는 영역이다.

마찬가지로 같은 회사에 있더라도 회사의 가치를 이해하고 내 회사처럼 여기는 직원과 그렇지 않은 직원의 자세는 근본적으로 다를 수밖에 없다. 회사가 그려나가는 비전과 미래상을 함께 만들어가는 경험을 하게 되면 회사와 나를 별개의 존재가 아닌 하나의 공동체로 인식하는 동질감이 형성된다. 비전과 미래상을 통해 목표를 이해할 수 있고, 예전에는 없었던 동기가 생기기도 한다. 절대적인 헌신과 화합까지는 기대하기 어려워도 최소한 회사가 왜 그런 방향으로 나아가는지에 대한 이유를 알게 한다. 이것은 상호 간 배려를 낳을 수 있고 부서 간 협력하는 분위기를 이끌어 낼 수 있다.

브랜드 마케팅은 사내 지원과 협업이 절대적으로 필요한 영역인데, 부서별 이해관계가 얽히면서 부서 간 협업이 오히려 장애물이 되는 경우가 종종 발생한다. 서로 다른 역할과 책임을 가진 부서들이 공통의 목적과 목표를 갖는다는 것은 결코 쉬운 일이 아니다. 하지만 직원들이 회사의 근본적인 목적을 이해하면 어떤 업무가 필요하고, 왜 그 일을 해야 하는지가 분명해진다. 즉, 브랜드 방향성을 이해하는 것은 회사 내 사일로(Silo: 부서 이기주의)를 해소하는 데 도움을 준다. 이런 관점에서 브랜드 아이덴티티 수립은 내부 브랜딩의 가장 효과적인 출발점이라고 할 수 있다.

맥킨지 연구 결과에 따르면, B2B 기업이 강력한 브랜드를 보유할 경우 약한 브랜드를 가진 기업보다 평균적으로 20% 더 높은 성과를 얻을 수 있다고 한다. 브랜드를 통해 고객의 신뢰를 구축하고, 기업의 장기적인 성장에 기여할 수 있기 때문이다. 회사와 개인의 목적이 같은 곳을 바라볼 때, 회사는 더 많은 동력을 가질 수 있다. 회사의 존재 이유를 이해하고 실행 전략과 의미를 연결하는 직원이 얼마나 있느냐에 사업의 성공 여부가 달라진다. 이것이 바로 수많은 글로벌 B2B 기업들이 내부 브랜딩에 적극적으로 나서는 이유다.

자원을 하나로 모으게 하는 힘

첫인상은 쉽게 바뀌지 않는다. 제품이나 서비스에서 불만족스러운 경험을 한번 겪으면 그 인상을 되돌리는 것은 거의 불가능에 가깝다. 일관성 없는 흩어진 메시지들은 고객에게 여러 개의 가면을 번갈아 쓰고 있는 모습을 보여 주는 것과 다름없다. 한국광고학회 연구에 따르면, 일반인이 하루에 접하는 광고와 메시지는 약 193.1개에 이른다고 한다. 이렇게 쏟아지는 수많은 목소리를 뚫고 당신의 메시지를 전달하는 것만으로도 벅찬 일이다. 그런데 매번 도달할 때마다 다른 모습이라면 당신을 기억하는 것은 더 요원해진다. 응집력 있는 강력하고 일관된 메시지가 있어야만 소비자들이 겨우 인지할 수 있는 것이 현실이다.

1949년부터 '안전'의 가치를 강조한 볼보는 2024년 지금까지도 '안전'을 가장 기본적인 핵심 가치로 삼고 있다. 70년이 넘는 시간 동안 '안전'을 불변의 중요한 요소(Fundamental Value)로 삼고 있는 것이다. 덕분에 많은 소비자는 '볼보' 하면 '안전'을 기억한다. '안전'이라는 핵심 가치를 우리의 기억 속에 각인시키기 위해 볼보가 지난 70년을 얼마나 전사적이고 체계적으로 노력을 기울여 왔을지 짐작조차 하기 어렵다.

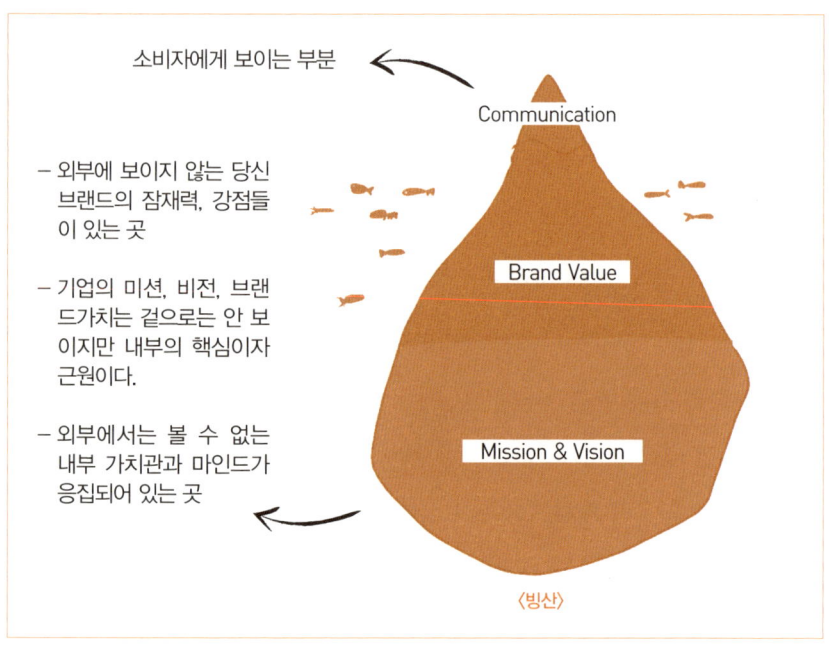

[그림 2-1] 빙산으로 본 브랜드 아이덴티티와 커뮤니케이션

3

누가 고양이 목에
방울을 달 것인가?

누가 수립하는 것이 가장 효과적일까?

브랜드 아이덴티티를 수립하는 진행 주체는 내부와 외부 역량에 따라 크게 5가지로 구분할 수 있다. 회사마다 직면한 환경과 상황이 서로 다르기 때문에 효과와 효율의 기준은 다를 수 있지만, 대부분의 경우 다음과 같은 범주를 크게 벗어나지 않는다.

1. TF(Task Force)
2. 내부 자문가
3. 회사 오너, 경영자
4. 신규 채용
5. 전문 회사(인하우스, 브랜드 컨설팅, 광고 회사, PR 등)

브랜드 수립은 여러가지 내·외부 환경 요소가 작용해서 결과물이 나온다.
그렇기 때문에 주어진 환경에서 누가 무게중심을 갖고 갈지를 판단하는 것이 중요하다.

[그림 3-1] 브랜드 아이덴티티를 수립할 때 접근하는 방법들

    누가 진행하는 것이 효과적인가의 판단은 각 주체가 예상되는 어려움을 얼마나 쉽게 해결할 수 있는지를 살펴보면 된다. PMI(Project Management Institute)에서 제시하는 프로젝트 관리의 주요 장애 요소들을 브랜드 수립 과정에 적용해 보면 다음과 같은 어려움들이 예상된다.

- 결정권자와의 관계 및 원활하고 지속적인 커뮤니케이션
- 내부 커뮤니케이션(팀원, 타 부서, 상사 등)
- 회사 문화의 이해도
- 내부 사업 이해도
- 해당 산업에 대한 전문성 및 인사이트
- 객관적 시야
- 브랜드 수립의 경험 유무

- 브랜드 수립 프로세스 이해도

브랜드 수립의 진행 주체에 따라 진행 용이성을 H(높음), MH(중간이상), M(중간), L(낮음)로 평가했다. 회사마다 다소 차이는 있겠지만 [그림 3-2]와 같이 진행 경험, 프로세스 이해도, 객관적 시야라는 세 가지 지표를 제외하고는 내부에서 진행하는 것이 상대적으로 높은 점수를 받는 것으로 나타났다.

[그림 3-2] 브랜드 수립 진행 주체에 따른 장단점

	회사 내부진행	외주기관	회사자문	신규채용	경영자, 오너
결정권자의 커뮤니케이션	H	M	H	M	H
회사 내부 문화의 이해도	H	L	MH	L	MH
내부사업이해도	H	L	MH	L	H
팀 간 내부 커뮤니케이션	H	L	M	L	M
산업전문성	H	L	M	L	H
객관적인 관점 및 시야	M	H	MH	H	M
브랜드 수립 경험	L	H	MH(L) 회사자문의 브랜드 전문성이 없을 경우 (L)	H	L
프로세스	L	H	MH(L) 회사자문의 브랜드 전문성이 없을 경우 (L)	H	L

* H(높음) MH(중간이상) M(중간) L(낮음)

이 책의 주요 목적은 당신이 브랜드 수립의 난관인 6번 객관적 시야, 7번 브랜드 수립의 경험, 8번 프로세스 이해도를 성공적으로 수행할 수 있도록 지원하는 것이다. 물론 회사마다 처한 상황이 다르기 때문에 브랜드 수립 경험이나, 프로세스 외에도 다른 항목들이 걸림돌로 작용할 가능성은 충분히 있다.

브랜드 수립의 주체를 선택할 때 참고할 수 있도록 진행 주체별로 겪은 실제 경험들을 정리했다. 각자의 상황에 맞춰 가장 효율적인 방법으로 과업을 시작하기를 바란다. 어떤 방식이 절대적으로 옳고 그르다고 단정하기는 어렵다. 하지만 당신이 다른 누군가에게 브랜드 수립을 맡기는 것을 최소화했으면 한다. 가장 이상적인 것은 회사 내부에서 직접 만들어 보는 것이다.

회사 내 일이 생기면 어김없이 모이는 사내 어벤저스 TF

회사의 현 상황을 누구보다 잘 아는 것이 장점이다. 회사의 강약점과 내부 정보, 시장에 대한 이해가 높기 때문에 당신 회사에 맞는 현실적인 결과물이 나올 수 있다. 또 브랜드 아이덴티티 수립을 위해 논의하는 과정에서 더 높은 브랜드의 관심을 불러일으킬 수 있다. 다 함께 최종 합의를 이루면서 자연스럽게 내부 브랜딩이 강화되는 것이다. 즉, 브랜드 아이덴티티 수립 과정을 내부화하는 모멘텀으로 활용할 수 있다는 것이 가장 큰 장점이다.

하지만 브랜드를 수립할 때는 미래를 위해 현재의 단계를 넘어 장기적인 안목으로 방향을 제시해야 한다. 이런 측면에서 볼 때 지나치게 현실에 안주하거나 기존의 틀 안에서만 사고하는 경향은 혁신적인 접근을 어렵게 만들 수 있다. 또한 TF 업무 외에도 기본적으로 수행해야 할 업무와 제한된 근무 시간 역시 프로젝트 진행을 어렵게 만드는 요소이다.

브랜딩 업무는 TF에게 추가로 주어진 숙제가 되었을 가능성이 크다. 매일 수십 개의 메일과 미팅으로 소통하고, 조율하는 당신에게 내부 진행은 버거운 짐처럼 느껴진다. 특히 결과를 도출하기까지 과정상의 논리와 설득은 당신의 가장 큰 고민거리가 될 것이다. 시작하는 순간부터 브랜드 전문성과 경험이 필요한 순간이다.

TF를 이끌며 브랜드 수립을 진행해야 할 당신을 위해 각 과정별로 수행해야 할 과업(Task)과 활용하기 용이한 프레임워크(Framework)를 함께 담았다. 무엇을 살펴봐야 하는지, 어떻게 정리하는 것이 효과적인지에 대한 실질적인 도움이 되길 바란다.

담당자 일병 구하기 프로젝트(Feat. 외주 파트너)

자체적으로 진행하는 경우 제한된 시간 안에 분석하고 설득하는 과정은 결코 만만하지 않다. 그렇기 때문에 대부분 제3자의 전문성을 활용하게 된다. 전문가와의 협업은 결과물의 신뢰도를 높일 수 있고 업무 효율성 측면에서도 유리하다. 하지만 비용이 발생하고, 최종 결과물을 내재화하는 데 시간이 오래 걸릴 수 있다. 공감대를 갖고 있는 접점의 수가 적다 보니 담당자 외에 모든 직원들까지 브랜드 아이덴티티가 전달되고 체득화하는 과정이 느릴 수밖에 없다. 그러므로 전문가의 도움을 받더라도 프로젝트의 성공을 위해 견지해야 할 두 가지가 있다.

• **회사와 외부 수행사와의 정보 간극 좁히기**

첫 번째는 회사와 외부 수행사 간의 정보 격차를 최대한 줄여야 한다는 점이다. 1장에서 프로젝트를 시작하기 전에 예상하는 결과물, 프로세스 등의 밑그림을 미리 그려야 한다고 말한 이유가 바로 여기에 있다. 프로젝트가 본격적으로 시작된 후에는 수행사가 단기간 내에 시장을 파악해야 하기 때문이다. 만약에 모든 것을 수행사에게 맡기게 되면 시장이나 산업 특성, 회사 내부 상황을 이해하는 첫 단추에서부터 어긋날 가능성이 있다. 이것은 내부 상황, 영업 현장과는 동떨어진 아웃풋으로 이어질 수 있다.

고객 목소리(VOC)와 같은 CRM 데이터에서 경쟁사 동향에 이르기까지 내부 자료들은 외부에서는 접근할 수 없는 소중한 정보들이다. 수행사가 당신과 비슷한 산업 수준의 이해도를 갖출 수 있도록 적극적으로 지원해야 하는 이유이기도 하다. 킥오프(Kick off: 시작) 이후 수행기관에서 단기간 내 시장 이해를 위해 인터뷰, 미팅 등의 요청이 있는가? 그렇지 않다면 당신이 요청하거나 마켓 정보 수준을 올리도록 요구해야 한다.

많은 업무에 치이다 보면 전문기관에서 알아서 처리해 주기를 기대하게 된다. 하지만 외주기관과의 지속적인 소통은 눈금자를 맞추어 쏘는 영점 사격과도 같다. 시작에서부터 영점을 맞추지 않으면 나중에 적중

할 확률은 0에 가깝다.

　다른 수행사가 진행하다가 중도에 포기한 프로젝트를 수행하는 경우가 아주 가끔 발생한다. 대부분 80% 이상은 진행됐기 때문에 나머지만 정리하면 된다고 생각한다. 그건 잘못된 생각이다. 결국에는 처음부터 다시 해야 하며, 두 번째 시작은 처음보다 더 많은 피로와 부담을 감수해야 한다는 점을 잊지 말자.

- 브랜드 아이덴티티의 결과물 정의 내리기

　다른 하나는 브랜드 아이덴티티의 결과물에 대한 정의를 내리는 것이다. 브랜드 아이덴티티를 카피, 슬로건과 혼동하는 경우가 많다. 많은 사람들이 브랜드 아이덴티티를 새롭고 멋진 말로 수식화된 창작물(Creative Works)로 생각한다. 그래서 브랜드 아이덴티티 수립이지만 결과물은 카피나 슬로건 형태를 요청하는 경우가 빈번하다.

　브랜드 아이덴티티는 브랜드가 가야 할 장기적인 방향성을 의미한다. 이를 토대로 소비자를 사로잡기 위한 광고, 슬로건, 콘텐츠 등의 크레이티브가 비로소 나오는 것이다. 브랜드 아이덴티티는 우리가 가야 할 명확한 방향성을 세우는 것이고, 소비자들의 마음을 움직이는 카피 등의 커뮤니케이션은 그다음이다.

　이렇듯 담당자의 브랜딩 경험, 지식에 따라 결과물의 품질은 천차만별로 달라진다. 외주를 진행하기 전에 당신은 브랜딩 과정을 충분히 이해하고 전문기관과 지속적으로 소통해야 한다. 브랜드 수립을 위해서는 외부 시장에 대한 이해는 물론 내부에서도 잘 흡수될 수 있는지를 점검해야 한다. 내부 조직 체계와 회사 문화 등을 공유하고 실행 가능한 범위를 그릴 수 있어야 현장에 적용 가능한 방안이 나올 수 있다. 외부에 맡긴다는 것은 담당자가 제3자의 손을 빌려 결정권자를 설득하고 브랜드를 구축해가는 과정이다.

사장님의 베프들(회사 내 자문단)

회사 내 자문단은 대부분 실무 경험이 풍부한 사외 이사 혹은 전문 기술을 가진 교수로 구성된 경우가 많다. 지주사의 경우, CJ나 롯데와 같이 회사 내 브랜드를 운용하는 전담팀이 있을 수도 있다. 이들의 자문을 받으면서 진행한다는 것은 여러분이나 회사 담당자가 프로젝트를 주도하면서 중간중간 자문단의 조언을 받는 형태이거나, 자문단이 직접 외주회사와 협업으로 프로젝트를 진행하는 것을 의미한다. 후자의 경우라면 마음이 가장 편할 것이다. 참여 형태는 누가 전체를 총괄하느냐에 따라 다음과 같이 구분할 수 있다.

- 자문단(외부회사와 진행) + 담당자(내부 컨택)
- 자문단(독립적 진행)
- 담당자 + 자문단(조언)

1번과 2번은 외주 형태와 비슷하고 3번은 TF와 유사하다고 볼 수 있다. 다만 3번 방향은 상황에 따라 생존을 위한 역학관계가 발생할 수 있다는 점을 염두에 두어야 한다.

회사라는 조직은 본인의 존재감을 드러내야 살아남을 수 있는 곳이다. 회사 내 생존을 위해 성과와 인정의 유혹에서 완전히 자유로운 사람은 없다. 기업이 조언, 자문을 구하는 경우는 흔치 않은 기회가 될 수도 있다. 이런 이유로 때때로 과도한 개입이 전체 흐름에 영향을 미치기도 한다.

두 가지 모두 팀장 입장에서는 순탄하지 않은 과정이다. 결정권자가 한 명 더 생기기 때문이다. 팀 내 사기를 꺾거나 의도한 방향성과 맞지 않아서 다시 되돌리는 일이 발생하기도 한다. 물론 시장에 대한 통찰력을 가진 자문단이라면 협업으로 훌륭한 결과물을 만들어 낼 수도 있다.

자문단과 함께할 때의 가장 큰 장점은 내부 이해와 결정권자와의 신뢰를 기반으로 신속한 결정을 이끌어 낼 수 있다는 점이다. 반면 당신은 브랜드 방향성이 내부적으로 수용 가능한지, 시장에 적합한지를 판단하는 데 집중한다. 시장 적합성도 떨어지고, 내부의 공감대 또한 얻지 못한다면 그다음은 고스란히 당신의 숙제로 남을 수 있다. 이런 점들을 미리 예상하고 브랜드 아이덴티티 수립에 대비하도록 한다.

고기 좀 먹어 본 사람 구함(신규 채용)

기업은 종종 유관 경험자를 채용해 기업, 제품, 서비스 브랜딩의 문제를 해결하려고 한다. 전문적인 경험자를 통해 당면한 이슈를 해결하는 것은 문제를 쉽게 푸는 방법이기도 하다. 하지만 진짜 문제는 채용 이후 회사와 입사자의 업무에 대한 인식 차이가 종종 발생한다는 점이다.

회사는 브랜드 전문가를 뽑았으니 모든 것이 해결될 것이라고 생각한다. 또 회사 비용을 절감하기 위해 모든 것을 독립적으로 수행하기를 기대한다. 반면, 채용된 입사자는 브랜드를 진행하기 위한 회사의 투자와 지원을 기대한다. 브랜딩이 혼자만의 힘으로는 불가능하다는 것을 알고 있기 때문에 인적, 물적 자원의 투입을 요구하게 된다.

하지만 중도에 입사할 경우, 할당된 마케팅 예산이 없는 경우가 대부분이다. 일반적으로 마케팅 자원은 연말에 부서별 사업비를 확보하는 과정에서 결정되기 때문이다. 또 기존의 담당업무를 대신해야 하므로 시작부터 새롭게 만드는 과정이 녹록지 않다. 누군가는 내부의 어려움을 하나씩 이겨 내면서 나아가겠지만, 대부분 이 문턱을 넘지 못하고 떠나는 경우가 많다.

당신 회사가 만약 브랜드 전문가를 채용해서 진행하려고 한다면, 신규채용자에게 처음부터 모든 것을 맡기기보다는 브랜딩 경험을 갖고 함께 만들어 간다는 인식으로 시작하면 시너지가 날 수 있다. 회사 입장에서는 투자를 했으니, 당연히 그에 상응하는 성과물이 나와야 한다고 반박할 수 있다. 하지만 브랜딩은 혼자서 하는 것이 아닌, 다수의 이익과 동기를 하나의 목표로 응집하는 과정이다. 브랜드 아이덴티티는 그런 목표점을 만드는 과정이고 첫발을 내딛는 것에 불과하다. 갑자기 툭 튀어나온 외부인이 내부의 환경을 이해하고, 부서 간의 갈등과 이해를 조정하면서 최적의 아웃풋을 이끌어 내는 것은 말처럼 쉽지 않다.

브랜딩의 이해가 전혀 없는 B2B 회사에서 일한 적이 있다. 혼자서 1년 동안 약 60여 개의 단기 프로젝트와 기업 브랜드 전략을 진행했다. 1년간의 브랜드 성과는 어땠을까? 임원들의 성과물이 되어 버린 브랜드 이벤트의 수많은 사진들과, 내부 지지는 빠진 브랜드 아이덴티티 몇 줄만 웹페이지에 남아 있을 뿐이었다. 기업 입장에서는 채용에 투입한 시간과 자원을 채용 후까지 유지하며 지원해 주는 것이 서로 윈윈하는 방법일 수 있겠다.

왕의 귀환(회사 오너, 대표)

　기업 대표나 CEO가 직접 관리하고 결정하는 경우, 추진력과 의사결정이 빠르다. 회사의 장이 기업 브랜딩에 관심을 갖고 직접 챙긴다는 것은 담당자에게는 부담이 될 수 있지만 가장 강력한 지원군을 가진 것이기도 하다. 당신이 가장 주의해야 할 점은 수직적인 결정이 되지 않도록 각 층의 다양한 의견을 수렴하는 장치를 마련하는 것이다. 내부 인터뷰, 워크숍, 간담회 등을 진행하여 공감대를 형성하도록 한다. 16장에 브랜드 워크숍 진행 및 방법론을 정리했다. 수행 여부에 따라 적용하여 참조하기를 바란다.

(4)

전문 에이전트社의
브랜드 수립의 차이는 무엇일까?

외부에 브랜드 아이덴티티 수립을 맡기면 전문가들은 어떤 방식으로 접근할까? 수행사들은 기본적으로 각자의 업(業)의 특성에 따라 고유한 접근 방법론을 갖고 있다. 2010년 중후반까지만 해도 브랜드 수립은 브랜드 컨설팅사의 주요 영역이었다. 하지만 마케팅 환경이 변화하면서 기업들은 브랜드 전략과 브랜드 경험을 아우르는 통합적 솔루션을 필요로 하게 되었다. 이러한 환경 변화에 발맞춰 브랜드 컨설팅사 외에도 다양한 수행사들이 브랜드 전략 수립을 사업 영역으로 확장하기 시작했다.

수행사의 업의 본질, 노하우, 투입 인력에 따라 결과물은 분명한 차이를 보인다. 또한 전략 회사나 브랜드 컨설팅 등 같은 컨설팅 영역에 있다고 하더라도 개별 회사의 역량에 따라 결과물은 달라 진다. 다양한 수행사와의 경험과 파트너십을 통해 수행사별 차이점을 비교 분석하여 정리했다. 다음과 같이 여섯 가지 업종군으로 구분하여 살펴보고자 한다.

1. 경영 전략 컨설팅社: BM(Business Model)과 사업 전략 중심

BCG, 맥킨지(Mckinsey), 커니(Kearney)와 같은 전략 컨설팅은 시장 환경, 사업 전략과 맞물려 거시적이고 목표 지향적인 방향성을 도출한다. 심층적인 분석을 바탕으로 맞춤형 전략과 구체적인 실행 방안을 제시하기 때문에 논리적이고 실증적인 것이 특징이다. 자체적으로 노하우, 분석모델, 프레임워크를 갖고 있어 회사마다 다른 결과물을 보여 준다.

브랜드 결과물만 보면 전체적인 톤앤매너는 소비자가 접근하고 이해하기 쉬운 표현보다는 공급자의 딱딱한 톤으로 되어 있다. 대외적으로 소비자 커뮤니케이션을 진행할 때는 고객이 쉽게 이해할 수 있는 크레이티브 작업이 필요할 수 있다. 이런 점을 보완하기 위해 브랜드 컨설팅사와 컨소시엄 형태로 진행하는 경우가 많다.

2. 브랜드 컨설팅社: 환경 분석과 감성적 전략

브랜딩 유관 관련 경험이 많고 다양한 방법론을 보유하고 있다는 장점이 있다. 브랜드 컨설팅 회사마다 고유한 브랜드 모델을 갖고 있으나 대체적으로 비슷한 접근 방법을 갖고 있다. 일반적으로 3C 분석을 기반으로 브랜드 아이덴티티를 수립한다. 데이비드 아커 교수, 제니퍼 아커, 켈러 교수 등 마케팅 구루(Guru)의 모델을 적용하기도 하고 덴쯔, 하쿠호도 등 글로벌 광고 회사의 방법론을 활용하기도 한다.

브랜드 컨설팅사마다 차이는 있지만 결과물은 전략 컨설팅 회사와 광고 회사의 중간 성격을 띤다고 볼 수 있다. 전략 컨설팅사보다는 소비자의 언어에 더 가깝게 표현된다. 브랜드 방향성을 기반으로 브랜드 슬로건, 네이밍 등 연계가 비교적 수월하다. 최근 콘텐츠 개발 등 커뮤니케이션 실행과 연계하여 브랜드 경험을 강화하는 추세다.

3. 광고 커뮤니케이션社: 임팩트 있는 크레이티브

광고 회사는 자사 강점, 소비자 행동 등 다양한 관점에서 인사이트를 도출하고 브랜드 방향성을 수립한다. 만약 심도 있는 시장 분석과 장기적인 관점의 브랜드 전략을 원한다면 기대와는 다를 수 있다. 광고 회사의 강점은 광고 영상, 매체 기획에 있다. 따라서 브랜드 아이덴티티 수립에 무게를 두기보다는 브랜드 스토리가 담긴 영상과 커뮤니케이션에 역량이 집중되어 있다.

제안서와 수행 보고서, 결과물에 와우(Wow) 포인트가 있어서 이해하기 쉽고 설득력이 높다. 대외 소비자와의 소통에 있어서도 활용도가 높다. 최종 결과물의 표현, 접근 방법에서도 소비자 지향적이고, 그들의 언어로 표현되어 있다. 특히 브랜드 정체성을 기반으로 한 컨셉과 광고, 영상, 콘텐츠가 유기적으로 연결된 일관성이 강점이다.

4. PR/디지털 社: 미디어 환경과 메시지 중심

　PR/디지털 커뮤니케이션 회사의 특징을 먼저 살펴보자. PR/커뮤니케이션 社는 고객사의 내부 상황을 이해하고, 보도 자료 작성, 미디어 관계 관리, 커뮤니케이션 콘텐츠 제작 등 서비스를 제공한다. 비즈니스 구조는 단발성 프로젝트보다 연간 프로젝트로 1년 이상의 계약을 유지하는 리테이너(Retainer) 성격을 갖는다. 오랜 기간 동안 고객사와 함께 호흡하면서 자연스럽게 고객사의 상황을 잘 이해하게 된다. 따라서 기업이 원하는 성격과 니즈에 맞는 서비스와 결과물이 강점이다.

　내부 문화와 C레벨의 강력한 이해를 바탕으로 조직과 회사에 맞는 방향성이 나오기 때문에 내부 브랜딩에 힘을 더해 줄 수 있다. 시장 분석과 전략적인 접근보다는 부서 간 워크숍, 직급별 워크숍 등 다양한 레벨의 토론 활동을 통해서 브랜드 방향성을 수립하는 편이다. 또한 브랜드 방향성에 맞는 커뮤니케이션 메시지를 자연스럽게 연결할 수 있는 것도 PR/커뮤니케이션 회사의 강점이다. 실무진 입장에서는 회사 내부 방향성과 외부 고객과의 소구점을 발견하기도 쉽고 실무에 적용하기가 쉬워진다.

5. 디자인 회사: 비주얼 분석 및 직관적 접근

　디자인 회사의 경우, 일반적으로 브랜드 컨설팅과 연계하여 전체적인 방향성을 비주얼로 해석하고 CI, BI 로고와 같이 눈에 보이는 비주얼 아이덴티티를 개발하는 경우가 많다. 디자인 회사는 정량, 정성적 분석에 기반하여 브랜드 아이덴티티를 수립하기보다는 직관적인 접근을 통해 비주얼(Visual)로 어떻게 구현할 것인가에 무게를 둔다. 탠저린, 랜도와 같은 글로벌 디자인 회사는 부서 간 워크숍을 진행하면서 회사 니즈와 방향성 등의 상황을 파악하고 지향점을 언어적으로 풀기도 한다.

디자인 전문회사의 강점은 최종 아웃풋과 비주얼 크레이티브(Visual Creative)와의 연결이 매우 자연스럽다는 점이다. 언어적 표현(Verbal)이 가진 모호함을 비주얼로 명확히 보여 줌으로써 더 욱 구체적인 커뮤니케이션 방향성을 그릴 수 있게 한다.

6. 리서치 회사: 소비자와 데이터 분석 중심

소비자 분석 보고서를 본 적이 있다면, 리서치 회사에서 도출하는 결과물을 쉽게 연상할 수 있다. 대부분 조사를 주요 업무로 하지만 회사에 따라 방향성을 제안하기도 한다. 소비자의 인식, 행동 등 조사 결과를 기반으로 최종 방향성을 만들어 내는데 교차분석 등 숨어 있는 인사이트를 도출하는 것이 강점이다. 우리가 쉽게 놓칠 수 있는 소비자 행동 관점에서 브랜드 아이덴티티를 수립할 수 있다. 만약 소비재라면 리서치로 시장을 이해하고 브랜드 정체성을 도출하는 것도 하나의 방법이 된다.

하지만 기업 브랜드, 마스터 브랜드와 같이 규모가 크거나 거시적인 환경 분석과 내부 상황 등 종합적인 분석이 필요하다면 조사 회사의 주요 업무가 아니기 때문에 기대한 것과 다를 수 있다.

• **수행사 선정에서 가장 중요한 요소**

　수행사를 결정하기 위해서 제안 경쟁(Bidding)을 하는 것이 일반적이다. 각 참여사의 제안서를 평가하며 최종 결정을 한다. 그럼에도 제안서에서 보여 준 기대치와 다른 결과물을 보여 주는 경우를 종종 경험한다. 회사에 따라 제안서만 전문적으로 쓰는 팀이 존재하기 때문에 제안서만 보면 그럴듯한 기대를 일으키지만, 결과는 그렇지 못한 경우가 발생한다. 또 회사 재정 상황으로 인해서 가격만 보고 결정하기도 한다. 기대에 못 미치는 결과물을 볼 때마다 느끼는 답답함을 '비용이 저렴하다'는 것으로 위안을 삼은 경험이 누구에게나 한 번쯤은 있을 것이다.

　이런 리스크를 줄이기 위해 수행사 선정 시 실제 투입될 인력들을 별도로 확인해서 전문성을 판단하는 것도 좋은 방법이다. 지금은 이직의 경계가 많이 없어졌다. A라는 사람이 광고 회사에 있다가 컨설팅 회사로 가게 되면, 컨설팅사의 브랜드 결과물이 A의 역량과 경험에 따라 바뀌기도 한다. A라는 사람이 전략 컨설팅에 있다가 브랜드 컨설팅으로 옮기면 A의 전문성과 지식, 접근 방법도 함께 옮겨 간다. 사람 중심의 에이전시 사업 구조상 매우 자연스러운 일이다. 그렇기 때문에 당신의 프로젝트를 누가 하는지 팀장 이하의 구성원들을 면밀히 살펴보기 바란다.

　수행사는 비즈니스 모델과 수익 구조에 맞춰서 인력 투입을 결정한다. 따라서 눈앞에서 펼쳐지는 화려한 프레젠테이션으로 판단하는 것이 아닌, 실제 수행 인력의 경험과 전문성이 있는지를 꼼꼼히 살피는 것이 중요하다. 프레젠테이션 참여 인원을 실제 수행 인력으로 제한하는 것도 하나의 방법이다. 광고, PR, 디자인 등 각 회사마다 브랜드 아이덴티티를 해석하고 접근하는 방법이 다양하다 보니 당신이 원하는 과업에 대한 솔루션이 오히려 모호해지기도 한다. 외주사 선정에 있어서 가장 중요한 무게를 '누가 과업을 수행하는가'에 두는지 살펴보도록 한다.

 Part 2에서 다룰 브랜드 아이덴티티 수립 방법은 컨설팅 회사와 외국계 기업, 글로벌 PR, 디자인 회사에서 브랜드 업무를 수행하면서 사용했던 방법들을 나만의 관점으로 재정리한 것이다. 무엇을 분석하는지, 어떻게 분석하는지, 전체적인 그림과 세부적인 단계를 하나씩 잘 이해한다면 브랜드 아이덴티티를 수립하는 전문가로서 한 단계 더 성장한 본인을 마주할 수 있을 것이라고 확신한다.

5

브랜드 아이덴티티를
실무에 적용하는 팁

  동화 《이상한 나라의 앨리스》에는 앨리스와 체셔 캣이라는 고양이가 등장한다. 이상한 나라에서 앨리스가 길을 잃고 헤매다가 여러 개의 갈림길에서 멈춘다. 그리고 어디로 가야 할지 고민하다 체셔 캣에게 물어본다.

앨리스   내가 어디로 가야 하는지 알려 줄 수 있겠니?
체셔 캣 그럼 어디로 가고 싶은지 말해 줄 수 있니?
앨리스   난 어디를 가든 상관없어.
체셔 캣 그렇다면 어느 길로 가든지 중요하지 않단다.

하지만, 브랜드는 아무 방향이나 가서는 안된다.

대표님께 'NO라고 당당하게'

대표	이번 3분기 기업광고 컨셉 방향은 정했습니까?
브랜드 담당자	네, '럭셔리'의 톤앤매너로 갈 예정입니다.
대표	지난번에 '매스티지'로 정한 거 아니었습니까?
브랜드 담당자	저희가 전사적으로 합의한 브랜드 방향성이 '럭셔리, 사치스러움'입니다. 그때 대표님도 동의하셨습니다.

이렇듯 기준이 명확해지면 조변석개하는 대표에게 흔들리지 않는 기준을 제시할 수 있게 된다.

대표	PR팀의 CEO 인터뷰 기획 방향이 지난번과는 좀 달라 보이네요?
PR 담당자	'친환경' 기업을 주요 메시지로 넣었습니다.
대표	'친환경'을 강조하는 게 맞는 건가요?
PR 담당자	이전까지는 '빠르고 편리한' 기업으로 했지만, 앞으로는 '친환경' 가치를 주요 방향으로 커뮤니케이션하기로 했습니다.

당신이 향하는 '어디'가 바로 브랜드 방향성이다. 이러한 방향성의 역할을 브랜드 아이덴티티가 한다. 반대로 브랜드 아이덴티티가 없다면 당신은 목적지도 모른 채 걷고 있는 셈이다. 전략에서 목적은 매우 중요하다. 전략의 존재 이유이자 방향성이다.

우리가 일을 시작할 때 가장 먼저 하는 것은 목적을 설정하는 것이다. 목적지에 가장 빠르게 도달하는 방법을 기획하는 것이 전략이고, 효율과 효과가 떨어진다면 전술을 재수정하며 목적지에 도착하도록 한다. 즉, 목적이 명확하면 불필요한 자원 낭비를 줄일 수 있다. 그리고 가장 효율적인 방법을 선택할 수 있게 된다. 브랜드 아이덴티티는 기업, 제품, 경영 등 다양한 영역에 적용 가능하다. 마케팅 전략, 커뮤니케이션 전략, 내부 브랜딩 등 전략의 목적이나 자원 사용의 판단 기준이 될 수 있다.

[그림 5-1] 전략에서의 목적의 중요성

브랜드 정체성은 대내외 커뮤니케이션의 활동(Activities)이 도달해야 할 이미지상(像)을 제시한다. 커뮤니케이션 실행 계획인 광고 컨셉의 톤앤매너, 커뮤니케이션 메시지, 브랜드 콘텐츠의 방향성 등 크레이티브(Creative)의 범위가 될 수 있고, 해야 할 것과 하지 말아야 할 것(Do & Dont's)의 가이드로도 활용할 수 있다. 그렇게 함으로써 일관성 있는 브랜드 자산을 만들 수 있다.

여러 부서가 협업하는 환경에서 일관성 있는 이미지 자산을 만드는 것은 매우 어렵다. 브랜드 아이덴티티를 지켜야 할 규범과 기준으로 다른 구성원들에게도 적용하면, 외부로 나가는 메시지를 유사한 목소리로 만들 수 있다. 대표와 같은 의사결정자와의 회의에서도 브랜딩 합의점을 만들어 놓으면 빠른 시간 내 의사결정이 가능해진다.

내부의 합의를 통해서 결정된 브랜드 아이덴티티는 당신이 부서 간, 상사와 회의를 할 때 브랜드와 관련하여 추진해야 할 이유와 명분을 제공해 준다. 특히 의사결정권자의 판단이 일관적이지 않거나 CEO 교체가 잦은 곳이라면 더욱 유용하다. 당신이 언급한 브랜드 방향성과 논리의 힘을 더해 줄 것이다.

신뢰 로열티 + 프리미엄 수익 확보

사막 한가운데서 허름한 가게를 발견했다고 가정하자. 목이 마른 당신에게 두 개의 선택이 있다. 10,000원짜리 코카콜라와 1,000원짜리 상표 라벨이 없는 물. 당신은 어떤 것을 마시겠는가? 당연히 콜라를 선택할 것이다. 불확실한 상황에서는 브랜드가 만든 '신뢰'를 구매한다. 즉, 신뢰는 품질에 대한 믿음의 연결이고 불확실성 속에서는 결정적인 구매의 키(Key)가 된다.

　신뢰는 고객과의 장기간 커뮤니케이션과 경험을 통해 품질에 대한 믿음이 형성되면서 구축된다. 신뢰가 확보되면 브랜드의 차별화도 쌓이기 시작한다. 브랜드 만족도가 높아지면 재구매로 이어지고, 재구매의 반복은 브랜드 로열티로 연결된다.

　그리고 브랜드 로열티는 소비자가 지불할 수 있는 프리미엄(Premium: 높은 마진)의 범위를 크게 확장시킨다. 담당자는 제품라인을 수직적으로 확장하여 마진을 늘릴 수 있는 전략적 옵션을 갖게 된다. 브랜드가 가격 탄력성을 만들어내고 추가적인 수익 확보의 길을 열어 준 셈이다.

　2007년 당시 아이폰 1대 기준은 약 499 USD이었다. 2022년 현재 아

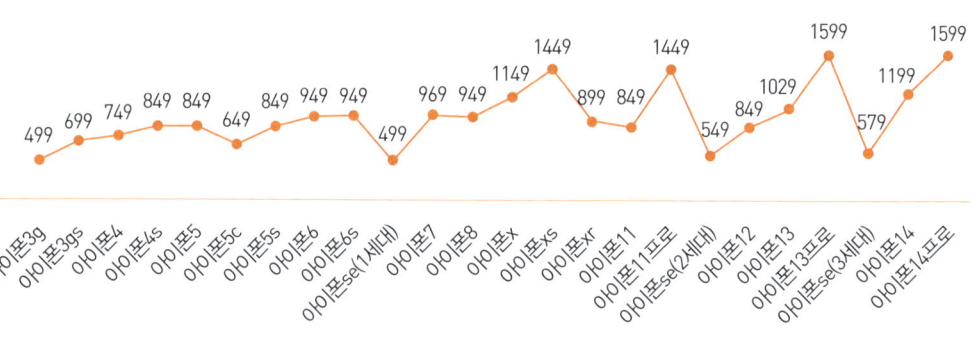

[그림 5-2] 2007~2022년 **아이폰 가격 변화**

PART 1 ── 브랜드 수립 전 워밍업: 완성도를 높이는 브랜딩의 기초

이폰은 1599USD(고사양 기준) 까지 증가했다. 저가에서 고가 라인까지 제품이 수직 확장을 했다. 이렇듯 아이폰의 신뢰와 브랜드 충성도가 없었다면 고가 프리미엄 전략은 불가능했을 것이다.

당신 편이 생깁니다: 브랜드 지지층 확보

어떤 대상에 호기심이 생기면 호감, 선호도가 올라간다. 선호도가 높아져서 신뢰가 생기고 믿음이 확고해지면 옹호 단계에 이른다. 그런 마음의 공간을 가진 사람을 우리는 지지자, 팬이라고 부른다.

당신의 브랜드에 이런 지지자가 생긴다면, 어떤 일이 생길까? 절대적인 응원뿐 아니라 큰 실수를 하더라도 이해하고 넘어갈 수 있는 방어선이 생긴다. 당신이 공들여 만든 브랜드가 고객과 건실한 관계를 구축하고 있다면, 잘못된 판단과 실수로 인해서 발생하는 문제를 해결할 가능성이 커진다.

'까방권'이라는 말이 있다. '까임 방지권'의 줄임말로 비하하거나 비난할 일이 생겨도 넘어갈 수 있는 용서권, 일종의 특혜를 말한다. 이런 특혜를 가진 자의 업무에 대한 자부심은 그렇지 않은 것보다 훨씬 높다. 잦은 실수와 불만족의 반복으로 팬들과의 신뢰에 금이 생기기 전까지는 말이다.

시장에 첫선을 보이는 신제품이 두렵지 않다: 자산의 전이

당신이 회사 내에서 서비스 A 브랜드를 담당하고 있다고 가정하자. 기업의 인지도는 낮지만 A의 인지도와 만족도는 높다. 여기서 올해 신제품 B를 출시하려고 한다. 경쟁이 치열한 시장에서 가장 쉽게 할 수 있는 B의 성공 전략은 무엇일까. 그것은 바로 서비스 A 브랜드의 후광 효과를 활용하는 것이다.

A의 브랜드 정체성, 제품 카테고리 특성을 고려하여 신제품 B의 방향성을 수립한다. 예를 들면 신라면 블랙, 신라면 건면, 신라면 불닭볶음면 등이 신라면의 신뢰를 등에 업고 시장에 출시된 신제품 라인들이다. 만약 신라면이라는 브랜드 없이 ○○○ 건면으로 시장에서 출발했다면 치열한 경쟁에서 과연 살아남았을까?

브랜드 아키텍처(Architecture)를 봤을 때 두 제품 간의 카테고리의 산업 연관성이 높다면 브랜드의 보증 전략을 이용할 수 있다. 소비자의 입장에서는 낯선 B 제품보다는 A와 연계된 제품의 신뢰가 높다. 그렇기 때문에 B가 소비자의 구매 고려군(Consideration Set) 안에 들어올 가능성이 높아진다. A 브랜드의 신뢰가 B에도 레버리지되는 순간이다.

브랜드 아이덴티티가 명확하면, 포트폴리오 전략에서 브랜드 운용 전략의 명확한 기준점이 생긴다. A 브랜드의 신뢰를 이전하는 것 외에 갖고 있는 브랜드 이미지 자산을 적극적으로 활용할지, 아니면 활용하지 않고 독립적으로 운용할지 등 여러 가지 전략적 대안들이 나올 수 있다.

우리가 남이가: 내부 브랜드 앰배서더

브랜드 아이덴티티는 직원들의 사내 문화, 행동 기준, 판단 기준 등 활동의 구심점이 될 수 있다. 회사는 내부 고객이 외부 고객보다 더 중요하다는 사실을 간과할 때가 많다. 내부 고객의 명확한 브랜딩 기준이 있어야 이를 바탕으로 매장, 광고 등 외부 접점에서 의도된 브랜드 경험이 만들어질 수 있다. 특히 영업 판매 점원과 같은 고객 접점에서의 태도가 무엇보다 중요하다.

누구나 매장 직원, AS 직원, 배달 직원 등의 태도에 의해 의도치 않은 구매를 하거나 제품이 싫어진 경험이 있을 것이다. 매장 자사의 브랜드를 이해하고 사랑하는 판매원의 행동과 그렇지 않은 것의 차이는 고객 경험의 차이를 만든다. 삼성, LG, 배달의 민족, 쿠팡 등 수많은 B2C 기업들이 CS 교육에 집중하는 이유이다.

내부 교육이 중요한 환경에서 브랜드 아이덴티티는 소비자 접점에 있는 직원이 어떤 태도와 마인드를 가져야 하는지에 대한 가이드를 제공한다. CS 교육 담당자, 사내 교육, HR 담당자는 브랜드 아이덴티티를 활용하여 현장 혹은 내부에서 쉽게 적용할 수 있는 브랜드 퍼스널리티를 구축할 수도 있다.

당신만의 브랜드 성과 지표와 기준 만들기

　회사는 ROI(Return on Investment) 혹은 브랜드 관리(Brand Management)를 요구한다. 투입한 자원 대비 성과를 보여 줘야 하는 건 당연한 일이다. 하지만 무형의 자산인 브랜드를 측정하는 것은 쉽지 않은 일이다.

　브랜드 관리의 기본적인 지표로는 인지도, 추천의향(NPS)을 본다. 인지도와 구매, 재구매율의 퍼널을 보면서 충성고객(Loyal Customer)의 점유율을 유추해 볼 수 있다. 인지도와 추천의향 외에도 브랜드 정체성과 연계하여 브랜드 이미지를 중요한 관리지표 중의 하나로 삼을 수 있다. 브랜드 아이덴티티와 브랜드 이미지간의 갭(Brand Identity-Image Gap) 분석을 통해서 당신이 보여 주고자 하는 브랜드의 상(像)이 소비자의 머릿속에 이미지의 상(像)과 얼마나 일치하는지를 본다. 아이덴티티와 소비자 이미지와의 일치도를 확인해보면 당신이 그동안 진행해 온 커뮤니케이션의 방향성이 부합하는지를 확인할 수 있다.

　많은 기업들이 브랜드 관리를 위해 짧게는 1년, 길게는 3년~5년 주기로 브랜드 성과를 측정한다. 지표상의 당신 브랜드와 경쟁사를 비교함으로써 당신의 상대적 위치와 위상을 체크해 볼 수 있다. 이렇듯 브랜드 아이덴티티는 브랜드 관리지표의 기준으로서 당신이 도달할 목표점으로 활용할 수 있다.

오래된 브랜드의 CPR(심폐소생술)

브랜드는 살아 움직이는 생물과도 같다. 브랜드의 타깃이 변하기 때문이다. 사회 문화적 요인, 기술 발전 등 시장 환경 변화에 따라 소비 가치관이 변하고 현상을 바라보는 인식도 바뀐다. 경쟁자도 환경에 따라 끊임없이 대응하고 진화한다. 그러므로 브랜드도 지속적인 관리가 필요하다.

브랜드가 새로운 소비자를 목표로 관계를 형성해야 한다면 리포지셔닝을 통해서 브랜드 방향성을 다시 조정해야 한다. BLC(Brand Life Cycle: 브랜드 라이프 주기)를 봤을 때 브랜드가 쇠퇴기에 있다면 브랜드 리바이탈라이제이션(Revitalization)으로 노후화된 브랜드의 이미지를 개선하여 다시 경쟁력을 가질 수 있게 한다. 또 당신 기업의 사업이 바뀌어 브랜드 방향성에 대한 조정이 필요하다면 브랜드 리얼라인먼트(Brand Realignment)로 비즈니스 목표와 브랜딩 목표를 일치시키도록 한다.

이렇게 브랜드 재정립이 필요한 시점의 기준이 되는 것도 현재의 브랜드 아이덴티티가 된다. 지금 갖고 있는 브랜드 위상, 방향성을 말해 줌으로써 향후 브랜드 전략 수정이 더 용이하도록 가이드 역할을 해준다.

6

미션, 비전, 브랜드 에센스, 컨셉의 구분

브랜드 지향점을 의미하는 다양한 개념

 많은 사람들이 미션, 비전, 경영 전략, 브랜드 에센스 등의 개념과 역할에 대해 혼란스러워한다. 인터넷상에 떠돌아다니는 용어와 정의를 보면 이해가 되는 듯하지만 막상 적용해 보면 쉽지 않다. 사실 법칙이 아니기 때문에 정해진 정답은 없다. 회사에서 정하고 사용하기 나름이라고 생각한다.

 하지만 정확한 개념을 알면 불필요한 의미를 덜어 내고 서로 간의 오해를 줄일 수 있다. 개념에서부터 혼동이 생기면 결국 다시 시작점으로 돌아오는 상황을 마주하게 된다. 많은 기업들이 동일한 이해의 출발선에서 시작하지 않아서 다시 회귀하는 상황을 종종 보았다.

- 우리 기업의 미션은 XXX입니다.
- 우리 기업의 비전은 XXX입니다.

- 우리 기업의 브랜드 에센스는 XXX입니다.

- 우리 기업의 브랜드 가치는 XXX입니다.

- 우리 브랜드의 컨셉은 XXX입니다.

- 우리 기업의 메시지는 XXX입니다.

- 우리 브랜드의 광고 컨셉은 XXX입니다.

➡ 미션, 에센스, 컨셉, 비전, 가치, 메시지는 무슨 관계일까?

당신과 팀원이 브랜드 아이덴티티 수립을 맡았다고 가정하자. 무엇을 만들 것인가? 최종 아웃풋은 무엇인가? 브랜드 에센스를 수립하기로 했다면 브랜드 에센스에 대한 생각은 상사 혹은 팀원의 생각과 동일한가?

이 문제는 1장에서 말한 당신이 과업 전에 마주하게 될 장애물 중 하나이다. 팀원 간 브랜딩 용어 개념을 명확히 하여, 최종 아웃풋, 진행 과정에 대해 발생할 수 있는 오해를 최소화하자. 이를 위해서 브랜드 방향성의 가장 기본이 되는 미션, 비전, 브랜드 에센스, 컨셉의 의미에 대해서 살펴보겠다.

• 미션, 비전, 가치의 인식 변화 과정

지금도 회사를 방문하면 미션과 비전을 명확한 구분 없이 사용하는 모습을 많이 본다. 사람들이 말한다. 미션과 비전이 밥 먹여 주냐고. 나의 생각은 '그렇다'이다. 브랜딩을 오랫동안 고민하다 보니 '방향성'의 중요성을 더 공감하고 있다. 브랜드를 만드는 데 있어서도 기업의 미션, 비전의 의미를 알아야 더 정확하게 쓸 수 있다.

미션은 16세기 예수회가 선교 활동을 위해 사용한 '미션'에서 유래하였다. 현업에 적용된 건 1954년 피터드러커가 《경영의 실제》에서 처음 언급하면서이다. 그는 미션을 조직이 추구하는 궁극적인 목적으로 경영의 본질이고, 비전은 조직이 추구하는 핵심 목적과 미래상으로 말하고 있다.

국내 기업의 리더들을 만나 보면 궁극적인 목적을 강조하여 미션을 상위 개념, 비전을 하위 개념으로 두기도 하고 장기적인 포부를 명확히 표현하고자 비전을 위에 두고 미션을 하위에 넣기도 한다. 하지만 목적 지향적인 조직을 만드는 것이 중요하다면 사명과 비전을 계층적 구조가 아닌 명확한 정의에 따른 상호 의존적 개념으로 보는 것이 더 바람직하다고 생각한다. 많은 기업들이 사명(우리 존재 이유), 비전(우리가 가는 곳), 가치(우리가 운영하는 방식과 기준)를 방향성의 핵심 요소로 규정하고 호소력 있는 브랜드 내러티브로 전체 방향성을 만들고 있다.

이렇듯 기업의 환경과 여건에 따라 비전만 수립하기도 하고, 미션만 수립하기도 한다. 혹은 미션과 비전을 모두 수립하기도 한다. 어떤 조직은 브랜드 에센스나 핵심 가치(Core Value)만 만들기도 한다. 모든 것은 회사의 선택이다. 미션이 없거나 비전이 없다고 해서 회사가 없어지지 않는다. 이런 정의가 없어도 성장을 하는 회사도 매우 많다.

업계와 학계에서 미션과 비전, 브랜드 에센스 등의 개념적 경계가 명확하지 않기 때문에 미국마케팅협회(AMA)를 주요 기준으로 하고, 대학과 연구기관의 학술 논문을 참조하여 미션, 비전, 브랜드 에센스, 브랜드 밸류, 브랜드 컨셉의 의미를 정리했다. 브랜드 지향점을 규정할 때 참조하여 사용하기 바란다.

- **미션(Mission)**

AMA에 따르면 미션은 조직의 핵심적인 목적으로 시간이 지나도 변하지 않는 것이다. 조직의 존재 이유이며, 의사결정에 있어서 방향성을 결정해 주는 역할을 한다. 캠벨과 나쉬 등 다수의 연구논문에 따르면 "우리가 어떤 조직이며 무엇을 하는가?"라는 질문에 대한 답으로 보통 조직의 성격이나 정체성, 존재 이유로 정의된다고 말하고 있다.

- **비전(Vision)**

비전에 대한 일관된 개념적 정의는 존재하지 않지만, AMA 기준에 따르면 비전은 조직이 달성하고자 하는 중장기적 목표로 현재 혹은 미래의 실행전략을 수행할 때 가이드를 제공한다. 또한 기업 전략의 구루인 짐 콜린스와 제리포라스는 비전은 미래에 조직이 앞으로 나아가야 할 방향을 나타내는 것으로, 시기상 아직 다가오지 않은 미래의 지향점을 의미한다고 말했다. 이와 같이 비전은 미션을 고려하여 수립되기 때문에 미션과 비전은 수직 관계보다는 상호 보완의 관계로 보는 것이 적절하다.

- **브랜드 에센스(Brand Essence)**

브랜드 에센스는 가장 근본적이고 지속적인 정신이나 고유한 특성을 의미한다. 독특한 정체성, 가치관, 목적으로 소비자와의 약속을 간결하게 표현하며 공감을 형성하는 의미를 담고 있다. 또한 장기적으로 견지해야 할 브랜드 정신으로 소비자가 브랜드를 선택하는 가장 핵심적인 이유가 되어야 한다. 브랜드 에센스는 일반적으로 한 두 개의 가장 핵심적인 단어로 표현한다. 예를 들면 볼보의 '안전', 디즈니의 '매직', 애플의 '세련된 우아함' 등이다.

• 브랜드 밸류(Brand Value)

브랜드 밸류는 브랜드 행동과 결정을 안내하는 핵심 원칙과 신념이 된다. 브랜드 아이덴티티의 근원을 이루며 실행, 결정의 핵심 원칙이다. 기업 브랜드에서는 핵심 요소로 브랜드 미션, 문화, 그리고 이해관계자와의 약속을 반영한다. 제품 브랜드에서는 (제품의) '깨끗함', '지속 가능성'과 같이 소비자 효익 등 브랜딩 주체가 강조하는 가치로 나타낼 수 있다.

• 브랜드 컨셉(Brand Concept)

브랜드 컨셉은 소비자의 마음속에 심고 싶은 핵심 아이디어 혹은 핵심 이미지다. 브랜드 컨셉은 브랜드가 추구하는 에센스, 브랜드 목적, 비전, 미션, 브랜드 가치 등 기본적인 가치와 약속을 포함하며 경쟁사와의 차별화에 목표를 둔다.

브랜드 지향점을 의미하는 개념의 적용

• 대상에 따른 적용

미션, 비전, 브랜드 에센스, 컨셉은 모두 지향점을 말하는 공통점이 있지만, 브랜딩 대상의 범위, 전략의 목적에 따라 적용하는 개념을 구분하는 것이 좋다. 기업과 같은 큰 조직에서는 미션, 비전을 주로 사용한다.

　마스터 브랜드와 패밀리 브랜드와 같이 기업에 준하는 위상을 가진 대상에는 브랜드 에센스를 적용하는 것이 적절하다. 쿠팡이나 하이마트와 같이 제품, 서비스명을 기업명으로 갖는 경우에도 적용 가능하다. 상품, 제품, 서비스 등 단기적이고 개별적인 대상에는 브랜드 컨셉을 적용하여 전략을 구축한다.

　구체적인 예를 들어 말해 보면 LG전자는 미션, 비전의 개념을 적용하고, LG 시그니처에는 브랜드 에센스로 상위 개념을 설정한다. LG 그램과 같은 노트북에는 컨셉을 사용하는 것이다. 브랜딩 주체에 맞는 개념을 적용해야 나중에 서로 상충하지 않고 지속적인 브랜딩이 가능해진다.

• **브랜드 플랫폼상에서의 적용**

　미션, 비전, 브랜드 에센스, 컨셉을 대상에 따라 구분하는 이유는 브랜드 명확성(Clarity)을 확보하기 위해서다. 브랜드 플랫폼에 적용할 때도 미션, 비전, 브랜드 에센스, 컨셉 등을 하나의 플랫폼에 혼용하여 사용하지 말자. 미션, 비전, 컨셉의 차이를 이해하고 브랜드 플랫폼을 적용하면 브랜드를 관리하기가 쉽다. 개념의 명확한 이해 없이 동시에 사용할 경우, 중복된 개념으로 인해서 미사여구가 가득한 내용의 브랜드 플랫폼이 되고 만다.

　브랜드 플랫폼에 대해서는 20장에 정리하긴 했지만 [그림 6-1]을 보면 대상에 따라 적용하는 데 차이가 있다. 브랜드 관리의 용이성을 위해서 다음과 같은 브랜드 플랫폼 구성 요소를 제안한다. 브랜드 대상에 따라 플랫폼에서 적용하는 요소를 꼭 참고하고 사용하도록 하자.

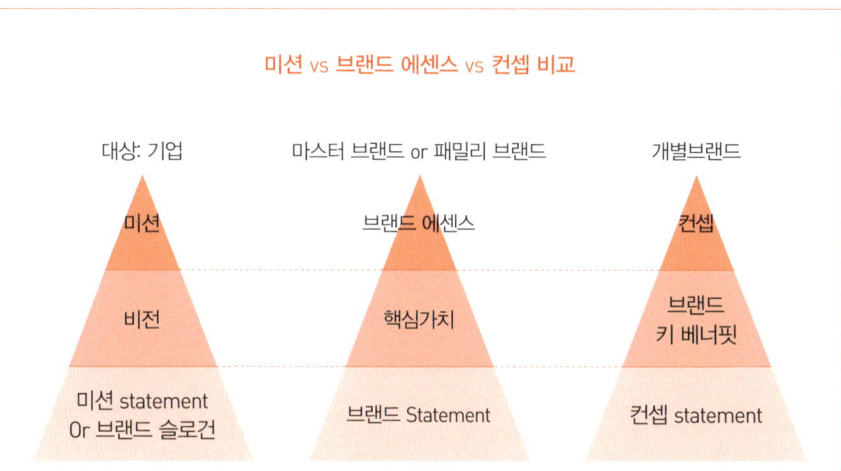

[그림 6-1] 미션, 브랜드 에센스, 브랜드 컨셉 비교

브랜딩 대상이 기업일 때는 미션, 비전, 미션 스테이트먼트(Mission Statement) 또는 기업 슬로건(Slogan)을 플랫폼의 기본 요소로 구성한다.

마스터 브랜드 혹은 패밀리 브랜드에는 브랜드 에센스, 브랜드 가치, 브랜드 스테이트먼트 또는 브랜드 슬로건으로 구성하는 것이 관리하기 용이하다. 단일 상품, 개별 서비스와 같은 개별 브랜드는 브랜드 컨셉, 제품의 키 베너핏(Key benefit), 브랜드 스테이트먼트 또는 제품 카피, 제품 슬로건으로 구성하도록 한다.

이렇게 구분하는 것은 브랜드 에센스가 기업 브랜드에 적용될 수 없다는 의미가 아니다. 하나의 플랫폼에 지향점을 의미하는 여러 가지 개념을 혼용하여 브랜드 명확성을 깨뜨리지 말자는 것이다. 미션, 브랜드 에센스, 컨셉은 기업 브랜드, 마스터 브랜드, 그리고 상품, 서비스에 적용되는 개별 브랜드와 같이 대상에 따라 구분하여 적용하면 의미의 중복성(Redundancy)을 피할 수 있다. 브랜드 수립 시 대상(기업, 브랜드, 제품, 상품, 서비스)에 따른 개념을 분류하여 적용하는 방법을 고려해 보도록 하자.

하지만 때에 따라서는 당신 회사의 특성상 브랜드 미션, 비전, 브랜드 에센스, 브랜드 가치 등을 모두 하나의 플랫폼에 구성해야 할 때도 있다. 혹은 각각의 의미와 역할, 위치를 규정해야 할 필요가 있을 수 있다. 이를 위해 각각의 개념과 역할을 [그림 6-2]에 정리했다. 여러분이 회사에서 이와 같은 어려움에 직면한다면 아래의 플랫폼을 참고하기 바란다.

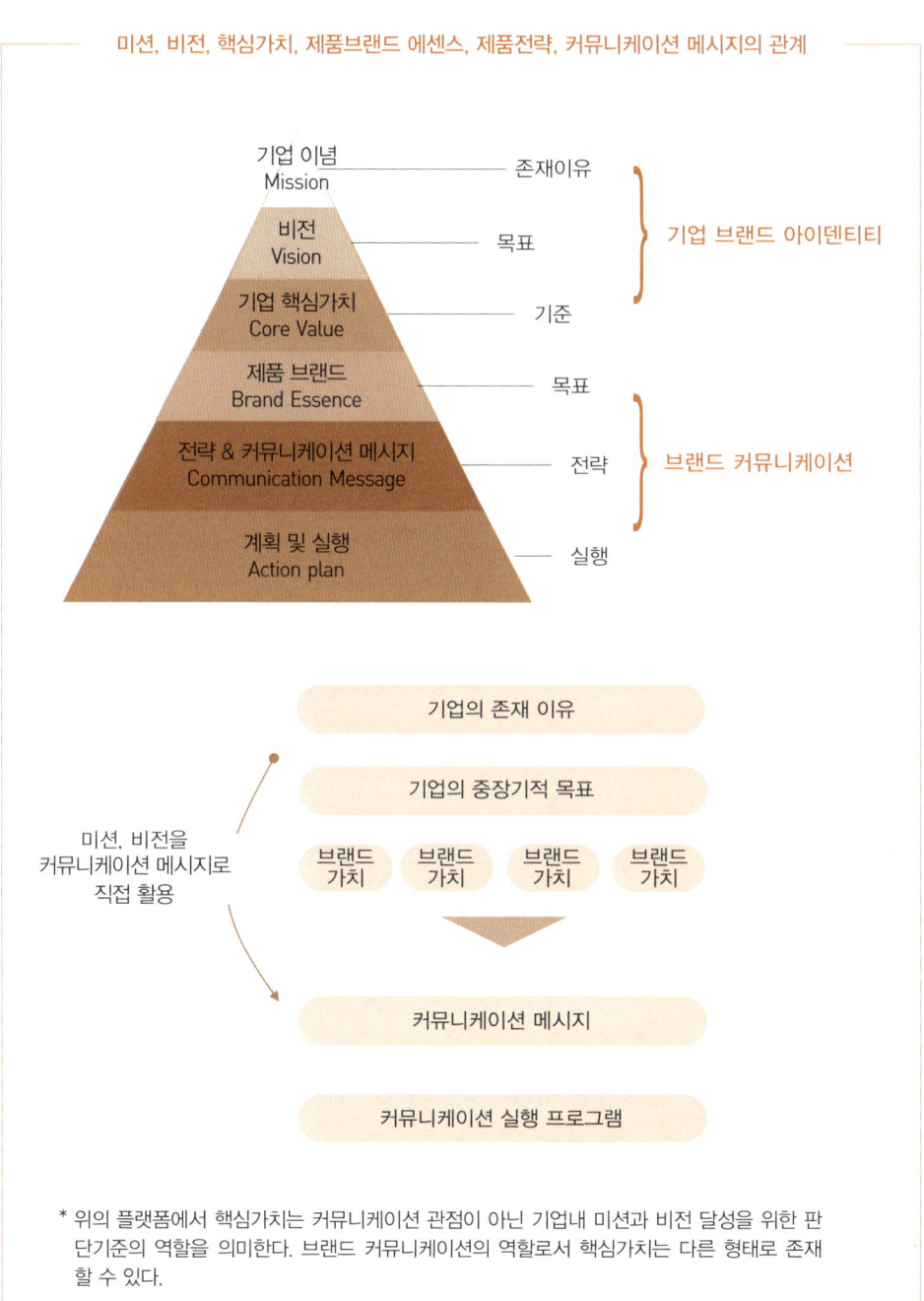

[그림 6-2] 미션, 브랜드 에센스, 브랜드 가치와 커뮤니케이션 관계도

의도적인 개념 구분의 이유: 명확성의 획득

우리는 왜 브랜드 미션, 브랜드 비전, 브랜드 아이덴티티, 브랜드 에센스, 브랜드 컨셉을 결정할까? 이유는 간단하다.

브랜딩은 항상 결정의 순간들로 이루어진다(Branding is full of decisions). 브랜드는 기업 활동 전반에 걸쳐 있다. 브랜딩은 다양한 부서와 사람들의 선택과 행동에 의해서 만들어진다. 그래서 꼭 필요한 것이 약속된 방향성이다. 당신이든, 기업이든, 제품이든, 서비스든 브랜딩을 하기로 하는 순간, 그 과정은 항상 선택의 순간에 서게 된다. 올바른 선택, 결정의 효율성을 위해서 브랜딩에는 반드시 명확한 도달점이 있어야 한다. 그리고 기업 활동에는 각기 다른 의사결정자들이 판단하고 결정한다. 일관성 있는 판단과 결정이 매우 힘든 환경이다. 그래서 모두가 동일하게 이해해야 하고 최종적인 도달점, 방향점을 인지해야 한다.

브랜딩은 다양한 단계별 브랜드 퍼포먼스에 의해 결정된다. 브랜드의 수많은 접점에서 형성된 브랜드 경험들이 결국 브랜드 자산을 만들어 간다. [그림 6-3]의 Keller and Lehmann이 말한 브랜드 밸류 체인 모델을 보면 브랜드 가치가 어떤 과정에서 축적되고 중요한 기준은 무엇인지 알 수 있다. 브랜드 밸류 체인을 이해하면 브랜딩의 어떤 과정에 시간과 자원을 써야 하는지가 명확해진다. 마케팅 커뮤니케이션, 소비자, 시장 성과, 주주에서 형성된 자산과 요소들이 종국에는 브랜드 가치를 만들어 내고 영향력을 미친다. 그렇기 때문에 많은 접점에서의 효과적인 브랜드 자산 형성을 위해서 명확성(Clarity)은 반드시 확보되어야 할 필수 요소이다.

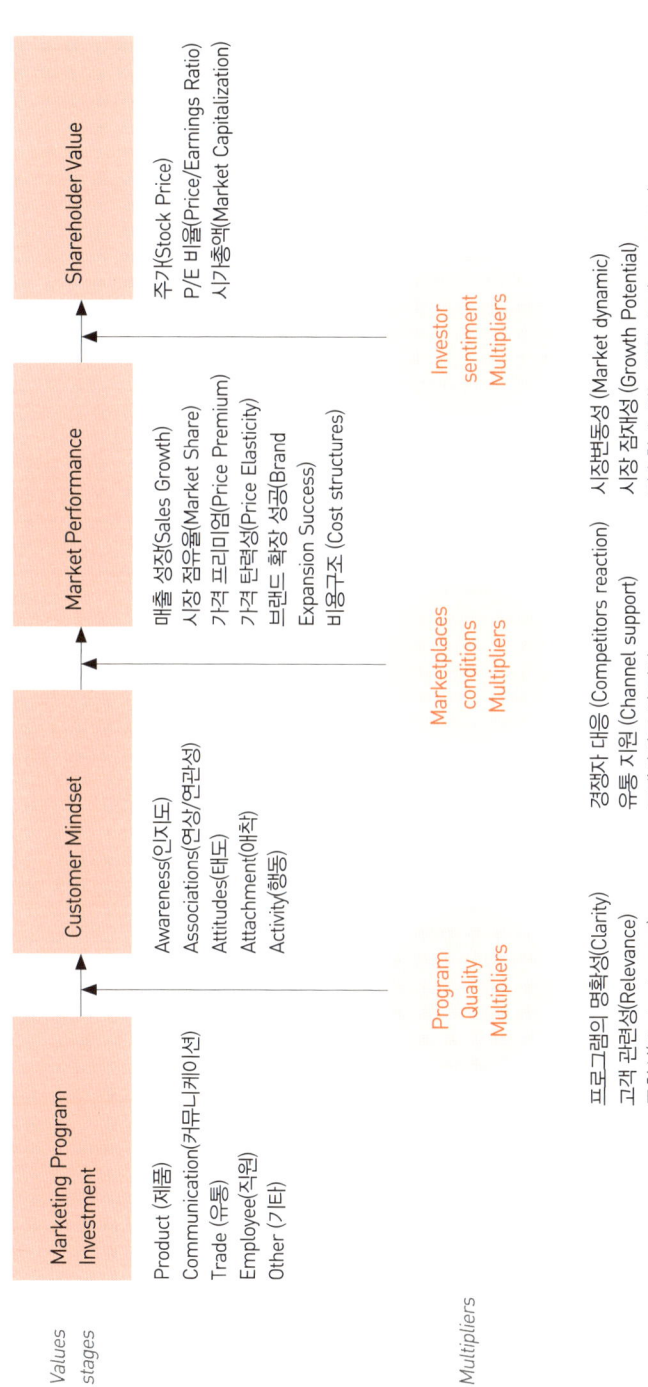

[그림 6-3] 브랜드 밸류 체인(Brand Value Chain)

PART 2

브랜드 아이덴티티 수립 완벽 가이드

: 브랜드 진단부터 브랜드 가치체계 수립까지

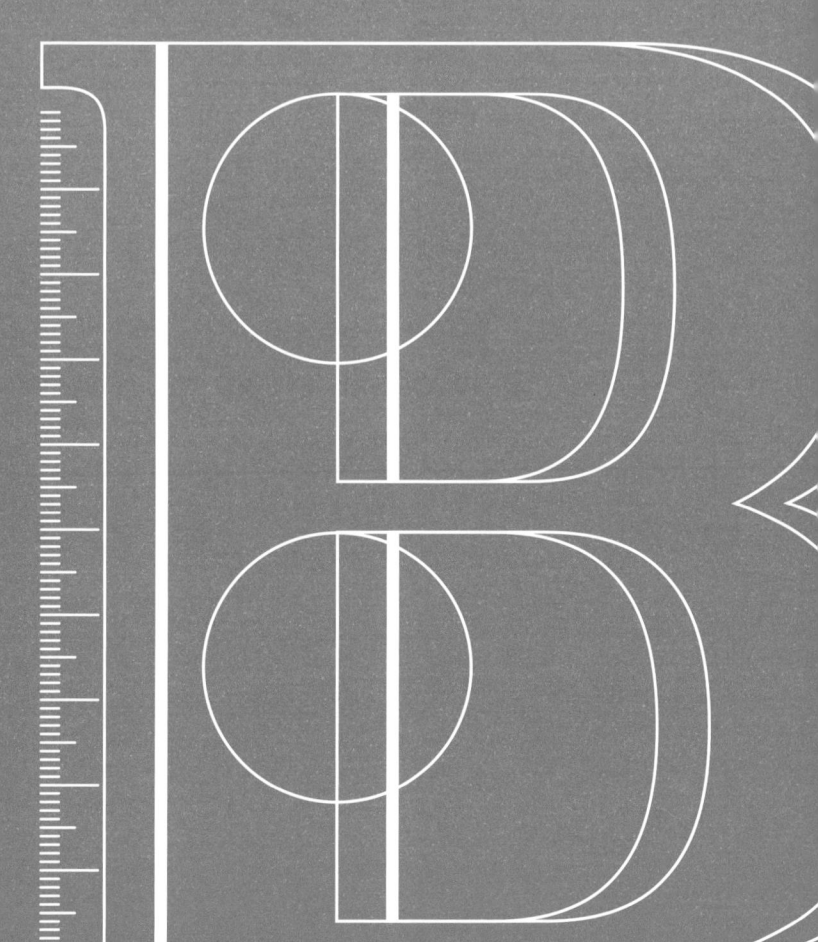

브랜드 아이덴티티 수립의 전체 프로세스

대상에 따른 브랜드 프로세스 1, 2, 3

브랜드 아이덴티티 수립은 대상에 따라 분석 범위와 접근 방법의 차이가 있으므로 수립하는 대상이 무엇인지 우선 확인한다. 대상은 기업, 조직, 사업, 제품, 서비스, 사람 등으로 나뉘는데 기업은 기업 브랜드, 사업은 마스터 브랜드, 제품이나 서비스는 개별 브랜드, 사람은 퍼스널 브랜드로 구분할 수 있다.

- 지주사, 그룹사 등의 기업 브랜드
- 마스터 브랜드 혹은 패밀리 브랜드 등 사업 브랜드
- 상품, 서비스와 같은 개별 브랜드
- CEO, CTO 등 PI(President Identity) 같은 퍼스널 브랜드

이렇게 구분하는 이유는 대상에 따라 목표 타깃과 분석해야 할 범위

[그림 7-1] 브랜딩 대상별 모듈(단계) 프로세스

PART 2 — 브랜드 아이덴티티 수립 완벽 가이드

가 달라지기 때문이다. 목표 타깃이 달라지기 때문에 최종 결과물에도 차이가 난다. 우리가 앞에서 미션, 비전, 브랜드 에센스, 핵심 가치, 컨셉 등의 개념을 먼저 정의한 것도 대상에 맞는 개념을 적용하여 명확한 브랜드 플랫폼을 만들기 위해서다.

[그림 7-1]은 브랜딩 대상별 모듈(단계) 프로세스를 정리한 것이다. 대상에 따라 꼭 정해진 프로세스가 있는 것은 아니다. 당신에게 말하고 싶은 것은 대상별로 중요하게 고려해야 할 단계가 있다는 점이다. 그러므로 대상의 특징을 고려하여 반드시 필요한 단계는 진행하도록 하고 상황에 맞게 단계를 가감하여 유연하게 진행하면 된다.

- 기업 브랜드/사업 브랜드/개별 브랜드 프로세스 차이

기업 브랜드와 같이 내부의 사업 동력과 문화적 결속력을 만들어야 하는 경우, 단결력을 위해 기업의 목적과 직원들과 성취 목표를 동기화(Synchronize)하는 것이 중요하다. 그렇기 때문에 '모듈 9. 브랜드 워크숍'에 의미를 더 두고 프로세스 1(Company Brand)을 따르는 것이 적합하다. 기업 브랜드의 경우, 세세한 변화보다는 거시적인 산업 동향이나 흐름을 파악하는 것이 중요하기 때문에 모듈 7단계 산업 분석 과정도 잘 살펴볼 필요가 있다.

사업과 기업의 특성을 동시에 지닌 마스터 브랜드는 기업 브랜드의 위상과 동시에 소비자와 맞닿아 있는 특수성이 있기 때문에 프로세스 2(Master Brand)에 해당한다. 그래서 더 다양한 분석 범위가 요구되기도 한다.

제품, 서비스와 같은 개별 브랜드는 시장 특화된 단계가 필요하므로 프로세스 3(Individual Brand)에 따라 진행한다. 특히 '모듈 4. 브랜드 이미지 탐색', '모듈 5. 타깃 인사이트 도출' 같은 타깃 분석 과정에 더 초점을 두도록 한다.

- 기업/사업/개별 브랜드의 예시

기업, 사업, 개별 브랜드의 구체적인 예시로 살펴보도록 하자. LG전자는 하위에 수많은 브랜드를 운용하는 대표적인 기업 브랜드다. 기업 브랜드로 LG그룹의 브랜드 수립을 진행한다면 프로세스상에서 다른 대상보다는 내부 브랜딩에 무게를 더 많이 두어야 한다. 내부 인터뷰, 브랜드 워크숍, 최종 결정 참여 등 브랜드 방향성을 선정하는 데 있어 참여도와 관심도를 높여 브랜드 마인드를 고취하도록 한다. 이런 과정을 통해서 참여자의 의견이 회사에 반영되고 함께 발전한다는 의식을 심어주는 것이 중요하다.

LG 오브제(Objet)는 패밀리 브랜드이자 마스터 브랜드로 볼 수 있다. 제품 브랜드로서 매출이 중요하기 때문에 소비자 조사와 경쟁 조사 등 시장 환경 분석을 토대로 차별화된 브랜드 수립 과정에 더 무게를 둔다. '모듈 3. 주요 경쟁사 분석', '모듈 5. 타깃 인사이트 도출', '모듈 8. 시장 핵심 동인 탐색' 단계를 중심으로 진행하는 것이 좋다.

LG전자 코드제로는 개별 브랜드다. 제품이나 서비스 브랜드의 컨셉 도출 과정은 경쟁자 분석, 소비자 정량/정성 분석으로 소비자 효익을 담아 차별화를 확보하는 것이 더 의미 있을 수 있겠다. 소비자가 원하는 가치가 무엇인지 면밀히 분석하고 브랜드 컨셉을 만든다. 전체 프로세스 과정의 모듈은 당신 회사의 내부 환경, 산업 특수성에 따라 가감하며 정하면 된다.

사업 브랜드(마스터 브랜드) 관련하여 좀 더 설명을 해 보면 올리브영, 하이마트가 여기에 해당한다. 이들은 기업 브랜드이면서 마스터 브랜드로 볼 수 있다. 마스터 브랜드는 기업 브랜드에 준하는 영향력 있는 브랜드다. 위상은 기업 브랜드와 비슷하지만 시장과 밀접한 제품, 서비스 브랜드의 성격을 모두 가졌다고 이해하면 쉽다. 따라서 시장의 대내외 환경 분석과 함께 내부 합의점의 과정을 모두 거친다.

그렇기 때문에 가장 많은 분석 단계를 거친다. 담당자에 따라 시장 차별화를 위해 내외부 환경 분석에 무게를 두거나 내부 결속력에 비중을 더 두기도 한다. 이 두 가지의 다른 양상을 하나의 브랜드 플랫폼에 담으면 전체적인 의미가 복잡해진다. 이런 문제를 쉽게 해결하는 방법은 기업 브랜드로서의 가치 체계와 시장에 대응하기 위한 제품 브랜드로서의 가치 체계를 별도로 갖는 것이다.

브랜드 수립의 논리 구조와 전개 스토리

당신은 브랜드 아이덴티티를 수립하기로 한 담당자다. 지금도 이 프로젝트를 맡아서 끝내야 하는 부담감이 어깨를 짓누르고 있을 것이다. 당신이 넘어야 할 산 중의 하나는 브랜드 수립의 전문성 확보이다. 1장에서 브랜드 수립의 장애물을 해결하기 위해 브랜드 수립의 전문성이 필요하다고 언급했다. 브랜드 수립의 과정이 논리적이고 도출 과정이

미시(MECE, Mutually Exclusive, Collectively Exhaustive)해야 지금 결과물이 최적인가라는 질문에 '예스'라고 말할 수 있다.

지금부터는 브랜드 수립의 전체적인 논리 구조를 말하고자 한다. 브랜드 결과물을 만드는 전체 과정이 당신의 머릿속에 남아 있어야 논리적인 브랜드 도출이 나올 수 있다. 여기에 당신의 생각이 더해지거나 상황에 맞게 변형하여 적용하면 된다. 우리는 3C(Company, Competitors, Consumer)와 인더스트리(Industry)를 분석할 것이다. 3C를 기반으로 분석 과정과 수립 과정의 스토리를 살펴보도록 하자.

먼저 당신의 브랜드가 속한 산업 변화를 분석한다. 산업의 변화가 어떤 동인에 의해서 나타나는지 찾아본다. 산업의 변화 과정에서 시간이

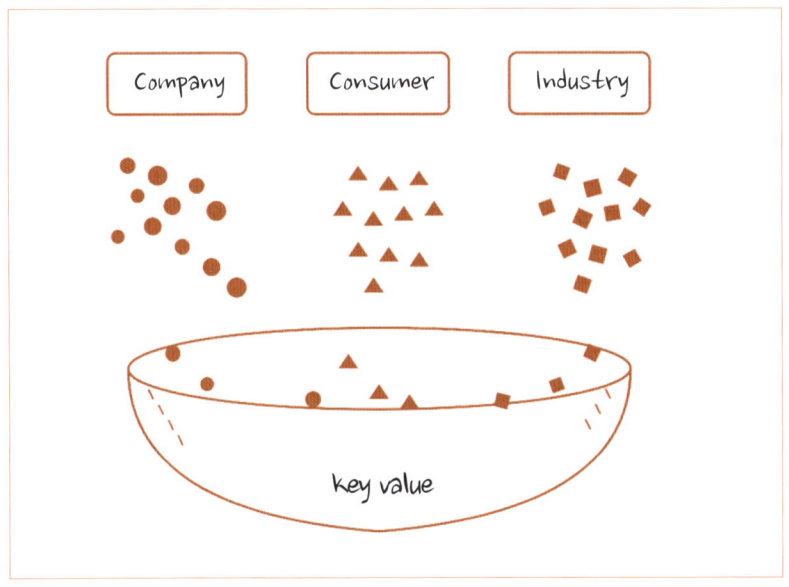

[그림 7-2] Internal/External 환경 분석

지나도 변하지 않고 이어진 가치는 무엇인가? 반대로 짧은 기간 내에 시장을 변화시키고 이끄는 것은 무엇인가? 향후 이 시장에 변화를 불러올 핵심 동인(Key Driver)이 무엇인지 발견하는 것에 집중한다. 그러고 나서 소비자들의 변화를 관찰하자. 산업 변화의 흐름과 시장 변화 속에서 소비자들은 무엇에 반응하고 있는가? 그들의 라이프에서 여전히 충족되지 않은 것은 무엇이 있는지 추적한다.

 산업 환경, 소비자들을 살펴보고 나면 마지막 단계로 경쟁자의 움직임을 본다. 산업의 환경 변화와 소비자의 라이프 변화 속에서 경쟁자들이 어떻게 움직이는지 확인한다. 격렬한 경쟁 환경속에서 어떤 가치를 전달하고 있는가? 그들은 소비자들이 원하는 니즈를 반영하고 있는가? 경쟁사들은 무엇을 가지고 시장에 충격을 주고 있는가?
 경쟁사들이 소비자에게 전달하는 핵심 가치를 찾아본다. 맵 위에 경쟁사가 말하는 가치를 옮겨 놓으면 전체 시장에서 경쟁사가 말하는 경쟁 환경 구도가 한눈에 그려진다.
 다시 3C 분석으로 돌아와서, 환경 분석을 통해서 얻은 키 밸류를 동일한 것끼리 묶고, 유사한 것은 다시 하나의 개념으로 만든다. 유사한 개념은 상위 개념으로 어떻게 표현할지, 다른 새로운 표현 방법이 있는지에 대해 팀들과 논의하고 타당성 여부를 판단한다. 그리고 1차로 정리된 내용들 중에서 최종적인 핵심 밸류(Core Value)로 7~8개 정도를 선정한다.
 최종적으로 정리된 가치 안에서 당신은 어떤 방향으로 갈지 결정한다. 현재 갖고 있는 강점을 살릴 것인지, 아니면 미래를 위해 준비 중인 가치를 지향점으로 고려할지, 경쟁사가 강조하는 중요한 가치와 유

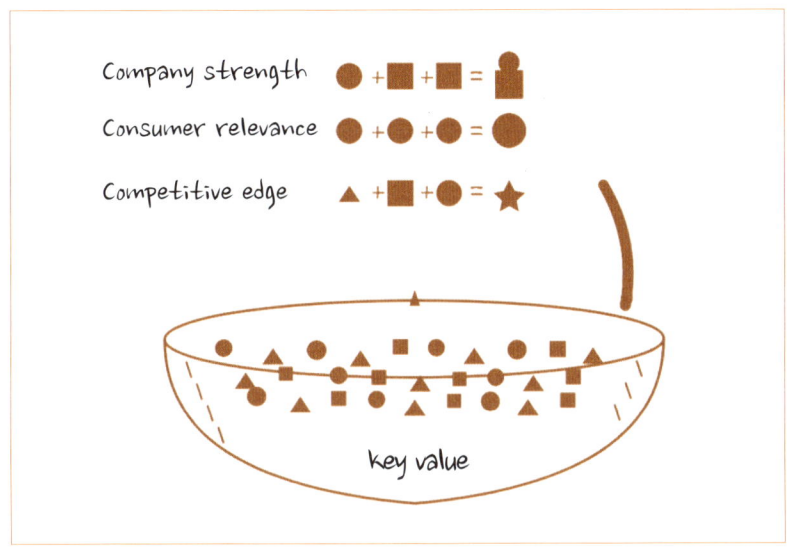

[그림 7-3] 키 밸류(Key Value) 클러스트링 및 핵심 가치(Core Value) 재창조

사하게 갈지, 다르게 갈지 등 전략적 방향성을 고민한다. 브랜드 아이덴티티가 정해지면, 선정한 브랜드 아이덴티티를 기반으로 내부적으로 합의하여 브랜드 플랫폼을 개발한다.

 지금 말한 논리의 흐름이 그려지는가? 이 과정과 논리의 전개 방식을 기억해 두자. 그리고 단계별 명확한 분석을 위해 각 모듈을 이해하고 키 밸류 도출 시 주의사항을 알아보도록 하자.

모듈의 이해

기업 브랜드의 구체적인 진행 과정을 설명해 보면 3C 환경 분석, 내부 워크숍, 그리고 포지셔닝 도출과 가치 개발, 브랜드 에센스 개발 순으로 진행한다. 모듈별로 각 과정을 간단히 소개하면 다음과 같다.

- **모듈 1. 브랜드 진단**
당신의 브랜드가 위치한 현재의 브랜드 위상을 점검한다.

- **모듈 2. 현재 방향성 분석 ~ 모듈 8. 시장 핵심 동인 탐색**
3C 환경 분석에 해당한다. 자사, 경쟁사, 소비자, 산업을 분석하고 각 섹션별로 키 밸류(Key Value)를 도출하는 단계이다. 제품 브랜드나 서비스 브랜드와 같이 시장과 더 밀접하다면 모듈 5의 타깃 인사이트 도출에 더 힘써야 한다.

- **모듈 9. 브랜드 워크숍**
내부 구성원과의 워크숍, 회의를 통해 의견을 조율한다. 최종적으로 합의된 핵심 가치(Core Value)를 결정한다. 기업 브랜드 방향성을 결정한다면, 이 부분에 더 많은 자원을 할애하여 공감대를 극대화한다.

➡ 모듈 1에서 모듈 9를 통해 '핵심 가치'를 이끌어 낸다.

- **모듈 10. 브랜드 밸류 구축 ~ 모듈 11. 브랜드 포지셔닝**
획득한 가치 중에서 경쟁사가 산업과 시장에서 중요하게 여기는 보편적인 가치는 무엇인지. 향후 당신이 가져갈 미래의 지향적 가치는 어떤 것이 있는지. 또 경쟁사 대비 차별화를 가져갈 수 있는 가치로는 무엇이 있는지 판단하여 최종 가치를 결정한다.

➡ 모듈 10에서 모듈 11을 통해 '브랜드 에센스'를 만든다.

• 모듈 12. 브랜드 플랫폼

최종적으로 핵심 가치와 브랜드 에센스가 결정되면 내부 직원들이 이해할 수 있도록 브랜드를 문서화, 표준화하는 작업이다. 크레이티브 작업을 통해서 브랜드의 에센스를 더 날카롭게 만들기도 하고 기존에 선택한 핵심 가치 중에서 가장 중요하다고 여기는 것을 브랜드 에센스로 삼기도 한다. 각각의 브랜드 가치의 의미를 구성원들이 이해할 수 있도록 명확하게 설명한다. 플랫폼 내에 들어갈 요소를 결정하고 각 요소에 맞는 브랜드 내러티브를 구축하면 브랜드 플랫폼이 최종적으로 완성된다.

➡ 모듈 12에서 브랜드를 명문화한다.

이 프로세스를 통해 만드는 것은 당신의 회사 혹은 제품이 고객에게 심어 주는 가치 또는 내부 구성원 모두가 지향하는 가치라는 점을 꼭 기억하길 바란다. 브랜딩의 지향점, 즉 브랜드 에센스이자 브랜드 컨셉은 당신이 고객에게 전하는 약속이다. 그리고 당신 회사의 구성원들이 모두 일관성 있게 전달하기 위한 브랜드 가치 체계다.

키 밸류(Key Value) 도출 시 주의해야 할 점

 당신은 앞으로 회사, 경쟁사, 소비자, 산업을 분석하기 위해 다양한 자료들을 찾고 리뷰할 것이다. 자료들을 보고 키 밸류(Key Value)를 도출하는 데 많은 시간을 할애하게 될 것이다. 키 밸류는 시장 환경을 분석하면서 분석 단계마다 중요하다고 판단할 수 있는 가치로 향후 브랜드 방향성으로도 고려할 키워드를 말한다.

 기업 브랜드라면 고객에게 전달하는 가치 외에도 구성원이 가져야 할 마인드와 태도, 브랜드 의사결정 과정에서 중요한 기준이 될 수 있는가도 봐야 한다. 제품이나 서비스 브랜드라면 당신의 브랜드가 소비자에게 전달하고 싶은 효익을 기준으로 보면 더 용이하게 도출할 수 있다. 또한 당신의 브랜드가 경쟁력을 갖기 위해 중요하다고 생각하는 미래의 가치가 되기도 한다.

 각 항목별로 자료를 리뷰하면서 강조하는 있는 키 밸류가 무엇인지 찾아보자. 중요한 것은 사용 빈도와 정성적인 판단으로 할 수 있다. 사용 빈도는 강조의 의도가 있으므로 중요한 기준이 된다. 또한 회사의 사업 방향성과 맥락, 오래된 실무 경험을 알고 있다면 주관적인 판단으로 중요한 가치를 선별할 수 있다. 모듈별로 정리해 놓은 체크리스트의 분석 자료를 리뷰해 보면 반복적인 표현이 나타날 것이다. 또 유사한 의미들이 많은 경우 이것들을 묶을 수 있는 대표적인 키워드나 표현이 생각날 수 있다. 이 과정에서 개인의 경험과 주관적인 판단이 개입된다.

 여기서 두 가지 방법으로 접근하기를 제안한다. 하나는 최대한 주관적인 기준을 배제하고 자료에서 공통적으로 강조하는 내용을 뽑아내고 정리하는 것이다. 두 번째는 반대로 당신의 판단에 의지하는 것이다. 두 번째의 경우, 사람의 경험과 인사이트에 따라 다양한 결과들이 나올 수 있고 혹시나 틀리지 않을까 우려할 수도 있다. 결론부터 말하자면, 괜찮다.

당신은 1차적으로 객관적인 관점에서 보편적인 가치를 확보했고, 2차적으로는 당신의 경험과 다른 시각으로 본 가치를 선택했다. 이 결과물들은 팀원과의 워크숍 혹은 미팅을 통해서 한 번 더 객관적인 스크리닝을 거칠 것이다. 너무 주관적이거나 애매한 부분이 있다면 팀원들과의 논의를 통해 재구성될 것이기 때문에 다른 관점에서 접근한 가치는 오히려 신선한 방향을 제시할 수 있다.

처음에는 낯설고 판단하는 데 어려움이 있어서 적응하는 시간이 필요할 수도 있다. 하지만 시장, 산업에 대한 고민이 깊어질수록, 고객에게 어떤 가치를 제공할 것인가를 생각할수록 합리적인 접근 속에서 당신만의 독특한 차별화를 만들어 낼 수 있다. 다양한 인사이트는 매력적인 아웃풋을 만드는 데 양분이 된다는 점을 잊지 말자.

또한 키 밸류를 정리할 때 자사, 소비자, 경쟁사, 산업 카테고리에서 도출된 것을 표시하면 밸류 분석의 흐름을 더 쉽게 이해할 수 있다. 후반부 과정으로 갈수록 도출된 가치가 많아지면 어디서 도출됐는지 혼동하기 쉽다. 색이나 별도 표기를 해서 자사에서 나온 밸류, 소비자에서 나온 밸류, 산업 분석에서 나온 것들을 명시한다.

표현에 있어서 키 밸류는 형용사 형태로 만드는 게 좋다. 소비자에게 전달하는 가치는 효익의 의미가 강하기 때문에 명사, 동사의 형태보다는 형용사가 더 쉽게 전달된다. 최종 방향성도 형용사로 전달하는 것이 가치를 담기에 더 적합하다. 표기는 영어 혹은 한글로 작성하거나 함께 병기하여 의미를 더 명확하고 풍부하게 전달하도록 한다.

모듈 1.
브랜드 진단(Brand diagnosis)

나의 브랜드가 가진 자산과 이슈는 무엇인가?

브랜딩의 시작은 나의 위치를 아는 것에서 출발해야 한다. 당신의 브랜드가 어떤 문제에 직면하고 있는가를 진단해 보자. 문제를 정확하게 인지하는 것은 효과적인 전략을 세울 수 있게 해 준다. 그리고 목적 달성을 위한 문제 정의는 도착지에 빠르게 도달할 수 있는 효율적인 접근 방법을 이끌어 낸다.

당신의 브랜드가 어떤 해결 이슈를 갖고 있는지 점검해 보자. 브랜드 진단 결과에 따라서 브랜드 아이덴티티 수립이 아닌, 다른 전략이 요구될 때도 있다. 시작할 때는 막연하게 제품이나 서비스의 브랜드 아이덴티티 재정립이 필요하다고 생각할 수 있지만, 막상 진단해 보면 커뮤니케이션이 약하거나 혹은 제품 자체가 가진 결함 때문일 수도 있다. 브랜드 진단을 통해서 당신이 갖고 있는 문제점을 더 명확하게 정의해 보자.

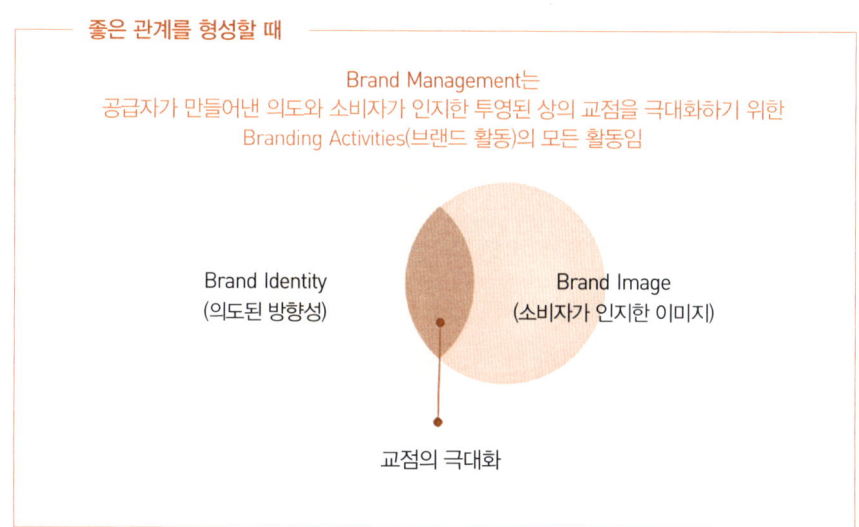

[그림 8-1] 소비자 이미지 자산으로 보는 브랜드 관리

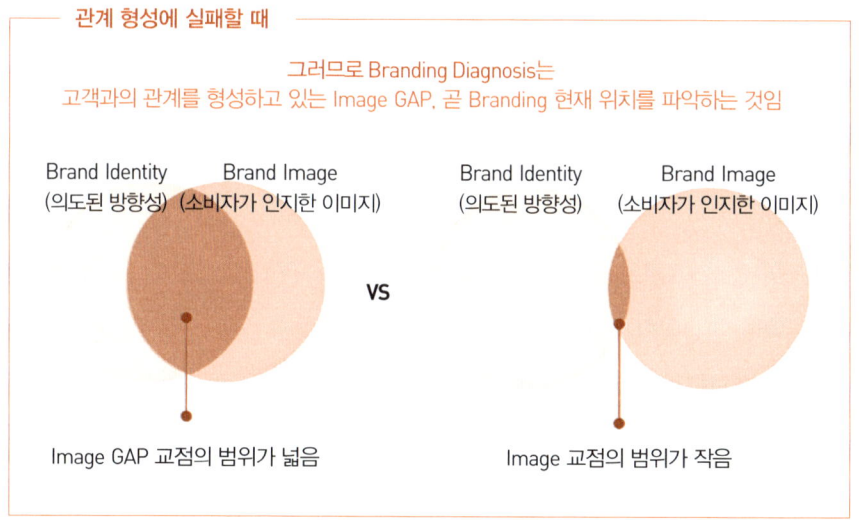

[그림 8-2] 소비자 이미지 자산으로 본 현 브랜드 진단

브랜드를 진단할 때 가장 손쉽게 할 수 있는 방법은 내부에서 진행한 커뮤니케이션 인풋값과 소비자에 맺힌 이미지의 출력값을 비교하는 것이다. 브랜드 아이덴티티(To-Be)와 브랜드 이미지(As-Is)간의 갭(Gap: 차이)을 보는 방법인데, 소비자 조사를 진행하거나 주변 사람들에게 물어서 대략적인 결과를 확인할 수 있다. 이를 통해서 당신의 브랜딩 활동이 얼마나 효과가 있었는지 가늠도 가능하고, 향후 커뮤니케이션의 영점조준을 다시 세팅할 수 있다.

브랜드 아이덴티티와 이미지 간의 갭 분석

브랜드 진단을 위해 지금까지 당신이 무엇을 말하고 있었는지 분석, 정리해 보자. 만약 내부에 이미 브랜드 아이덴티티가 정해져 있었다면 그것을 기준으로 삼으면 된다. 만약 없다면 어떤 커뮤니케이션 채널에서 무엇을 소비자에게 말하고 있었는지 정리한다. 지속적으로 강조하고 있는 메시지, 컨셉이 있다면 그것은 당신의 인풋값이 된다. 그리고 시장 반응은 어떠했는지 자료를 수집한다. 더 자세한 설명은 9장 '모듈 2. 현재 방향성 분석'의 설명을 참조하길 바란다.

수집하는 방법은 앞서 언급한 것처럼 소비자 조사를 진행할 수도 있고, 온라인 커뮤니케이션에서 소비자들이 응답한 댓글 등 소셜리스닝의 결괏값을 활용할 수도 있다. 여건상 힘들다면 주변의 가망고객이 될 수 있는 지인, 혹은 타 부서 동료들 30인 이상에게 물어보자. 당신이 말하고 있었던 것과 고객, 가망고객, 내부고객들이 생각하는 상(像)

의 갭(Gap)을 보면 당신 기업 혹은 제품, 서비스의 이미지가 어떻게 형성되어 있는지를 대략적으로 볼 수 있다.

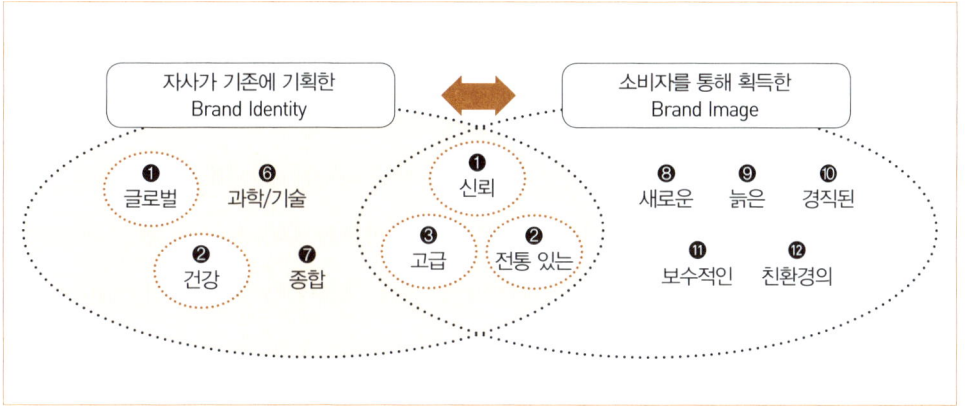

[그림 8-3] 기획된 브랜드 아이덴티티와 브랜드 이미지 간의 GAP 분석

당신이 의도한 아이덴티티와 소비자 조사 혹은 내부 조사를 통해 획득한 이미지가 [그림 8-3]과 같이 있다고 가정해 보면 우리는 이 갭(Gap) 분석을 통해서 몇 가지 인사이트를 얻을 수 있다.

• 브랜드 아이덴티티와 이미지 중 일치하는 것은 무엇인가?

당신이 강조한 기존의 브랜드 아이덴티티와 소비자가 인지하는 것 중에 교집합은 무엇인가? ① 신뢰, ② 전통 있는, ③ 고급 이미지는 고객과의 커뮤니케이션을 통해 우리가 획득한 브랜드 자산임을 알 수 있다. 당신은 형성된 이미지를 강화하여 새로운 방향성에 적용할지 아니면 다른 방향성을 선택할 것인가의 옵션을 가질 수 있다. 선택 기준은 시장 환경 변화, 즉 산업 동향과 소비자 변화, 기업이 가진 강점 등에 따라 무엇이 유리한지 판단하면 된다.

• **브랜드 아이덴티티 중 이미지 자산에 해당되지 않는 것은 무엇인가?**

내부에서 그동안 강조한 가치 중에는 ④ 글로벌, ⑤ 건강, ⑥ 기술적인, ⑦ 종합적인 도 있다. 하지만 현재 소비자가 갖고 있는 이미지 자산에는 존재하지 않는다. 이를 통해 그동안 ④~⑦을 강조해 온 커뮤니케이션 방향성이 잘못되었거나 혹은 커뮤니케이션 효과가 크지 않음을 유추할 수 있다. 기존의 브랜드 아이덴티티를 유지한다면 실행 전략을 수정하거나 방향성을 재점검해야 하는 시그널로 판단할 수 있다.

• **브랜드 이미지가 중장기적 비전의 방향성에 도움이 되는가?**

회사 미션, 비전과 관련해서 당신 브랜드가 획득한 이미지가 중장기적 비전의 방향성에 도움이 되는가를 판단해 본다. 예를 들어 당신의 기업이 국내 1위 헬스케어 회사라는 비전을 갖고 있다고 가정해 보자. 소비자가 인지하는 ① 신뢰, ② 전통 있는, ③ 고급 이미지가 기업의 미션, 비전에 부합해 보이는가? 비전 달성에는 ① 신뢰 이미지 외에 다른 이미지들은 유용한 자산인지 판단할 필요가 있어 보인다. 이렇듯 획득한 소비자 이미지는 기업 미션, 비전에 부합한지에 대한 가늠자로 활용할 수 있다.

• **부정적 이미지 중 개선, 변화할 수 있는 것은 무엇인가?**

소비자가 갖고 있는 부정적인 이미지 중에서 우리가 개선할 수 있는 점은 무엇이고, 변화할 수 있는 것은 무엇인가? ⑧ 새로운, ⑨ 늙은, ⑩ 경직된, ⑪ 보수적인, ⑫ 친환경의 이미지는 소비자가 브랜드 경험을 통해서 획득한 이미지다. 부정적인 이미지는 ⑨ 늙은, ⑩ 경직된, ⑪ 보수적인이다. 이런 이미지가 브랜드 커뮤니케이션에서 당신이 전달한 목소리가 아니라면 고객과의 접점 채널, 프로모션, 매장 등의 실행 전략에서 문제가 있는 것은 아닌지, 체크해야 할 사안이 될 수 있다. 혹은 제품이나 서비스에서 소비자가 경험한 것일 수도 있다. 그때는 커뮤니케이션이 아닌 품질, R&D와 논의하거나 상품 기획에서 제품을 점검할 필요가 있다.

- **브랜딩 시드가 될 만한 이미지 자산은 무엇인가?**

당신이 획득한 브랜드 이미지 중에 브랜드 자산으로 키울 만한 것이 있는지 살펴본다. 이것은 지금은 작더라도 향후 커질 수 있는 잠재력이 있는 이미지 자산으로 볼 수 있다. 소비자가 갖고 있는 이미지 중 ⑧ 새로운, ⑫ 친환경의 이미지가 미래(To-Be)의 방향성으로 갈 가능성이 있는가? 소비자의 인식 속에 있는 긍정적인 이미지를 강화시키는 방법은 효율적인 브랜드 전략이 될 수 있다.

브랜드 자산의 개념

참고로, 브랜드 자산 개념은 학자들마다 정의하는 게 다양하다. 브랜드 자산을 회계용어로 보면, 다음과 같은 공식으로 설명할 수 있다.

기업의 총자산 = 부채 + 자기자본

Total Asset = Liability + Owner's Equity

한국어로는 애셋(Asset), 에쿼티(Equity)도 모두 자산이지만 애셋(Asset)의 의미는 부채와 자기자본이 합쳐진 의미로 브랜드로 치환해 보면 부정적인 이미지와 긍정적인 이미지가 통합된 개념으로 보면 된다.

Marketing Science Institute는 브랜드 자산을 '브랜드' 없이 창출할 수 있는 매출 증대와 이익 증대보다 '브랜드'가 있음으로써 훨씬 더 큰 매출과 이익 증대를 가져올 수 있는 것이라 정의한다. 또한 브랜드가 있음으로써 경쟁 업체에 비하여 보다 강력하고, 지속적이고, 차별화되는 이점들을 가질 수 있는 일련의 연상작용과 행위라고 정의하고 있다. 이것은 브랜드 자산을 에쿼티(Equity)에 무게를 둔 정의 방법이다.

반면 데이비드 아커는 브랜드 자산을 하나의 브랜드와 그 브랜드 네임, 심벌에 연계된 자산과 부채의 총체로 제품이나 서비스가 기업과 고객에게 제공하는 가치를 증가시키거나 감소시키는 역할을 한다고 정의하고 있다. 이는 애셋(Asset)의 개념으로 본 정의라 할 수 있다.

우리의 목적은 브랜드 아이덴티티 수립을 위한 분석 과정이므로 여기에서 도출하는 브랜드 자산을 적극적으로 활용하는 관점에서 에쿼티(Equity)에 무게를 두고 접근하는 것으로 한다.

모듈 2.
현재의 방향성 분석(Look Inside)

당신은 무엇을 말하고 있는가?

브랜드의 내외부 목소리를 분석하면 현 브랜드 가치 체계를 대략적으로 그려 볼 수 있다.

브랜드는 두 종류의 고객과 마주하고 있다. 하나는 브랜드를 기획하고 만드는 내부 고객이고 다른 하나는 브랜드를 경험하고 구매하는 외부 고객(소비자)이다. 내부 고객에서 가장 중요한 것은 회사 직원이다. 브랜딩을 만들어 가는 직접적인 원동력임에도 불구하고 많은 기업들이 과소평가한다. 오히려 가장 많은 애정을 쏟으며 동기를 부여해야 하는 대상임에도 말이다.

내 것이 되면 더 좋은 것으로 만들고 싶은 욕심이 생긴다. 누가 시키지 않아도 관심을 갖고 의미를 부여하며 가치를 높인다. 남들보다 더 좋은, 더 나은 차별화를 스스로 추구한다. 고객 접점의 최전선에 있는 판매사원이 오너(Owner)의 마음으로 고객을 대한다면, 브랜드를 성장

시키려는 간절함이 더욱 강해질 것이다. 그리고 그런 판매사원을 만난 소비자는 짧은 순간이더라도 신뢰와 진정성(MOT, Momentum of truth)을 느끼게 된다. 이렇듯 브랜드가 고객에게 전하는 메시지를 파악하면 현재의 방향성을 아는 것과 동시에 내부적인 문제도 다시 돌아보게 된다.

브랜드 수립을 위한 자사 분석에서는 브랜드가 내부 직원들에게전하는 메시지가 무엇인지 그리고 외부에 어떤 내용을 전달해 왔는지를 분석해 보도록 하겠다.

- (브랜드 대상이 만약 기업이라면) 기업이 OJT에 참여한 신입사원이나 재직 중인 직원들에게 강조하는 것은 무엇인가?
- 리더는 직원들에게 무엇을 꿈꾸게 하는가?
- 회사는 무엇을 행동 기준으로 여기고 있는가?
- 외부 커뮤니케이션으로는 무엇을 말하고 있는가?

브랜드의 내외부 목소리를 분석함으로써 우리에게 부족한 것은 무엇이며, 앞으로 보완해야 하는 것은 무엇인지를 더 명확하게 알 수 있게 된다.

자사 분석 체크리스트 따라가기

현재 당신의 브랜드 가치 체계가 어떻게 구성됐는지 알기 위해서 자사 분석 시 필요한 자료를 체크리스트로 정리했다. 미션, 비전, 철학, 경영 전략, 사업 전략, 브랜드 커뮤니케이션 등의 자료를 검토해본다. 활용 가능한 자료와 구하기 어려운 자료가 무엇인지 미리 확인해 보도록 한다.

No	분석 자료 체크리스트
1	분석 자료 체크리스트
	당신 기업은 어떻게 성장해 왔는가(창업 배경)
	회사 연혁, M&A의 역사는 무엇인가?
	회사의 업은 어떻게 변화하고 있는가? 업의 변화, 흐름, 역사
	회사 이름의 변천 과정, 변화의 역사는 무엇인가?
	기업 미션, 비전은 무엇인가?
	철학, 경영이념, 신념, 브랜드 웨이(Brand Way) 등은 무엇인가?
	신조(Credo), 원칙(Principles), 목적(Purpose) 등
	CEO 인사말, 신년사, 취임사 등 비전
2	기업의 중장기 성장 전략은 무엇인가?
	현재의 사업 목표, 사업 방향성은 무엇인가?
	미래 성장 전략은 무엇인가?
	사업 포트폴리오는 어떻게 구성되어 있는가?
	기존 사업과 신규 사업은 무엇인가?
	당신 브랜드의 핵심 경쟁력은 무엇인가?
	경쟁사 대비 우리의 차별화된 강점은 무엇인가?
	우리의 약점은 무엇인가?

3	최근 5년, 10년의 매출액의 변화가 어떻게 되는가?
	매출 구조는 어떻게 변화하고 있는가?
	사업부별 매출액 변화 및 추이
	신사업, 신제품의 매출 변화 추이
	시장 내 영향력은 어떠한가?
4	브랜드 로고, 브랜드 슬로건, 브랜드 엠블럼, 캐릭터 등
	인지도 평가 자료(내부 리서치 자료, 평판 사이트 자료 등)
	커뮤니케이션 키 메시지(Key message)
	사내 내부 활동(매거진, 뉴스레터 등)
	기업/제품/서비스 USP(Unique Selling Point), 브로슈어 등
	SNS 채널 콘텐츠, 유튜브 채널 콘텐츠
	기업 광고, 제품 광고
	기업/제품 프로모션 주요 메시지
	기업 홍보 자료(기사, 신문, 외부기관의 분석 리포트 등)

• 브랜드 지향점

체크리스트 1번을 통해 당신은 현재의 브랜드 지향점을 정의하고 파악한다. 기업의 업과 미션, 철학, 비전 등의 자료는 회사의 목적, 목표를 파악하는 데 필요한 내용이다. 회사에 따라 미션, 비전을 정립한 곳도 있고 Philosophy(철학), Purpose (목적), Manifiesto(브랜드 매니페스토), Belief(브랜드 신념), Brand Way(가야 할 길) 등으로 표현하기도 한다.

미션, 비전, 철학 등을 살펴보는 이유는 기업의 현재 방향성이 무엇인지 알기 위해서다. 또 효율적인 브랜드 운용과 브랜드 확장 관점에서 기업 브랜드와 제품, 서비스 브랜드 간 시너지 여부를 고려해야 하기도 한다.

당신이 기업 브랜드를 수립한다면 지금의 미션, 비전은 미래의 아이덴티티의 출발점이 된다. 제품 브랜드의 아이덴티티를 수립한다면 모(母)브랜드의 이미지를 강화하거나, 모브랜드의 확장을 위한 앵커(Anchor) 역할이나 브릿지(Bridge)가 되기도 한다. 그렇기 때문에 체크리스트 1번 자료를 통한 방향성 이해가 필요하다.

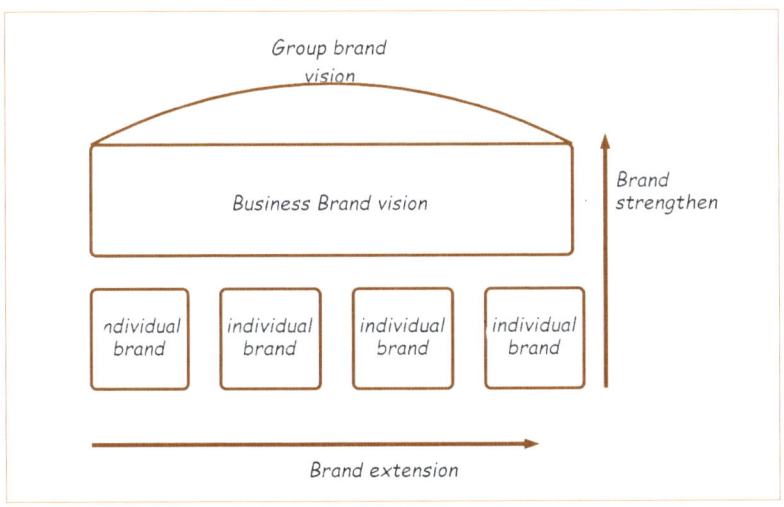

[그림 9-1] 기업과 제품 간 브랜드 시너지를 고려해야 한다.

• 핵심 경쟁력과 미래의 가치 파악

체크리스트 2번은 브랜드가 향후(To-Be) 갖게 될 가치가 무엇인지 가늠해 볼 수 있게 한다. 현재 사업 포트폴리오와 실행 전략을 보면서 브랜드가 갖고 있는 핵심 경쟁력을 파악한다. 미래의 성장 전략과 실행 전략을 보며 미래의 가치를 파악하도록 한다.

• 산업/시장의 핵심 동인(Key driver)

체크리스트 3번은 시장에 영향을 주는 요인이 무엇인지 파악하기 위함이다. 시장성과 요소를 기반으로 과거(As-Was), 현재(As-Is)의 중요한 핵심 동인(Key Driver)이 무엇인지 확인한다. 핵심 동인(Key Driver)은 시장성과 결과에 가장 큰 영향을 주는 핵심 원인을 의미한다. 시장 M/S(Market Share)에 미치는 요소가 무엇인지 유추해 본다. 이 부분은 산업, 시장 분석과 관련성이 있다. 14장, 15장에서 더 구체적으로 살펴보도록 하겠다.

• 커뮤니케이션 분석

체크리스트 4번은 당신이 외부에 무엇을 말하고 있는지를 살펴보는 커뮤니케이션 분석에 해당한다. 브랜드가 현재 강조하는 것과 우리가 활용 가능한 브랜드 자산에는 무엇이 있는지 파악하기 위해서이다. 브랜드 진단에서 당신의 브랜드 이미지 자산이 무엇인지 확인할 때도 활용할 수 있는 방법이다.

지금부터 당신이 앞으로 해야 할 모습이 그려지는가? 체크리스트를 봤을 때 대략적으로 어떤 가치들이 나올지 예상할 수 있는가? 체크리스트를 눈으로 보면 쉽게 나올 수 있는 것처럼 보인다. 하지만 실제 직접 찾아보고 정리해 보면 생각과는 다른 어려움을 마주하게 된다. 생각과 현실이 다름을 느낄 수 있다.

[그림 9-2] 포스코 인터내셔널의 키 밸류 도출

 이제부터는 자사 분석을 위한 실제 예시를 들어 당신의 이해를 돕고자 한다. 예시를 따라 자료를 준비하고 키 밸류를 도출하는 과정 속에서 당신의 고민은 더 깊어질 것이다. 그 시간이 길어질수록 브랜드 가치 체계를 견고하게 만드는 밑거름이 될 것이라 확신한다.

[그림 9-2]는 미션, 비전, 향후 사업 전략을 보면서 회사의 미래의 키 밸류를 귀납적으로 도출한 것이다. 기업의 비전과 비전 달성을 위한 중장기 사업 전략을 보고 목적과 사업 실행을 관통하고 있는 향후(To-Be) 키 밸류가 무엇인지 분석하였다.

[그림 9-3]은 회사의 히스토리에서 핵심 사업의 변화와 신규 사업이 어떻게 진화했는지를 살펴보며 키 밸류를 도출한 것이다. 초기에는 지게차 등 산업차량 개발, 판매에서 시작했지만 지금은 사명을 변경하여 건설 현장에서의 모빌리티를 제공하는 솔루션 기업을 지향하고 있음을 알 수 있다. 우리는 회사 연혁을 종종 기업의 단순한 이벤트 과정으로 생각한다. 시장 환경에 따라서 기업명이나 브랜드명이 바뀌는 순간에 주목할 필요가 있다. 언제 바뀐 것인지, 고객의 요구를 반영한 것인지, 창업주의 정신과 철학이 반영된 것인지, 핵심 사업이 변화한 것인지 등 그 이유와 배경을 알아보아야 한다.

사명이나 브랜드명의 변경은 그 시대의 시장 변화에 어떻게 대응했는지를 직접적으로 보여 주는 증거인 셈이다. 기업명이 바뀔 수도 있지만, 시장과 흐름에 대응하기 위해 제품명, 서비스명을 바꾸기도 한다. 기존의 제품명, 서비스명 변화에 따라 견지해 온 핵심 가치가 무엇인지 살펴보거나 변화된 사명으로 변화된 핵심 가치가 무엇인지 알아보자.

HD 현대사이트 솔루션

연혁

- 2021: 현대사이트 솔루션 사명 변경
- 2020: 군산 스마트 팩토리 건설
- 2017: 현대건설기계㈜ 출범
- 2015: 글로벌 50만대 생산 달성
- 2013: 독일 아틀라스社와 전략적 제휴 도로장비 6개 모델 판매개시
  브라질 건설장비 공장 준공
- 2012: 현대커민스 엔진 유한회사 설립
- 2009: 강소A/S 교육센터 설립
- 2007: 인도법인 설립 / 중국 유압기법인 설립
- 2006: 대한민국 건설문화대상 건설기자재 부문 대상 수상
- 2005: 전동 리치 지게차 홍콩디자인전 최우수 디자인 제품 선정
- 2004: 중국 현대강소 공장 준공
- 2003: 중국 현대 강소 합자사 설립
- 2002: 중국 북경합자사 설립
- 1995: 벨지움 현지조립공장 설립, 유럽 현지법인 설립 이전, 중국상주합작사 설립
- 1993: 현대중공업㈜ 합병
- 1991: 울산 제2공장 착공, 미국시카고 현지법인 설립
- 1989: 현대중장비산업 ㈜로 법인 독립 및 공장 증축
- 1987: 산업차량사업부 설립
- 1986: 미국 Dresser 사와 도자, 로다 OEM 공급계약 체결
- 1985: 현대중공업㈜ 건설장비 개발실 발족

사명 변천과정

건설 장비 개발실(85') ▶ 산업 차량 사업부(87') ▶
현대 중장비산업㈜(89') ▶ 현대중공업합병㈜(89') ▶
현대건설기계㈜(17') ▶ 현대사이트솔루션(21')

키 밸류

건설 차량 서비스 | 안전한 | 기술 | 솔루션

막 시작한 스타트업이나 오래된 역사를 가진 기업이라고 할지라도 미션, 비전이 부재한 경우도 많다. 이런 경우에는 [그림 9-4]와 같이 대표의 신년사, 취임사를 통해서도 기업의 방향성에 대한 경영자의 의지를 확인할 수 있다. 회사의 단기 발전 방향성 등 회사 경영진이 공식적으로 언급하는 내용도 자사 분석 자료로 활용해 본다. 이는 향후 PI(President Identity)를 구축하는 데도 유용하게 사용 가능하다.

CEO 정보채널

1 기업문화교육
(OJT 신입사원)
기업문화 및 역사에 대해 이해 가능, CEO와 연관된 역사 및 정보는 회사에 대한 소속감 강화 혹은 위화감을 형성할 수 있음

2 월 조례 / 주간 조례
(CEO 메시지, 영상 등)
CEO의 기업 비전, 경영 철학, 최근 관심사, 주요 사업 방향 등을 파악

3 업무회의 (임원, 팀원)
상사, 임원을 통해 CEO의 이미지를 간접적으로 형성

4 사내 메일, 사내 매거진
(CEO 주요 활동)
CEO의 비전, 업무 능력, 철학 등을 볼 수 있음

5 외부 뉴스
(기사, 인터뷰 등 기사)
CEO의 비전, 업무 능력, 철학 등을 볼 수 있음

6 공장 방문, 오찬, 취미 활동 등 오프라인 미팅
사적인 대화, 개성 표현이 가능하나 태도에 따라 긍·부정적인 이미지 형성

[그림 9-4] 리더의 생각을 얻을 수 있는 채널들

브랜드 스토리가 있다면 전체 맥락에서 고객, 소비자에게 소구하는 포인트가 무엇인지 쉽게 알 수 있다. 브랜드 스토리에는 제품, 서비스가 고객에게 주는 혜택이 명확하게 담겨 있다. 브랜드 스토리를 보며

당신 브랜드의 강점, 당신의 타깃, 당신이 전달하려는 가치가 무엇인지를 도출할 수 있다.

사내 매거진, 브로슈어 등 내부 자료를 활용한 키 밸류 도출

뉴스레터, 브랜드 매거진, OJT 자료들은 대표적인 직원들과의 브랜딩 소통 채널이다. 인사, 경영 성과, 이벤트 등 다양한 내용으로 구성되어 있지만 당신의 브랜드가 일관적으로 강조하는 것이 담겨 있기도 하다. 브랜딩할 대상이 제품이나 서비스라면 회사소개서, 제품 브로슈어를 살펴보자. 고객에게 어필하기 위한 USP(Unique Selling Point)가 명시되어 있다. 보여 주고 싶은 이미지와 함께 고객에게 전달하고자 하는 가치가 바로 당신이 찾는 키 밸류다. 회사마다 차이는 있겠지만 내부 고객용, 외부 고객 발송용, 글로벌용, 주주용 등 다양한 성격의 사내 자료에서 무엇을 강조하고 있는지를 찾아본다.

내부 자료에서 키 밸류를 도출하기가 쉽지 않다면, 브랜드 스테이트먼트(Brand Statement)의 형태로 바꿔 보고 관련한 키 밸류를 역으로 도출해 보자. 브랜드 스테이트먼트 혹은 가치제안(Value Proposition)은 다음과 같은 형식으로 구성되어 있는 경우가 많다.

'우리는 X의 제품, 서비스로 Y에게 Z을/를 제공한다'(X: 강점 Y: 타깃 Z: 전달하는 가치) 또는 '우리는 X의 제품, 서비스로 Y의 문제를 Z로 해결한다'

주식회사라면 IR 자료 등 주주에게 제공하는 자료도 찾아보자. 투자를 유치하는 자료인 만큼 회사가 보여 주고 싶은 가치와 성과들이 담겨 있다. B2B 기업의 경우 고객을 대상으로 한 회사소개서, 커뮤니케이션 자료 등을 찾아보면 정보가 집약적으로 들어가 있을 수도 있다.

여전히 관련 자료가 부족하다면, 회사의 상황을 잘 아는 동료나 부서에 도움을 요청해 보자. 기존에 미션, 비전을 수립한 부서, 기획부, 홍보부 등의 담당자를 통해서 자문을 구하는 것도 하나의 방법이다.

브랜드 커뮤니케이션 분석을 통한 키 밸류 도출

당신 브랜드의 지향점이 무엇인지를 파악했다면 다음은 외부 고객, 소비자에게 어떻게 말하고 있는지를 분석할 차례이다. 체크리스트 4번 브랜드 커뮤니케이션이 여기에 해당된다.

- **브랜드 지향점 + 커뮤니케이션**

커뮤니케이션의 목표는 인지도 제고 및 강화로 궁극적으로는 매출 증대로 이어진다. 이 목적을 위해 브랜드의 명확성(Clarity), 고객 관련성(Relevance), 독창성(Uniqueness), 일관성(Consistency)이 필요하다. 커뮤니케이션은 브랜드 일관성 유지를 위해 브랜드 가치체계 안에서 브랜드 캠페인, 기사, 온/오프라인 등의 전략과 실행을 수행한다. 이뿐 아니라 슬로건, 인테리어, 로고, 패키지 등 소비자에게 전달되는 비주얼(Visual), 버벌(Verbal)의 경험까지도 모두 포함한다. 따라서 당신이 지금

CJ 올리브영은 브랜드 에센스로 '건강한 아름다움'을 지향하고 있음.
지난 10여간 커뮤니케이션으로 전달한 가치는 '건강한 아름다움', '가성비 가치'가 주였음.

	Brand Essence	건강한 아름다움	
CJ OLIVEYOUNG	Core Value	건강한 아름다움	일상 속의 새로움

[브랜드 커뮤니케이션]

기능적가치 → 감성적 가치

Value	2013	2016	...	2016	2018	2019	2021	2023	2024
	재밌는 아이템多	특별한 가격	당신의 혜택	아름다운 마음	세일천재	세상의 루틴	건강한 아름다움	나만의 나를 위한	건강한 아름다움

| 올리브영 리테일 메시지 | 재미있는 올리브영이 것으로 특별한 것으로 | 올리브영이 준비했다 특별한 가격으로 | 당신의 선택이 혜택이 되는 시상식 | 내가 아름다워질수록 소녀들의 미래가 아름답게 바뀝니다 | 세일천재 올리브영 | 세상 모든 루틴 더 나은 나를 향해 | 인생내컬 | 설렘,도전, 영감을 발견한 | |

| 제품 브랜드 메시지 | 봄의 시작, 향기를 만나다 | 탄력받으면 나이는 티 안나요 | – | – | 피지오겔 등 올리브영 세일 | | Inner beauty time | 피부시간을 느리게 | |

[그림 9-5] CJ 올리브영 키 밸류 도출

까지 말한 외부 목소리의 총합을 보면 브랜드 가치로 강조한 지향점이 무엇이었는지를 알 수 있다.

[그림 9-5]는 CJ 올리브영의 브랜드 에센스, 브랜드 비전, 그리고 10년간 진행한 커뮤니케이션을 분석하고 정리한 내용이다. 체크리스트 1

번, 4번 자료를 활용하여 핵심 가치나 방향성을 도출하고, 지향점이 브랜드 커뮤니케이션에 어떻게 반영되었는지를 정리했다.

홈페이지에 들어가면 기업의 미션, 비전을 쉽게 알 수 있다. 미션, 비전, 핵심 가치만 확인하는 것이 아니라 브랜드의 지향점이 커뮤니케이션에도 어떻게 반영되는지를 함께 보면 브랜드 지향점을 입체적으로 그려 볼 수 있다. 커뮤니케이션 분석만 해도 지향점과 커뮤니케이션 간의 일관성이 유지되는지에 대한 내부 진단이 가능하다.

- **브랜드 지향점 + 온라인 커뮤니케이션 분석**

당신은 유튜브, 블로그, 인스타그램과 같은 온라인 채널로 브랜드 소식, 프로모션, 브랜디드 콘텐츠(Branded Contents) 등을 전달하고 있을 것이다. 이번에는 기업의 미션, 비전 그리고 상시 진행하는 온라인 채널 분석으로 브랜드 지향점을 그려 본다.

온라인 커뮤니케이션은 채널 특성에 따라 콘텐츠가 축적되기도 하고 휘발되기도 한다. 따라서 분석 대상을 볼 때 일회성 콘텐츠보다는 축적되는 채널의 내용을 볼 필요가 있다. 분석할 자료가 많다면 참여자의 댓글이 많은 소비자 관여도(Engagement)가 높은 자료를 보는 것이 더 유의미한 결과를 이끌어 낼 수 있다.

인스타그램, 틱톡 등 휘발성이 높은 채널에서는 소비자가 열광한 포인트가 무엇인지를 중심으로 보고 유튜브, 카페, 블로그와 같은 저장형 매체에서는 지속적으로 전달한 메시지가 무엇인지 본다. 총방문자, 조회 수 등의 누적지표라고 불리는 팔로워 수, 팬 수, 페이지 방문 수는

[그림 9-6] SNS 분석 툴을 활용한 최근 1년간 SNS 분석

궁극적으로 실제 사용자, 참여 등과 관련성이 약하다. 메시지가 담긴 브랜디드 콘텐츠 혹은 고객과의 참여도가 높은 커뮤니케이션 자료를 중심으로 보면서 키 밸류를 도출한다.

휘발성 콘텐츠가 많아서 일일이 개별적으로 확인하기 어려운 경우, 소셜리스닝 분석 툴을 활용하여 관여도가 높은 콘텐츠를 확인할 수 있다. [그림 9-6]은 소셜리스닝 분석툴 메트리쿨(Metricool)을 활용하여 지난 한 달 동안 SNS에서의 리뷰 수(Views), 평균 일일 도달 수(Avg. Reach per day) 등을 분석한 내용이다. 메트리쿨 외에도 구글 애널리틱스, 버즈스모 등 다양한 커뮤니케이션 분석툴이 있다.

커뮤니케이션 일관성의 어려움

흔히들 브랜드 일관성을 강조하지만 그것을 유지한다는 것은 결코 쉬운 일이 아니다. 채널 운영을 조금이라도 해 본 사람은 안다. 회사 안팎의 환경이 수시로 변한다는 사실을. 만약 매출이 하락해서 CEO나 리더의 교체가 발생한다면, 일관성의 유지는 남의 일이 되어 버린다. 단기적 성과, 리더의 교체 앞에서 일관성은 포기될 수밖에 없다.

이외에도 다양한 원인들이 있다. 당신의 브랜드 방향성이 시장에 부합하지 않았기 때문일 수도 있으며, 조직 사일로(Silo)로 인해 커뮤니케이션 소통이 부재해서 그럴 수도 있다. 마스터 브랜드와 같이 기업과 상품명이 동일할 경우 커뮤니케이션 방향성이 시장 지향적이지 않아서 일관성이 사라지기도 한다. 브랜드 컨셉에 충실하더라도 1년만 지나면 콘텐츠 아이디어가 고갈되어 지속성을 유지하기 힘들다.

매출 하락, 소재 고갈 등의 이슈는 자극적인 콘텐츠를 남발하게 만들고 브랜드 아이덴티티의 범위를 벗어날 가능성을 높인다. 그동안 힘들게 합의한 브랜드 선언문은 한 장의 종이로 전락해 버린다.

당신이 앞으로 수립하는 브랜드 아이덴티티는 이런 차이를 최소화하고 효율적이고 효과적인 브랜딩을 하기 위함이다. 이런 문제가 지금 나타난다면, 이 문제를 해결하거나 최소화하기 위한 브랜딩 전략을 세우면 된다.

볼보는 1949년부터 '안전'을 강조해 왔다. 나이키도 1971년부터 '도전'을 말해 왔다. 이처럼 전사적인 이해와 리더의 강한 신념이 없다면 일관성을 지키는 것은 매우 어려운 일이다. 일관성을 지키려면 대표부터 신규사원까지 당신이 지금 수립하는 브랜드 정체성에 확신을 가져야 한다. 기업 브랜드를 수립할 때 전사적인 참여와 합의가 필요한 이유이다.

특히 최고 결정권자의 태도와 노력이 8할 이상 요구된다. 브랜드 담당자 당신만의 힘으로 되는 것이 절대 아니다. 당신이 만약 회사의 오너라면, 브랜드 담당자에게 힘을 실어 주기 바란다. 그들이야말로 당신의 두 번째 얼굴이기 때문이다.

모듈 3.
주요 경쟁사 분석(Key Players Analysis)

브랜드 차별화를 위한 첫걸음

 브랜드만의 개성, 유일무이한 차별화를 만들어야 한다는 건 누구나 다 안다. 차별화된 아이덴티티를 만들 때 가장 중요하게 생각해야 할 사항은 차별화의 목적과 대상이다. 차별화는 고객에게 제공되는 가치이며 동시에 경쟁사와의 비교로 차별화 정도가 결정된다. 따라서 기본 전제는 만들어 낸 차별화가 고객의 가려운 곳을 정확하게 긁어 줄 수 있어야 한다는 점이다.

 2023년 맥킨지 리포트에 따르면 사업의 89%는 브랜드 차별화를 전략의 최우선순위로 두고 있다. 이것은 당신이 기획한 차별화가 다른 경쟁사들과 유사할 가능성이 높다는 것을 의미한다. 경쟁사도 차별화를 만들기 위해 끊임없이 노력하고 있기 때문이다. 당신이 주는 차별화가 기존에 없던 새로운 것이거나 경쟁사의 것보다 더 강력해야 한다. 시장에서의 승패는 당신이 줄 수 있는 차별화된 가치가 경쟁사의 차별화된 가치보다 얼마나 더 큰가의 싸움이 된다.

　브랜드 차별화를 어떻게 만들지 고민해 본 적이 있는가? 만약 남들과 다른 확연한 기술이나 서비스의 특징을 가졌다면 조금은 더 수월할 수 있다. 당신이 가진 시장 우위의 강점을 언어적, 시각적으로 잘 드러내면 되기 때문이다. 즉 솔루션 자체가 브랜드의 정체성이 된다.

　차별화에서 가장 어려운 문제는 기술 차이나 뚜렷한 장점이 없지만 관념적으로 만들어야 할 때이다. 포화 시장에 있는 많은 브랜드가 여기에 해당한다. 지금은 제품 품질은 기본이 된 세상이다. 기획, 마케팅, 홍보로 차별화를 만들고자 한다. 회사 입장에서는 제품 역량을 위해 R&D에 장기간 투자하는 것보다 손쉽게 수익을 낼 수 있다.

　차별화의 첫 시작은 고객을 타깃으로 경쟁자들의 현황을 파악하는 것에서 출발한다. 그리고 경쟁자가 말하는 목소리를 탐색하고 나는 무엇으로 그들과 다른 소리를 낼지 고민하는 과정을 지나게 될 것이다. 모듈 3에서는 경쟁사 간 차별화를 위해 어떻게 경쟁사를 분석하고 접근하는지 알아보도록 한다.

경쟁자 분석 체크리스트 따라가기

No	분석 자료 체크리스트
1	우리의 경쟁사는 누구인가?
	1) 시장 내 점유율이 높은 브랜드는 누구인가?
	2) 브랜드 인지도가 높은 브랜드는 누구인가?
	3) 규모는 작지만 카테고리 내 떠오르는 브랜드는 무엇인가?
	4) 대체재가 될 수 있는 브랜드 중 주요 경쟁자(Top tier)는?
	5) 구매 시 고려하는 브랜드 Top 5(Consideration set)
	6) 해외 주요 플레이어(Players)
2	경쟁사 미션, 비전, 경영철학
	회사 연혁, M&A History
	경쟁사의 업은 무엇이며, 변화 과정은 어떠한가?
	경쟁사의 사업구조(포트폴리오)는 어떻게 구성되어 있는가?
	기존 사업과 신규 사업은 무엇인가?
3	경쟁사의 핵심 경쟁력은 무엇인가?
	1) 기술
	2) 제품
	3) 서비스
	4) 브랜드 인지도
	5) 가격 등
	시장 내 영향력은 어떠한가?
4	타깃에 전달하는 핵심 가치는 무엇인가?
	브랜드 로고, 브랜드 슬로건
	인지도 평가 자료(내부 리서치 자료, 평판사이트 자료 등)
	경쟁사의 커뮤니케이션 분석: 키 메시지(Key Message)
	기업/제품/서비스 USP(Unique Selling Point), 브로슈어 등
	SNS 채널 콘텐츠, 유튜브 채널 콘텐츠, 사내 매거진 등
	기업 광고, 제품 광고의 소구 가치

- **주요 경쟁사의 정의**

경쟁의 정의는 산업에 따라 단순하기도 하고 복잡하기도 하다. 체크리스트 1은 당신이 경쟁사를 정의할 때 범위를 정할 수 있는 기준들이다. 브랜드가 포함된 산업군을 보면 대략적인 경쟁자군을 선택할 수 있다. 또는 고객이 인식하는 제품구매 고려군(Consideration Set)을 기준으로 경쟁사의 범위를 정할 수도 있다. 브랜드 인지도가 낮아서 소비자 인식군에 없다면 판매 채널(Channel), 밸류 체인(Value Chain: 가치 사슬)에서의 주요 경쟁사 및 잠재 경쟁사를 범위로 선정하는 것도 방법이다.

- **그들의 경쟁력 탐색**

체크리스트 3번은 경쟁사가 강조하는 브랜드 가치, USP는 무엇인지 핵심 경쟁력을 분석하기 위해 필요한 자료다. 그리고 체크리스트 2번과 4번을 통해서 경쟁사가 핵심 경쟁력을 어떻게 커뮤니케이션했는지 본다. 경쟁사 분석의 주요 포인트는 경쟁사가 가진 경쟁력, 강점을 커뮤니케이션에서 어떻게 전달하고 있는지의 관점에서 살펴보는 것이다. 그래야 시장에서의 대응 방식이 보인다.

당신이 싸워야 할 상대는 누구인가

시장 점유율, 소비자 인식(TOM), 고려 제품군(Consideration Set), 유통 채널에서 플레이어를 확인해 보면 주요 경쟁자, 잠재적인 위협 여부를 예측할 수 있다. 경쟁사를 정확하게 아는 것에서 시작하면 경쟁사의 움직임에 집중할 수 있고, 효과적인 전략적 선택이 용이해진다.

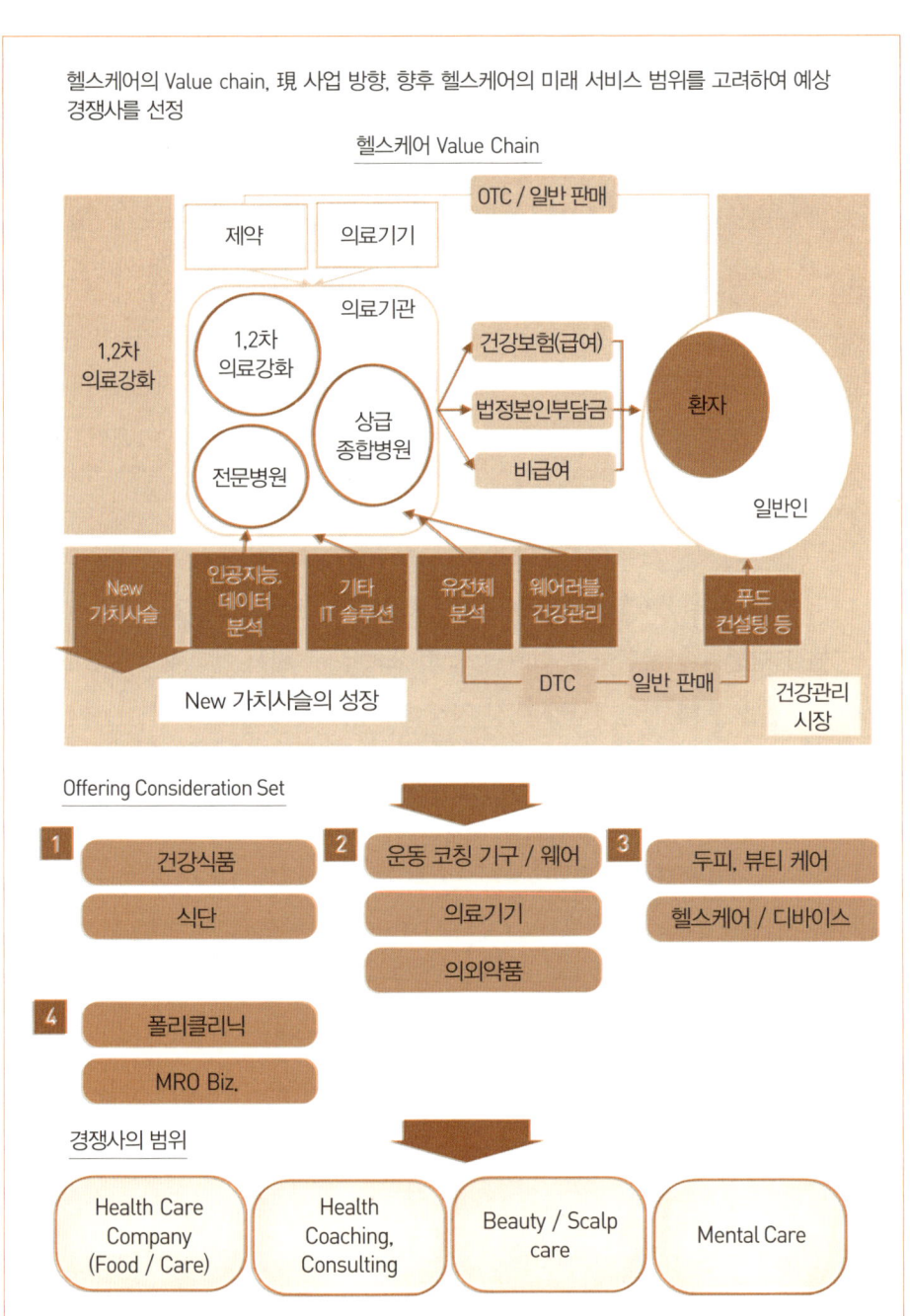

[그림 10-1] 산업 밸류 체인(Value Chain) 분석을 통한 경쟁사 정의

경쟁사를 정의하는 또 다른 방법은 [그림 10-1]과 같이 시장 내 밸류 체인으로 플레이어들을 정의하는 것이다. 경쟁자의 경계가 모호해지는 시장에서는 경쟁사의 대응을 넓게 관찰하는 것이 필요하다. 밸류 체인에서 확인하면 시장 확대의 기회도 엿볼 수 있으며 대체제, 잠재적 경쟁자 등도 파악할 수 있다. 그뿐만 아니라 경쟁 우위를 확보하거나 개선해야 할 약점을 발견하기도 쉽다.

그들은 무엇을 말하고 있는가?

경쟁사를 정의했다면, 다음은 시장에서 그 경쟁사가 무엇을 말하는지 보아야 한다. 경쟁사를 분석하는 방법은 자사 분석 방법과 거의 동일하다. 가장 명확하고 쉽게 할 수 있는 방법은 브랜드 플랫폼을 작성해 보는 것이다.

브랜드 플랫폼을 작성하기 위해서는 체크리스트 2와 4 같이 브랜드 방향성, 커뮤니케이션을 분석해야 한다. 브랜드 수립을 위해 현재 경쟁사는 무엇을 말하고 있는지, 잠재적 경쟁사는 어떤 가치를 이야기하는지를 살펴보면서 차별적인 브랜드 방향성을 탐색할 수 있는 매핑 구성의 틀을 구축하는 것이 모듈 3의 목표이다.

[그림 10-2] GS25 브랜드 플랫폼 분석

[그림 10-2]는 위에서 언급한 체크리스트 2와 4의 내용들을 기반으로 정리한 장표이다. 첫 번째로 브랜드가 지향하는 가치가 무엇인지를 분석하고, 두 번째로 브랜드 아키텍처(Architecutre)를 그려 보면서 브랜드 전략이 어떻게 운용되고 있는지를 분석한다. 마지막으로 지향하는 가치와 커뮤니케이션의 소구점을 참고하여 브랜드 가치를 도출하거나 브랜드 플랫폼을 만든다.

당신이 정한 경쟁사의 가치를 정리했다면, 경쟁사들이 전하는 목소리의 전체적인 방향성을 조망해 보자. 경쟁사가 말하는 주요 가치를 확인하면서 공통으로 전달하는 가치가 무엇인지 보이는가? 그렇지 않다면 가치를 기준으로 경쟁사를 분류하면서 유사한 가치를 전달하는 경쟁사가 누구인지 역으로 확인해 볼 수도 있다.

[그림 10-3]은 SBS 공영방송사가 뉴미디어 시대에 경쟁력을 갖기 위해 유사한 카테고리의 경쟁사들이 무엇을 이야기하고 있는지를 분석한 예시다. 콘텐츠 송출 방식과 사용자의 인식, 구매 태도에 따라 1차 직접 산업군과 2차 간접 산업군으로 분류하였다. 지상파, SO(System Operator: 종합유선방송사업자), IPTV, OTT(Over the top), 메타버스(Metaverse)군의 주요 메시지와 커뮤니케이션을 분석한 결과, '재미', '큐레이션'과 같이 경쟁사 군집별로 강조하는 가치가 무엇인지 명확히 보인다.

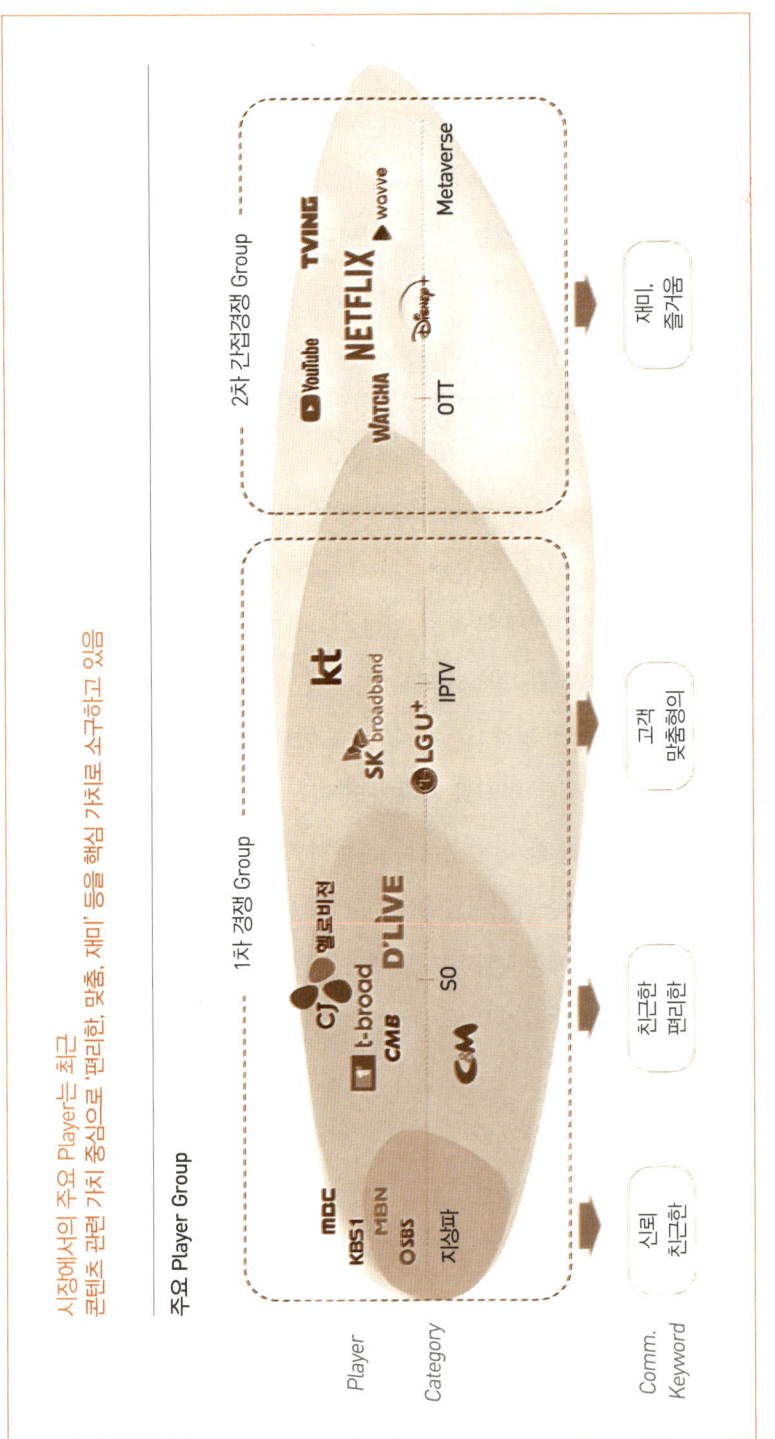

[그림 10-3] 방송시장 경쟁사 분류 및 브랜드 가치 분석

B2B 산업의 경우 산업 내 경쟁사가 많지 않을 수도 있다. 또 산업 내에서 리더의 위치에 있는 경우에는 해외 경쟁사들을 분석하여 유의미한 인사이트를 얻기도 한다. [그림 10-4]는 국내 종합상사 기업들이 무엇을 말하고 있는지를 정리한 것이다. 종합상사 산업 특성상 플레이어 수가 많지 않기 때문에 해외 종합상사 기업들도 함께 보면서 국내외 경쟁자들이 이 산업에서 무엇을 소구하고 있는지 살펴보았다.

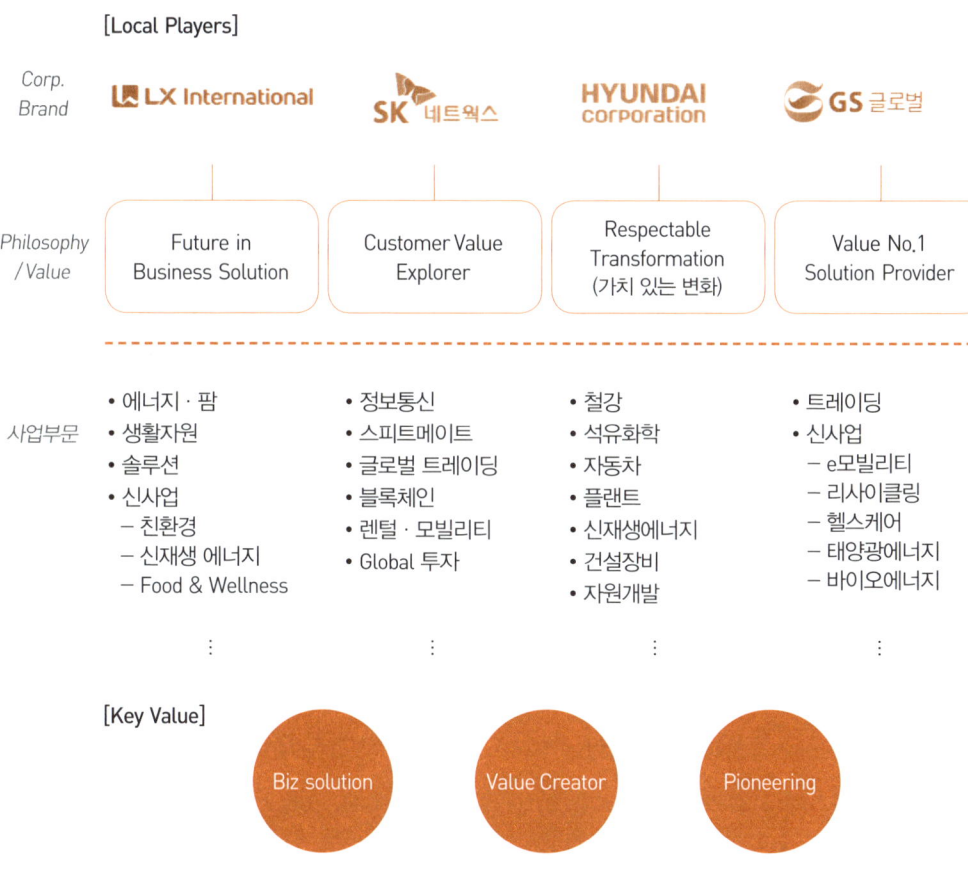

[그림 10-4] 2024 국내 상사기업의 브랜드 Voice 분석

[그림 10-5] 2024 글로벌 상사기업의 브랜드 Voice 분석

    글로벌 기업은 '사람', 'Human'의 가치를 강조하는 반면 국내 기업은 '솔루션' 등 '고객 중심'의 가치를 강조하고 있다. 경쟁자의 강조 포인트를 보면서 시장 내 공통적으로 중요시하는 보편적 가치를 확인할 수 있고, 국내 기업과 해외 기업에 따라 전달하는 점도 차이가 있음을 알 수 있다. 이런 환경 속에서 당신의 브랜드는 어떤 목소리를 낼 것인가? 당신의 숙제가 조금씩 명확해지는 순간이다.

모듈 4.
브랜드 이미지 탐색(What Customers Say)

당신도 몰랐던 숨겨진 브랜드 자산 찾기

　브랜드 수립을 위한 소비자 분석에서는 두 가지를 본다. 첫 번째는 이미지 자산 분석, 두 번째는 타깃 인사이트의 발굴이다. 이미지 자산을 도출하는 방법은 이번 11장에서, 타깃 인사이트 도출 방법은 다음 장인 12장 모듈 5에서 살펴보도록 하겠다.

　브랜드 이미지는 소비자의 머릿속에 자리 잡은 관념으로 브랜드 수립 시 당신이 활용할 수 있는 자원이다. 긍정적인 이미지 자산은 축적한 예금통장과 같다. 통장에 들어 있는 금액의 많고 적음은 다를 수 있지만 언제든 꺼내어 사용할 수 있다.

　적지 않은 기업들이 긍정적인 이미지 자산을 갖고 있지만 적극적으로 활용하지 않고 관리의 지표 정도로만 여기는 경우가 많다. 이미지 자산이 많고, 방향성에 부합한다면 커뮤니케이션 프로그램, 콘텐츠 개발에도 적용해 볼 수 있다. 지금은 브랜드 방향성 수립이 목적이다. 경쟁사 대비 차별점, 비교우위를 갖는 이미지 자산이 무엇인지 찾아보고 향후 핵심 가치로 고려할 수 있는 후보안을 탐색해 보고자 한다.

소비자 분석 체크리스트 따라가기

1	브랜드의 자유연상 이미지
	긍정적인, 부정적인 이미지
	기능적, 감성적, 사회적 속성 이미지
2	회사 내부 직원 인터뷰
	온라인 서베이
	소셜 리스닝 분석

브랜드 이미지 분석의 어려운 점은 연상된 이미지가 매우 다양한 스펙트럼으로 펼쳐질 수 있다는 점이다. 물론 제한된 문항을 제시하고 선택하는 것도 가능하다. 다만 선택형으로 물어볼 경우, 제한된 내용과 바이어스(Bias)를 줄 수 있다는 점은 인지하도록 한다. 만약 당신이 객관적이고 더 풍부한 이미지 자산을 살펴보고 싶다면 오픈형으로 물어보는 게 적합하다. 이런 경우 사람마다 배경지식과 브랜드 경험이 다르므로 유사한 의미로 묶어도 수십 개의 의미로 퍼질 가능성이 크다.

답변이 다양하게 나왔다면 연상 이미지의 분류 기준을 긍정과 부정으로 구분하거나 소비자에게 전달하는 감성적 속성, 기능적 속성으로 나누어 보자. 우리의 목적은 브랜드 가치를 수립하는 것이며 결국은 어떤 효익을 전달할 것인가에 초점을 맞춰야 한다. 당신이 얻은 이미지를 효익 기준으로 분류해 보고, 향후 후보안의 평가 기준에 따라 적합 여부를 판단하면 된다.

이미지 자산의 씨앗, 노드(Node)의 활용

일반적으로 이미지 분석을 하면 가장 많이 언급된 것이 무엇인지를 찾는다. 이에 못지않게 중요한 것은 크기는 작지만 활용 가능한 이미지 자산을 발견하는 일이다. 당신의 브랜드가 가진 이미지 자산 중에서 디딜 수 있는 최소한의 발판, 노드(Node)를 탐색하는 것을 소홀히 하지 말자.

지식이나 정보를 의미하는 노드(Node)는 당신이 깊게 내리고자 하는 가치의 씨앗이 되어 줄지도 모른다. 긍정적인 이미지에서 브랜드 아이덴티티의 씨앗이 될 가능성을 탐색해 보자. 반면, 부정적인 내용은 당신이 개선해야 할 과제로 정의할 수 있겠다.

이미지 자산 분석을 실무에 더 적용해 보고 싶다면 이미지가 형성된 원인을 파악해 보는 것이다. 예를 들면 광고, 캠페인 등에 의해 연상되는 것, 로고, 심볼 등 브랜드 요소에 의해 연상되는 것, 서비스, 고객 대응에 의해 형성된 것, 품질로 연상되는 것 등 이미지의 기인(起因) 요소를 찾아보자. 발견한 원인에 따라 커뮤니케이션 실행 전략을 조정한다면 더 효율적이고 효과적인 브랜딩이 가능해진다.

브랜드 이미지 자산을 활용하는 것의 가장 큰 장점은 자원의 효율성을 높일 수 있다는 점이다. 기존에 형성된 이미지를 강화하는 것이 새로운 이미지를 만드는 것보다는 더 효율적일 수 있다. 그동안 당신이 투입한 마케팅 자원으로 만든 이미지 자산의 불씨를 체크해 보자. 앞으로의 마케팅 자원을 그 불씨에 투입한다면 더 큰 가능성으로 발전할지도 모른다.

내부 직원의 이미지 자산 획득

체크리스트 2는 이미지 자산을 획득하기 위한 방법이다. 회사 내 어떤 조사 내용도 없을 때 얻을 수 있는 가장 빠른 방법은 직접 회사 직원들의 생각을 들어 보는 것이다. 모집단 전체를 조사하는 것이 어렵다면, 중심극한정리(Central Limit Theorem)의 개념에 따라 일부 표본(n>30)만으로 대략적인 범위를 파악할 수 있다.

내부 멤버를 대상으로 진행할 때는 바이어스(Bias)를 최소화하기 위해 1:1 인터뷰나 서면으로 간단하게 물어보도록 하자. 효율성을 위해 집단으로 진행할 경우 함께하는 인터뷰어의 영향력을 최소화할 수 있는 멤버로 구성한다.

브랜드 이미지 자산을 얻기 위한 질문 리스트를 아래와 같이 정리했다. 문항들을 참조하여 각자의 상황에 맞는 질문으로 구성해 본다. 연상 이미지를 물어보는 것 외에 브랜드의 경쟁력, 강점 등의 핵심 경쟁력을 같이 확인해 보자.

1. 브랜드가 갖고 있는 이미지는 무엇인가요? (3개 이상 응답)
    - 대체 질문 1. 브랜드를 보면 무엇이 연상되나요? 연상되는 이미지, 단어는 무엇인가요?
    - 대체 질문 2. (대상이 회사일 경우) 회사의 대표를 보면 무엇이 연상되나요?
    - 대체 질문 3. 브랜드를 보면 연상되는 그림을 그려 주세요. (ZMET 방법 활용)
2. 경쟁사 대비 우리의 경쟁력(Key Competence)은 무엇이라고 생각하나요?
3. 우리의 강점, 약점은 무엇인가요?
4. 우리의 고객은 누구인가요?
5. 우리가 앞으로 지향해야 할 이미지는 무엇이라고 생각하나요? 그 이유는 무엇인가요?

1번에서 메인 질문의 응답이 잘 나오지 않는 경우 대체 질문 1, 2, 3을 활용하여 답을 유도해 본다. 만약 내부 직원으로부터 객관적인 답을 구하기가 어렵다고 판단되면 동종 산업경험자로 대상을 확대해 본다. 산업 카테고리 내 종사자로부터 당신 브랜드의 이미지가 무엇인지 물어본다. 산업 내 관련 종사자도 불가능하다면 유사산업군까지 확대한다. 이들은 산업이해도가 높기 때문에 더 유의미한 답변이 나올 수 있다.

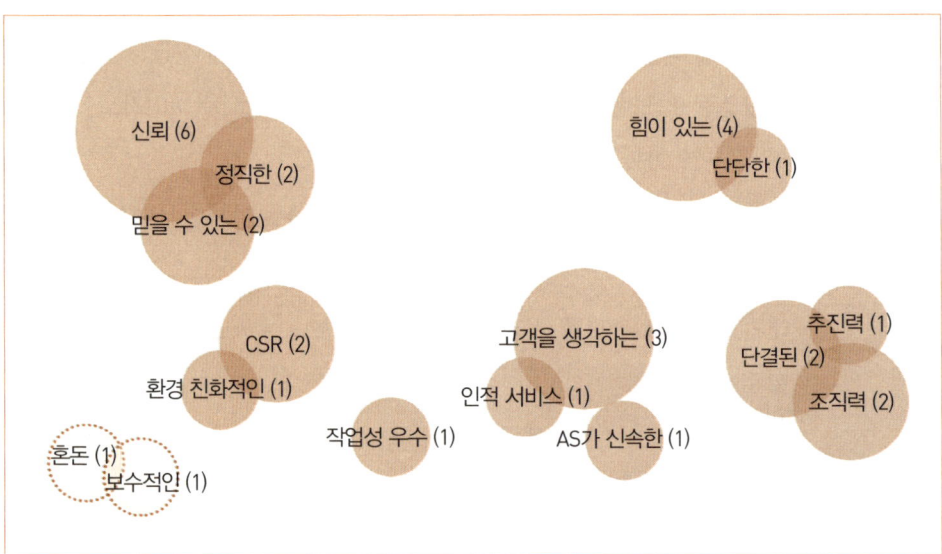

[그림 11-1] HD현대건설기계 내부 직원들의 브랜드 이미지 분석 예시, 2020

[그림 11-1]은 HD현대건설기계 내부 직원이 인지하고 있는 주요 이미지가 무엇인지 인터뷰를 정리한 내용이다. 이미지 분석 결과를 보면 '신뢰', '힘이 있는'이 가장 많고 제일 적은 이미지는 'AS가 신속한', '인적 서비스' 순이다. 건설기계 시장에서 '빠른 AS'는 매우 중요한 핵심 성공 요인(Key Success Factors)이다. 건설 현장에서는 장비 대여 시간이 곧 비용이기 때문에 건설 현장에서 작업하다가 고장이 나면 빠른 AS와 조치가 매우 중요하다. 'AS가 신속한' 이미지 자산은 비록 크지는 않지만 시장에서 매우 중요한 요소다. 그러므로 향후 브랜드 가치로 고려해 볼 만한 노드가 되는 셈이다.

브랜드 이미지 자산 결과만 놓고 브랜드 방향성을 새롭게 수립한다고 하면, 이미지 자산과 고객 니즈가 부합하는 'AS가 신속한', '조직력'의 가치가 적절한 후보안이 될 수 있다. 작은 눈 뭉치에서 시작해서 큰 눈사람을 만들 듯, 소비자의 머릿속에 있는 작은 이미지를 더 크게 강화하여 당신이 기획한 브랜드 자산으로 키우는 것이다.

소비자 조사를 통한 브랜드 이미지 자산 획득

두 번째로는 소비자 온라인 서베이가 있다. 소비자 조사를 통해 소비자의 기업, 제품, 서비스에 대한 연상 이미지가 무엇인지 분석해 보는 방법이다.

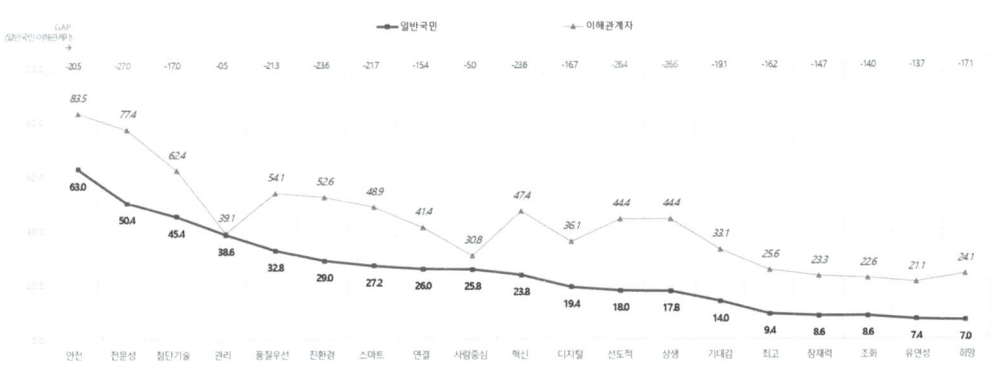

[그림 11-2] 2020년 국가철도공단의 브랜드 이미지 조사 결과

국가철도공단은 철도시설의 건설 및 인프라를 관리한다. 국가철도공단이 직면한 브랜딩 이슈는 대다수의 국민들이 코레일과 국가철도공단

기관을 구분하지 못하는 것이었다. 철도와 관련한 모든 사업과 서비스를 코레일로 인식하고 있었다. 인지도가 낮은 상황에서 국민이 인식하는 이미지 자산을 국가철도공단의 핵심 가치로 만드는 것이 효율적이라고 판단하였다.

[그림 11-2]와 같이 국가철도공단의 이미지 자산 조사 결과에서 '안전'이 가장 높은 것으로 나타났다. 이것은 국가철도공단에서 철도 인프라를 만들고 개선하는 데 있어 가장 중요한 기준이기도 했다. 획득한 이미지 자산과 주요 사업 연관성(Relevance)을 우선적으로 고려하여 '철도의 안전을 책임지는 기관'이라는 브랜드 방향성을 최종적으로 수립하였다.

[그림 11-3]은 2024년 일반소비자를 대상으로 국내 자산운용사의 브랜드 이미지를 조사한 결과를 가설적으로 재구성하였다. 경쟁사와 브랜드 이미지를 비교 분석해 보면 무엇이 비교 우위에 있는지 확인할 수 있다. 상대적으로 강점을 가진 이미지를 선택함으로써 효과적인 브랜드 전략이 가능해진다.

삼성자산운용이 가진 브랜드 이미지를 보게 되면, '안정적 수익 추구', '철저한 리스크 관리', '우수한 고객 서비스' 부문에서 높은 수치를 보이고 있다. 미래에셋은 '높은 수익 추구', '저렴한 수수료' 항목에서 높고, KB자산운용은 '안정적 수익 추구', '저렴한 수수료'의 이미지에서 상대적 비교 우위를 갖고 있다.

시장 니즈와 내부적으로 지향하는 가치, 향후 사업 방향성과 부합한다는 전제하에 미래에셋의 브랜드 방향성을 수립한다면 '높은 수익 추구', '저렴한 수수료'의 이미지를 기반으로 한 브랜드 에센스를 수립하는

중요도	안정적 수익 추구	높은 수익 추구	철저한 리스크 관리	고객 서비스 우수	저렴한 수수료
1위	삼성자산운용 22.9	미래에셋자산운용 24.8	삼성자산운용 18.6	삼성자산운용 36.7	미래에셋자산운용 18.0
2위	KB자산운용 21.0	삼성자산운용 21.3	미래에셋자산운용 15.5	미래에셋자산운용 26.0	KB자산운용 12.3
3위	미래에셋자산운용 16.2	KB자산운용 14.1	KB자산운용 14.1	KB자산운용 23.0	한국투자신탁운용 9.3
4위	한국투자신탁운용 15.9	파인만자산운용 13.2	한국투자신탁운용 11.4	한국투자신탁운용 11.4	삼성자산운용 9.1
5위	신한자산운용 31.2	JP모건자산운용 13.0	신한자산운용 11.1	신한자산운용* 14.0	신한자산운용 8.3
6위	한화자산운용 12.4	한국투자신탁운용 11.0	JP모건자산운용 10.1	하나자산운용 12.4	한화자산운용 7.2

[그림 11-3] 국내 자산운용사의 브랜드 이미지 조사 분석 결과, 2024

것이 효과적인 셈이다. KB자산운용이라면 '안정적인 수익'과 '저렴한 수수료'를 강조하는 것이 상대적으로 유리하다고 판단할 수 있다.

소셜리스닝 분석을 통한 이미지 자산 획득

세 번째는 온라인 데이터를 브랜드 자산으로 활용하는 방법이다. Keller and Lehmann의 브랜드 밸류 체인 모델에 따르면, 브랜드 자산은 커뮤니케이션 활동을 통해 형성된다. 소셜미디어, 온라인 커뮤니티 등에서 소비자가 직접 의견을 제시하거나, 기존 의견에 반응을 보임으로써 브랜드 자산에 영향을 미친다.

소비자의 인식 조사 외에도 온라인의 연관 검색어를 분석하는 것도 브랜드 수립 전략에 활용할 수 있는 도구가 되는 셈이다. 브랜드 연관어는 멜트워터, 브랜드워치, 썸클라우드, sprinklr 등 다양한 SNS 빅데이터 툴을 사용하면 쉽게 볼 수 있다.

연령대별 브랜드의 연상 이미지가 무엇인지도 분석할 수 있으며, 가설을 세우고 생각하는 아웃풋 이미지에 얼마나 도달해 있는지도 거꾸로

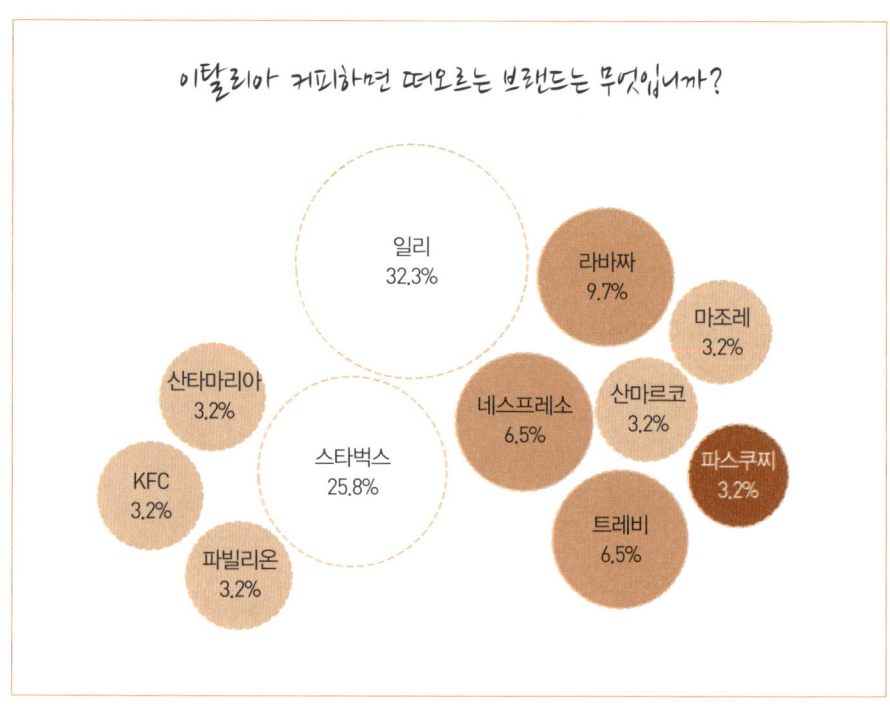

[그림 11-4] 이탈리아 커피 온라인 연관어 조사 결과, 2023

확인해 볼 수 있다. 다만 SNS 이미지 분석의 경우 어뷰징(Abusing)으로 왜곡된 결과가 나올 수도 있기 때문에 이 점은 유의하도록 한다.

[그림 11-4]는 썸클라우드를 이용하여 지난 1년간 온라인 바이럴 조사를 통해서 얻은 '이탈리아 커피' 관련어의 분석 결과이다. '이탈리아 커피'와 연관성이 높은 브랜드가 무엇인지 분석한 후 그 결과를 브랜드 전략에 활용하기 위해 시도했다. 이탈리아 커피 하면 연상되는 브랜드로 스크리닝을 한 결과, 일리(illy), 스타벅스(Starbucks)가 가장 먼저 떠오르는 브랜드로 나타났다.

만약 커피 시장에서 '정통 이탈리아 커피' 특성이 소비자들의 KBF(Key Buying Factors)였다고 가정해 보면, 일리는 이탈리아 정통 커피를 브랜드 방향성으로 잡고 지속적인 커뮤니케이션하는 것이 시장에서의 성공 확률을 높일 수 있을 것이다. 스타벅스도 미국 커피이긴 하지만, 소비자가 '이탈리아 커피'로 인식하고 있기 때문에 이 점을 활용하는 것도 하나의 전략이 될 수 있다. 광고 전략 외에도 상품 전략으로 에스프레소 등 이탈리아 정통성을 강화한 라인 확장도 고려해 볼 수 있다.

이렇듯 당신 기업 혹은 제품, 서비스는 어떤 브랜드 자산을 갖고 있는가, 그리고 브랜드 자산이 경쟁사, 소비자, 산업과의 부합 여부에 따라 브랜드 방향성, 제품 확장 등의 다양한 아이디어로 활용 가능하다.

뉴스, 기획 등 언론기사의 브랜드 이미지 자산 획득

네 번째는 뉴스 미디어(News Media)에서 형성된 브랜드 자산을 활용하는 방법이다. 뉴스는 유튜브, SNS, 블로그의 댓글과 달리 정확한 사실이나 공정성을 원칙으로 하기 때문에 더욱 객관적인 가치가 형성되어 있다고 볼 수 있다. 온라인 영향력이 매우 중요해진 지금 시대에, 인터넷에 형성된 뉴스 미디어의 이미지 자산은 간과할 수 없다.

뉴스 미디어에서 형성된 브랜드 이미지를 분석하기 위해 한국언론진흥재단에서 운영하는 빅카인즈 툴을 활용해 보자. 빅카인즈를 이용하면 무료로 특정 기간 내 당신의 브랜드를 언급한 기사들과 핵심 관련어들을 한눈에 확인할 수 있다.

• 정책사업의 향후 브랜딩, 홍보 메시지 수립

언론 분석의 가장 유용한 대상은 국가기관, 정책브랜드다. [그림 11-5]는 지난 5년간의 항만 사업정책의 주요 언론기사를 긍정, 부정 키워드로 정리한 내용이다. 획득한 이미지로는 '경쟁력', '안정성', '안전' 등이 있고 부정적인 이미지로는 '불법', '피해' 등이 나타났다. 당신이 정부기관의 종사자라면 언론기사 분석 결과를 이용하여 정책사업의 브랜딩 방향성이나 홍보 방향성에 이용할 수 있다.

정책 브랜드를 강화하기 위해서 꼭 필요한 것은 해당 지역의 강력한 지지다. 따라서 항만 정책이 주는 지역 경쟁력 강화와 지역 경제 부흥과 같은 효익을 우선적으로 강조할 필요가 있다. 예를 들어 항만사업 정책이 주는 핵심 가치로 '글로벌 경쟁력 강화', '지역 문화의 르네상스',

'친환경 시너지' 등을 생각해 볼 수 있다. 획득한 언론 기사의 키워드 자산에서 지역 시민, 일반 국민 등 정책이해관계자의 관심을 끌 수 있는 키 밸류가 무엇인지를 탐색하여 중장기 정책 브랜드의 방향성으로 생각해 보자.

[그림 11-5] 한국언론진흥재단 빅카인즈를 이용한 언론기사 분석 예시

• 커뮤니케이션 및 미디어 전략으로 활용

언론 기사를 분석하면 미디어 전략, 커뮤니케이션 실행 전략 등 세부적인 전략 수립이 가능하다. '불법'이나 '불확실성'과 같은 부정적인 이미지가 발견되면 이에 대한 리스크 매니지먼트를 미리 준비할 수 있다. 또한 정책 투명성과 같이 신뢰를 확보하기 위해 프로모션(Promotion: 저가 판촉 활동이 아닌 인식 강화의 커뮤니케이션 활동을 의미)을 통한 언론 홍보 활동을 강화해야 한다. 필요하다면 정책이 주는 효과를 강조하

는 커뮤니케이션 메시지를 다시 정립하고, 관련 콘텐츠로 국민의 관심과 주목을 이끄는 활동도 병행해야 한다.

빅카인즈를 이용하면 [그림 11-6]과 같이 해당 브랜드 정책을 다루는

[그림 11-6] 한국언론진흥재단 빅카인즈를 이용한 미디어 분석 예시

주요 매체가 어디인지 알 수 있기 때문에 효과적인 미디어 전략 수립도 용이해진다. 구독률이 높은 톱(Top) 일간지에 노출되는 것이 당연히 중요하겠지만, 전문성 확보를 위해 버티컬(Vertical) 미디어 노출이 더 필요할 수도 있다. 또 이익집단, 지역 커뮤니티의 지지를 얻기 위해 지역신문이 더 나은 선택이 되기도 한다. 당신 브랜드가 노출된 미디어 매체 현황 분석을 통해 앞으로의 미디어 전략을 수정, 강화하는 데 활용하도록 한다.

언론기사 분석 방법

미디어가 당신의 브랜드를 어떻게 말하고 있는지 분석해 보자. 언론 분석 기간은 1년 단위로 한다. 언론기사 분석은 다음 포털사이트를 이용할 수 있다. 2020년까지는 네이버에서도 가능했으나, 뉴스 저작권, 편파 노출 등의 이슈로 지금은 불가능한 상태다.

다음 포털사이트의 분석 설정 방법은 해당 사이트에 접속 후 뉴스 탭에서 기사 검색 기간을 1년으로 설정하고 분석 대상을 검색하면 된다. 검색된 기사를 일시, 매체명, 기사 제목 및 URL, 기사 내용, 기사 종류, 톤(Tone), 주요 소구 가치로 구분해서 분류한다. 기사 종류는 보도자료, 기획, 인터뷰, 기고, 기타로 나눈다. 기사 내용을 기업, CSR, 제품, 단순 언급, PI(President Identity), 기타 등으로 구분하면 그동안 당신의 미디어 활동이 어떤 주제에서 활발했는지 쉽게 파악할 수 있다.

이를 통해 기획기사와 인터뷰 등의 전문적인 콘텐츠 게재율이 얼마나 높은지 알 수 있으며, 향후 미디어 관계 전략에 활용이 가능하다. 당신 브랜드의 언론 홍보 활동이 활발했다면, 1년간의 기사 건수가 천여 건이 넘게 나올 수 있다. 그런데 천여 건이 넘는 언론기사를 하나씩 분석하기란 쉽지 않다. 클로드 코드를 사용하면 파이썬을 활용한 자연어처리를 쉽게 할 수 있다.

수많은 기사의 전달 가치를 효과적으로 분석하는 방법은 브랜드를 수식하는 헤드 수식어(Head Modifier)의 변화를 살펴보는 것이다. 기사 제목이나 내용을 보면 브랜드를 표현하는 다양한 수식어들이 존재한다. 예를 들어 국내 No.1 프리미엄 화장품, 자동차 종합 솔루션 기업 등 브랜드를 수식하는 대표적인 헤드 수식어가 있다. 이러한 헤드 수식어를 무엇으로 표현하고 있는지를 살펴보면 브랜드 가치를 효율적으로 살펴볼 수 있다.

일시	매체	제목	내용	종류	톤	주요 전달가치
24.02	중앙일보	환경에…	환경보호	기획	긍정	친환경
24.03	동아일보	오염탈출…	친환경	기획	중립	친환경
24.07	한국경제	환경비용…	오염비용	인터뷰	긍정	–
–						
–						

[그림 11-7] 언론기사 분석 프레임 예시

모듈 5.
타깃 인사이트 도출(Target Insights)

고객 = 시장

 시장은 어떻게 구성되어 있는가라는 질문은 시장별로 고객이 어디에 분포되어 있는지 묻는 것을 의미한다. 시장의 정의를 타깃의 관점에서도 볼 수 있다는 말이다. 타깃을 정의할 때 일반적으로 STP(Segmentation, Targeting, Positioning)를 이용한다.

 타깃은 인구통계학적 기준, 지리적 기준, 심리적 기준 등 다양한 요소가 복합적으로 얽혀 있다. 따라서 인구통계학적 요소뿐 아니라 라이프 트렌드, 소비 가치관, 구매 태도 등으로 분류하고 정의해야 한다. 소비자는 또한 시간에 따라 라이프 스타일과 가치관이 변화하기 때문에 명확하게 타깃을 정의하는 것은 결코 쉬운 일이 아니다.

 수많은 마케터들이 더 정교한 타깃팅을 위해 퍼포먼스 마케팅 고도화에 집중하거나 실제 행동 데이터(구매 이력, 웹사이트 방문, 클릭 패턴, 신용카드 이용 등)를 이용하기도 한다. 직접 현장에서 소비자 행동을 관찰하는 등 다양한 방법을 활용하여 진성 고객이 누구인지 파악하는 데 집중하고 있다.

타깃 인사이트 체크리스트 따라가기

No	분석 자료 체크리스트
1	지금의 시장은 어떻게 분류되어 있는가?
1	현재 구매 고객은 어떻게 세분화되어 있는가?
2	당신 브랜드의 목표 타깃은 누구인가?
2	As-Is 구매 고객(or 주요 고객)
2	To-Be 확장 고객(or 서브 고객)
2	내부에서 합의한 타깃 정의(Target Profile)
3	주요 고객(서브 고객)의 라이프 스타일의 동향(장·단기)
3	시장내 소비 트렌드는 무엇인가? (장·단기)
3	글로벌 소비자 라이프 트렌드는 무엇인가? (미국, 일본 등)
4	타깃의 고객생애주기에는 어떤 특징이 있는가?
4	목표 타깃의 KBF(Key Buying Factors)는 무엇인가?
4	그들의 (U&A) 소비 행태는 무엇인가?
4	소비자의 페인포인트(Pain Points)는 무엇인가?
4	주요 구매 채널은 무엇인가?
5	당신의 타깃은 현 제품 혹은 서비스에 만족하는가?
5	1) 만족하는 이유
5	2) 불만족하는 이유
5	지인에게 추천하겠는가? (Net Promoter Score)

타깃 정의가 내부적으로 되어 있다면, 당신이 집중해야 할 부분은 체크리스트 3번, 4번, 5번이다. 체크리스트 3번이 소비자의 소비 가치관을 파악하기 위한 것이라면 체크리스트 4번, 5번은 소비자의 구매 행동에서 나타나는 니즈와 원츠를 알기 위해 필요하다. 인사이트 발굴을 위해서는 데스크 리서치, 온라인 서베이, 직접 현장에 가서 소비 행태를 관찰하는 등 다양한 방법을 활용할 수 있다.

핵심 타깃의 필요성

많은 기업들은 타깃 정의의 필요성을 느끼지 못하는 경우가 많다. 또한 타깃 정의가 쉽지 않기 때문에 시도조차 꺼리기도 한다. 하지만 가설적으로라도 타깃 프로필을 세워 보자. 이것은 최종적으로 결정한 브랜드 방향성이 타깃의 니즈와 갈증을 충족하고 있는지 검증하기 위함이다. 이런 검증 절차를 통해 당신은 더욱 시장 친화적인 브랜드 아이덴티티를 만들 수 있다.

타깃이 정의되어 있지 않았다면 체크리스트 자료를 활용하여 목표 고객의 프로필을 작성해 보자. 먼저 체크리스트 1번의 인구통계학적 자료를 통해 예상 고객의 시장 규모(Size)를 가늠해 본다. 그런 다음 체크리스트 3, 4번 자료를 수집하여 그들의 라이프 스타일을 그린다. 아래에서 설명하는 소비자 인사이트를 찾는 방법들을 참조하여 연령, 성별, 라이프 스타일, 가치관, KBF, U&A(Usage & Attitude) 등의 대략적인 타깃 프로필을 만들어 보도록 하자. 그리고 현재의 가설을 바탕으로 초기

가설에서 멈추지 않고 시장 반응 결과를 보며 프로필을 더욱 정교하게 완성해 나가도록 한다.

소비자 인사이트를 찾아서

어디에서 인사이트를 얻을 수 있을까? 관련 데이터를 어떻게 얻을 수 있을지 알아보자. 기술이 빠르게 발전하면서 더욱 정교한 데이터툴과 방법들이 나오고 있다. 이 책에서 말하는 접근 방법이나 툴(Tool)들도 시간이 지나면 곧 또 새로운 방법으로 대체될 것이다.

방법은 바뀌겠지만 우리가 브랜드 수립을 위해 얻어야 하는 것은 소비자의 '불만족'과 '만족' 등에서 발견할 수 있는 인사이트라는 점을 기억하자. 제품 구매 과정에서 소비자의 감정이 어떻게 변화하는지, 구매 전 제품에 대해서 기대하는 것, 구매 후 행동 등 타깃이 만족감을 얻는 것이 무엇인지를 탐색해 본다. 지금부터 인사이트를 찾기 위한 방법들을 살펴보겠다.

• **소비자 리서치(정량/정성)**

가장 쉬운 방법은 전문 리서치 회사에 의뢰하여 진행하는 것이다. FGI(Focused Group Interview), 영상 촬영 일지, 다이어리 등 다양한 조사 기법을 통해 소비자의 목소리를 들어 보자. 하지만 시간이 급박하거나 비용이 없을 경우 예상 목표 타깃을 모집하고 직접 진행하는 것도 가능하다. 온라인 서베이는 구글폼(Google Forms), 서베이 몽키

(SurveyMonkey), 네이버폼 등 무료 또는 저렴한 온라인 설문 도구를 활용해 직접 설문지를 만들어 배포할 수 있다.

소규모 그룹(보통 4~8명)을 직접 모집해 오프라인 또는 온라인(Zoom, Google Meet 등)에서 좌담회를 진행할 수 있다. 당신이 모더레이터(Moderator: 진행자)로서 질문을 던지고 자유롭게 의견을 나누게 하며, 녹음·녹화 후 내용을 분석한다. 전문 리서치사가 아니어도 충분히 시도할 수 있으며, 진행 가이드와 질문 리스트만 잘 준비하면 된다.

조사 설계에 대해서는 다음 장인 '모듈 6. 인사이트 발굴을 위한 서베이 설계'에서 구체적으로 다룰 예정이다. 조사 설계에 필요한 항목들을 보면서 당신의 목적과 의도에 맞게 구성해 보자.

• 소셜 리스닝(Social listening) 분석

예전에는 온라인에 방대하게 퍼져 있는 브랜드의 목소리를 정리하는 것이 쉽지 않았다. 지금은 멜트워터(Meltwater), AgilityPR, Hootsuite, 썸클라우드 등 소셜 리스닝 툴을 활용하면 쉽게 분석할 수 있다. 구독료를 내면 일정 기간 동안 누적된 고객의 목소리를 볼 수 있다.

만일 온라인 구독료도 부담된다면 당신의 SNS 채널, 유튜브, 쇼핑 채널 후기 등에 달린 목소리에 주목해 보자. 그곳에는 소비자들의 실제 경험과 마음, 불만 사항, 만족한 내용들로 가득하다. 물론 가짜 댓글을 작성하는 경우도 있지만 잘 관리된 판매 채널, 오운드 미디어(Owned Media)의 댓글에는 고객들의 생생한 목소리가 담겨 있다. 3~4시간 동안 진행하는 그룹 인터뷰를 통한 내용보다 예상치 못한 좋은 아이디어를 얻는 경우가 많다.

• 구매 행동 데이터 분석

소비자의 구매 행동은 매우 복잡하다. 말하는 것과 행동이 불일치하는 경우가 일어난다. 빅데이터 & 리서치 전문회사 나이스디앤알에 따르면, 서베이나 FGD(Focused Group Interview)에서는 환경을 위해 환경보호 제품을 구매한다고 하지만 실제로 친환경 제품을 구매하는 경우는 25%밖에 되지 않는다고 한다. 75%는 의식과 행동이 일치하지 않는 셈이다.

이런 오류를 줄이기 위해 실제로 소비자가 구매한 품목과 장소 등의 구매 행동 데이터를 중심으로 라이프스타일, 타깃군을 정의하기도 한다. 신한카드, 롯데카드 등 실제로 사용한 구매행동 데이터로 당신 잠재고객의 인구통계학적 특징, 라이프 스타일 등을 유추해 볼 수 있다.

2024년 신한카드는 데이터바다(Data Bada) 구매 데이터 플랫폼을 오픈하고 중소기업에 데이터 상품을 제공하고 있다. 실제 구매하는 사람들의 라이프 패턴을 보면서 소비 가치관이나 소비 태도에 대한 인식과 생각을 가늠해 볼 수 있다.

• 콜센터 VOC(Voice of Customers) 분석

VOC에는 고객의 다양한 평가와 경험이 담겨 있다. 당신은 VOC 데이터를 분석해 고객 경험을 개선할 수 있다. 경쟁력을 높일 수도 있으며 브랜드 방향성을 얻을 수 있는 원천(Source)으로도 삼을 수 있다.

하지만 내용이 많고, 정보 분류의 어려움이 있다. 또 자연어를 처리하는 과정에서 실제 중요한 정보의 손실이 일어날 수 있다. 이런 점을 해결하기 위해 클로드, 퍼플렉시티와 같은 생성형 AI를 활용하면 이런 점들을 쉽게 보완할 수 있다.

약 2,000개의 VOC를 분석한다고 하면, VOC의 일부(100~200건)를 샘플링하여 반복적으로 나오는 주제를 선정해 본다. 샘플링에서 선정된 주제를 전체 데이터에 개별적으로 매칭하여 적용한다(이때 주제뿐 아니라 감정도 함께 분류하고 분류된 주제를 연령, 성별, 회원등급 등의 정보로 세그먼트해 보면 더 구체적인 타깃별 니즈와 만족도를 확인할 수 있다). 그리고 나온 주제를 빈도수대로 리스트 업 해 보면 전체적인 VOC 현황을 파악할 수 있다.

• 고객 라이프 스타일 탐색하기

브랜드 아이덴티티 수립을 위해서는 라이프 트렌드가 어떻게 변화하는지 그 흐름과 향후 추세를 살펴보아야 한다. 거시적으로 라이프 트렌드 변화를 보면서 그들의 삶 속에서 중요한 가치가 어떻게 변화했는지, 향후 그들이 중요시하는 트렌드가 무엇이 될지 유추해 보는 것이다.

물론 삶의 가치가 라이프 트렌드에 맞게 꼭 흘러가는 것은 아니다. 하지만 트렌드를 보는 이유는 미래 방향성을 예측하고 그것에 맞는 브랜드 방향성을 수립하기 위함이다. 당연한 이야기겠지만, 브랜드 방향성이 소비자의 가치와 맞지 않으면 시장에서 좋은 반응을 낼 수 없다. 매크로 트렌드(Macro Trend) 외에 마이크로 트렌드(Micro Trend: 긴 시간이지만 국지적인 트렌드), 필요하다면 패드(Fad, 일시적으로 나타나는 유행) 등도 함께 보도록 한다.

매크로 트렌드와 같은 보편적인 내용에서는 동의는 하지만 예리한 인사이트를 도출하기가 어려울 수 있다. 더 날카로운 특징을 발견하고 싶다면 마이크로 트렌드, 패드 등 짧은 범위에 집중해 보자. 이들 중에서 향후에 시장 영향력이 커질 것으로 예상되는 것을 키 밸류(Key Value)로 선정한다. 지금까지 변하지 않는 라이프 트렌드에는 무엇이 있었는지, 앞으로도 이어질 트렌드는 무엇인지를 생각하고 타깃이 선호하는 가치가 될 만한 키 밸류(Key Value)를 발굴해 본다.

- 정적 트렌드(Static Trend) : 매크로 트렌드를 추적하면서 과거에서 지금까지 지속적으로 이어지는 것은 무엇인가?
- 동적 트렌드(Dynamic Trend) : 마이크로 트렌드, 패드 등 중간에 변형되거나 새롭게 출현한 현상이지만 향후에도 이어질 것으로 예상되는 트렌드는 무엇인가?

[그림 12-1]은 최근 8년간 일반 라이프 트렌드가 어떻게 변화하는지를 추적한 예시이다. 트렌드 흐름 속에서 유지되는 가치를 추적하며 거시적인 관점에서 정적 트렌드(Static Trend) 요소를 찾았다. 비록 8년의 짧은 기간이지만 불변하는 트렌드의 특징을 보면서 향후에도 어떤 트렌드가 지속될지 유추해 볼 수 있다. 지난 8년간의 변화의 흐름을 분석하면서 '나를 중요시하는'과 '초간편화', '성취감'의 가치가 앞으로도 이어질 것으로 판단했다. 이러한 가치들은 지속 요인으로서 브랜드 방향성 수립 시 고려할 수 있는 키워드 중 하나가 된다.

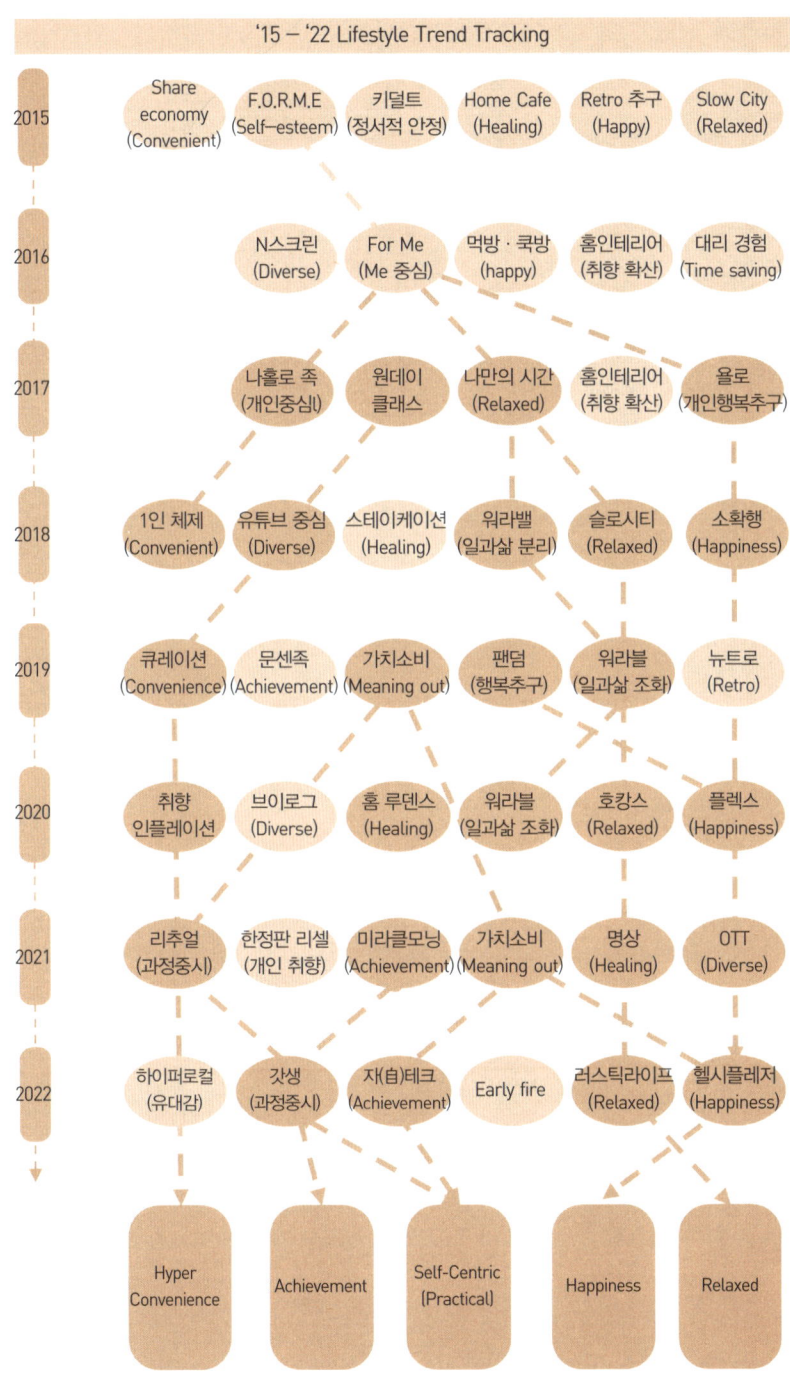

[그림 12-1] 2015년~2022년 최근 8년간의 라이프스타일 추적

한국인의 여행 트렌드 분석 결과(2019년~2022년) '힐링', '가까운 여행', '이색 여행지', '개인맞춤'을 선호

2019년	2020년	2021년	2022년	Main Trend(메인 트렌드)
언제 어디로든 떠날 수 있도록 나와 연결되어 있는 모든것 B.R.I.D.G.E	나만의 숨은 여행지, 여행이 디지털화 기속화 취향의 새로움에 따른 개인맞춤형 여행선호 R.E.F.O.R.M	코로나 시대만큼 불안과 기대 사이 심리 · 물리적 안전추구 및 새로움 여행 콘텐츠 동향 B.E.T.W.E.E.N	나만의 특별한 순간을 만드는 이야기 현재와 나의 행복에 초점 여행을 통한 취향 경험 HABIT-US	1 Healing, Therapy (치유, 위로)
B Break the Generation Gap "다시 대가족 여행" 세대 간 벽을 허무는 여행 #가족 #아빠 #효도관광	R Regional Creator "지역 관광명소 발굴" 국내여행 및 지역 여행 증가 #가족 #아빠 #효도관광	B Break "여행산업의 변동" 코로나로 인한 새로운 형태 발생 #코로나 #펜션여행 #국내여행	H Hashtags "개별화/다양화" 선호하는 여행 취향이 무엇인 적자 #액세서리 #검성숙소 #플닉잇	1 Nature-Friendly (자연친화)
R Recreational Activities "레저 여행" 액티비티한 활동을 주로 즐기는 여행 #서핑 #루지 #축제 #행사	E Enjoy & Critique Food "여행자 모두가 음식 비평가" 음식만큼 시식 콘텐츠 증가 #후기 #맛 #추천 #재방문	E Encourage "위로의 소소한 힐링여행" 힐링과 소화/위생 · 안전 고려 #비대면 #위생 #안전 #힐링	A Anyone "누구와 함께라도 행복해" 다양한 행태의 동반자 #에게게 #테마파크 #드라이브	2 Beyond Unique (독특한, 특별한)
I Influential Contents "SNS 여행 콘텐츠 증가" 사진 핫스팟으로부터 시작되는 여행 #감성 #인도 #실시간	F Find My Trip "취향 맞춤 여행" 세분화된 취향에 맞는 나만의 여행 #힐링 #핸드 #베스트시	T Tie "언즈 지역과의 네트워크" 인접지역으로의 여행 증가 #수도권 #근거리 #이동 #통일	B Beyond Boundary "정해진 틀을 깨다" 코로나로 위축된 이동범위 확대 #떠나요 #근거리 #장거리	3 Personalized Taste (개인 취향 맞춤)
D Delicious Foods "맛집 탐방" 여행의 주요 목적 및 활동으로 #맛집 #가디탐 #성공 #지역 활성화	O Other Destinations "색다른 숨은 여행지" 오버투어리즘에 대한 회의감 #숨은명소 #호공 #패키	W Wherever "내가 있는 곳이 여행명소" 색다른 여행지에 대한 수요 증가 #나만의 여행 #섬여행 #소도시	I Ina Wink "승홍 여행" 단기로, 자주가는 여행의 일상화 #근교 여행 #즉흥 여행	4 Familiar Mate (친숙한 상대)
G Go Anytime "연중 여행" 시간, 장소 제한 없는 여행 #올림픽 #근거리 #감성 #휴양지	R Redesign With Technology "디지털화 가속" KCT 도파 · 스마트포 7번 모바일 서비스 #가성방송 #도른 #스마트	E Enhance "친밀한 사람들과" 다수 타인과 여행에 대한 불안감 #기족 #친구 #커플 #반려동물	T Therapy "여행도 위로와 치유 필요" 지친 일상 속 나를 찾아가는 중요성 #경춘문을 통한 자신 위로	5 Healing, Therapy (치유, 위로)
E East Coast "강원도 여행" 접근성 향상/다양한 문화관광축제로 유 경험	M Make Trips Nearby "짧게/자주 일상화" 당일여행 23.6% 증가 #가볍게 #일상 #오늘도	E Expect "여행에 대한 기대" 여행에 대한 추억과 잠재적 욕구 #랜선 여행 #미디언스 #온라인 시견문	U Usual Unusual "대체 여행 트렌드 지속" 간접체험/디지털 기술 체험형 콘텐츠 #랜선 여행 #온라인 시견문	6 Safe (안전한)
		N Note "변화 속, 새로운 여행 해법" 코로나로 인한 한 단 설기 #무적 여행	S Specialme "나만의 특별한 순간 기록" 기호 및 취향 경험을 기록하여 공유 #취향 #여행 기록 #전시 #서점	7 Hidden Spot (숨은 여행지)

[그림 12-2] 2019년 ~ 2022년 최근 4년간의 여행 소비 트렌드 동향

[그림 12-2]는 일반 소비 라이프가 아닌 여행 산업 카테고리에서의 소비 라이프를 분석한 예시이다. 라이프 스타일이 일상 속에서 소비자가 보여 주는 거시적인 삶의 가치관이라면, 소비 라이프 스타일은 특정 시장에서의 소비 가치를 파악하는 지표라 할 수 있다.

- **타깃의 고객 생애가치 탐색하기(Consumer Lifetime Value)**

CLV는 기업이 고객 한 명당 얻을 수 있는 기대 수익을 계산하고 장기적 관계를 창조, 유지하는 데 집중하기 위해 적용하는 지표다. 기업에서는 CLV를 활용하여 고객을 장기적으로 관리하고 유지하는 전략의 시작점으로 이용한다. 글로벌 리서치 기관 가트너는 연간 구매 횟수, 구매당 이익, 거래 지속 기간을 이용한 고객 생애가치를 제안하기도 했다.

[가트너의 CLV 산출 방식]

Customer Lifetime Value(CLV) = Number of Purchases/Annually × Purchase Profitability × Length of Commercial Relationship

- Number of Purchases/Annually: 연간 구매 횟수
- Purchase Profitability: 구매당 이익(수익성)
- Length of Commercial Relationship: 고객과의 거래 관계 지속 기간(년 단위)
- Customer Lifetime Value: 고객 생애 동안 기업이 얻을 수 있는 총 가치

브랜드를 수립하는 관점에서는 CLV를 다른 관점에서 활용할 수 있다. 잠재고객의 생애주기에서 당신의 제품이나 서비스의 관심이 높을 것으로 예상되는 연령이나, 인생의 이벤트 시점을 보고 브랜드 소구점의 기회를 탐색하는 것이다. [그림 12-3]과 같이 사람의 생애주기를 가로축(x축)으로 놓고 당신의 브랜드가 제공하는 효익의 관심도를 세로축(y축)에 넣어서 삶의 여정에 따라 어떻게 변화하는지 살펴보자.

소비자들은 다양한 가치관과 소비 태도를 갖고 있지만 생애주기에서 유사한 인생의 이벤트를 맞이한다. 전체 라이프 사이클(life cycle)에서 초중고, 대학, 취업, 연애, 결혼, 출산 혹은 미혼, 자녀 취학, 자녀 출가, 은

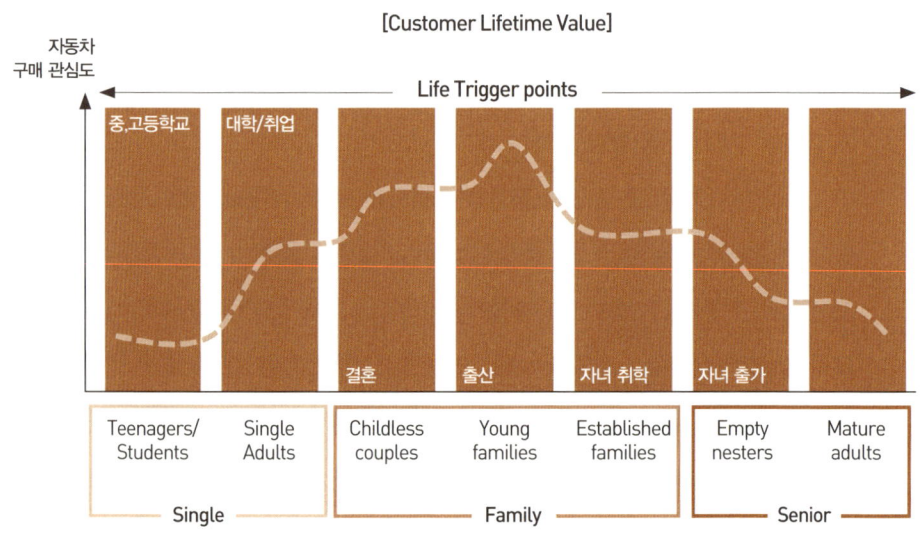

Life Stage 구분 ➡ 거주 형태 및 가족 구성원에 따른 제품(자동차) 관심도 변화

[그림 12-3] CLV(Customer Lifetime Value)에 따른 브랜드 관심 변화

퇴 등의 순간은 타깃이 반드시 겪게 될 인생의 이벤트다(물론 결혼, 자녀 유무 등 개인적인 차이가 존재하겠지만 세부 내용은 제외하도록 한다).

인생의 이벤트상에서 제품 혹은 서비스가 어떤 순간에 그들의 니즈를 충족시켜 주는지 생각해 보자. 그들의 필요를 만족시켜 주는 시점의 효익, 해결 포인트가 바로 당신 브랜드의 키 밸류이자 방향성이 되는 순간이다.

만약 당신이 담당하고 있는 브랜드가 가전이라면 매출의 기회를 극대화할 수 있는 시기는 취업, 혼수, 출산 등이 중요한 판매 시점이 된다. 고객 생애주기에서 이 기회를 단순히 한순간의 판매 시점으로만 여기고 말 것인가?

프랑스 유통회사 프낙다르티(Fnac Darty)는 소비자가 가전 구매 시즌 때마다 선택의 어려움에 직면하는 것을 발견하고 '현명한 선택을 돕는 것'을 브랜드 방향성으로 정했다. 프낙다르티가 말하는 현명한 선택을 돕는다는 것은 'Committing to providing an educated choice and sustainable consumption'(고객이 올바른 선택을 할 수 있도록 돕고, 지속 가능한 소비 문화를 이끄는 것)을 의미한다. 즉, 소비자가 쉽고 편하게 상품을 선택할 수 있게 하고 재구매가 일어날 수 있도록 소비자의 가전 라이프와 기업 방향성을 연결시켰다.

가전은 1회 구매에서 끝나지 않고 다른 부가적인 서비스와 연계 가능한 상품이다. 가전을 구매하기 전 입주 청소와 연동되기도 하고, 기존 가전의 처분 및 이동이 필요할 때도 있다. 프낙다르티는 유통기업이지만 구매 전후에 발생할 수 있는 문제를 해결할 수 있도록 입주 청소, 설치, 중고제품의 대리 판매, AS 수리 등 가전 구매에서 발생하는 이벤트의 교착점들을 '가전라이프 솔루션'으로 풀어냈다.

이렇듯 고객 생애주기에 따라 새로운 서비스나 상품이 필요한 순간을 포착하고, 그에 맞는 새로운 가치를 제안하는 툴로 활용할 수 있다.

• 고객의 구매 여정(Customer Decision Journey)

고객의 진정한 목소리를 듣고 그들의 여정을 이해하는 것은 브랜드가 시장에서 살아남기 위한 필수 전략이다. 고객 여정 지도(Customer Decision Journey, CDJ)는 이러한 고객 중심적 사고의 출발점이자, 브랜드가 제공해야 할 핵심 가치를 발견하는 도구가 될 수 있다. 소비자의 구매 행동 여정을 그려 봄으로써 그 안에서 인사이트를 발견하고 브랜드 가치를 탐색한다. 체크리스트 4번이 여기에 해당한다.

CDJ는 소비자의 구매과정을 인지, 고려, 구매, 경험, 충성도 단계로 구분하여 단계별로 접점, 니즈, 기대 가치, 감정(분노, 만족, 행복) 등이 어떻게 일어나고 변화하는지 확인하는 데 유용한 맵이다. CDJ의 구매과정은 구매 전, 구매, 구매 후의 3단계로 구분하기도 한다. 소비자의 행위를 보면서 당신이 간과하고 있거나 보지 못한 니즈가 필요한 순간이 있는지 찾아보도록 하자.

[그림 12-4]는 국내 호텔 혹은 리조트를 이용하려는 소비자의 CDJ를 구현한 맵이다. 구매 전(Pre Purchase), 구매 시점(Point of Purchase), 구매 후(Post of Purchase)로 구분하고 각 단계별 접점, 소비자의 구매 동기와 경험을 정리했다. 각 접점에서 평가된 품질이나 긍정, 부정적 경험을 하는 결정적 순간(Momentum of truth)을 반영했다.

타깃 인사이트 발굴을 위해서 고객이 특정 제품이나 서비스를 사용하거나 구매하는 전체 과정에서 고객의 감정 변화를 살피는 것이 중요하다. 어느 단계에서 분노·짜증을 느끼는지, 행복·만족하는 감정이 나타날 때는 언제인지를 체크해 보자. 그리고 당신의 브랜드가 감정이 표출되는 순간에 솔루션을 제시할 수 있다면 그때의 해결 상황을 브랜드 가치로 표현해 본다.

[그림 12-4]를 보면 소비자가 MOT(Momentum of truth)에서 불만족스럽게 느끼는 점은 '느린 웹사이트', '데스크에서의 긴 대기 시간', '느린 객실 서비스' 등으로 나타난다. 이런 문제 해결의 의지를 나타내는 '즉각적인(Prompt)', '적시의(Optimal)'와 같은 가치가 브랜드 방향성 중 하나가 될 수 있다.

CDJ의 진정한 힘은 고객의 명시적 니즈뿐만 아니라 잠재적 동기를 발견하는 데에도 있다. 고객이 직접 표현하지 않지만 행동으로 드러내는 불편함, 감정적 반응, 그리고 기대치와 현실 사이의 갭을 시각화함으로써 브랜드가 해결해야 할 문제의 본질을 예측해 볼 수 있다.

예를 들어, 고객이 '결제한다'는 행동에서 해당 접점에서 고객이 느끼는 '신뢰성에 대한 불안', '복잡한 절차로 인한 피로감', 또는 '가격 투명성에 대한 의구심' 등이 발견될 수 있다. 이러한 감정 변화는 브랜드가 제공해야 할 가치 표현의 실마리가 된다. 즐거움과 불쾌감의 감정이 발현되는 순간을 파악하고, 그 시점에서의 솔루션이나 해결점을 브랜드의 본질로 표현해 보자. 이것이 당신이 찾던 방향성 중의 하나가 될 수 있다.

CDJ는 일반적으로 리서치 회사를 통해 다이어리, 리포트, 영상 촬영 등 소비자 그룹핑을 하여 수행한다.

Stage	Touch point	Motivation & Pain points	Moment Of Truth
Visiting Website	호텔 웹사이트, 온라인 여행사 플랫폼, 소셜 미디어, 리뷰 (Pre-purchase)	니즈&원츠: 최고의 거래 찾기, 다양한 옵션 탐색 문제점: 선택의 과부하, 불분명한 정보, 느린 웹사이트	
Reservation	예약 시스템, 결제 게이트웨이, 고객 지원	니즈&원츠: 빠르고 쉬운 예약을 확보하는 것 문제점: 복잡한 예약 과정, 숨겨진 수수료, 결제 불안	
Arriving at Hotel	프론트 데스크, 모바일 체크인, 컨시어지 (Point of purchase)	니즈&원츠: 원활한 도착 및 체크인 문제점: 긴 대기 시간, 불충분한 소통, 객실 준비 상태	
Staying a Hotel	객실 관리, 객실 서비스, 호텔 앱	니즈&원츠: 편안하고 즐거운 숙박 문제점: 객실 문제, 느린 서비스, 편의 시설 부족	
After check out	접수처, 결제 카운터, 모바일 체크아웃 (Post-purchase)	니즈&원츠: 빠르고 번거로움 없는 결제 과정 문제점: 결제 혼란, 느린 결제 과정	
After Traveling	이메일 후속 조치, 리뷰 플랫폼, 로열티 프로그램	니즈&원츠: 경험을 공유하고 다음 여행을 계획하기 문제점: 후속 조치 부족, 피드백 채널의 미흡	

[그림 12-4] 국내외 여행 시 호텔 예약 및 구매 행동

• 소비자 리뷰에서 페인 포인트(Pain Points) 찾기

웹에서 쇼핑 후기, 댓글과 같은 소비자들의 목소리는 숨겨진 광물과 같다. 숨겨져 있어서 겉에서는 보이지 않지만, 잘 찾아보면 보석을 발굴할 수 있다. 숨겨진 보물은 바로 당신이 찾고 있는 인사이트이다. 리뷰 안에는 수많은 페인 포인트가 들어 있다. 페인 포인트(Pain Point)는 소비자가 제품이나 서비스와 상호 작용할 때 경험하는 문제, 불편함 또는 어려움을 의미한다. 즉, 고객의 욕구가 충족되지 않거나 문제 해결이 제대로 이루어지지 않아 불만족을 느끼는 점을 찾아내고 해결하는 솔루션을 키 밸류(Key Values)로 삼을 수도 있다.

댓글이 수천 건이 넘는 경우에는 파이썬을 사용하거나 코딩이 어려울 경우 리스틀리와 같은 노코드 툴을 활용하면 쉽게 댓글을 수집할 수 있다. 노코드 툴은 사용 방법이 직관적이고 복잡한 코딩을 설계할 필요가 없기 때문에 수집이 용이하다는 장점이 있다. 수많은 댓글을 살펴보면서 당신도 미처 몰랐던 그들의 마음속 이야기를 들어 보자.

2024년 NH농협카드 서비스 브랜드 방향성을 수립할 당시 카드 서비스 앱(App)의 댓글 1,262건을 분석하여 카드 서비스 이용자들이 겪는 불편한 점들이 무엇인지 분석했다. 리뷰 분석 결과, 많은 이용자들이 '복잡한 서비스'와 '본인과 상관없는 서비스 제공'이 가장 높은 불만족 원인으로 나타났다. '통합된 쉬운 서비스'를 사용자들이 원하는 가치로 판단하고, 모든 것을 한곳에서 해결하는 '편리하고 쉬운'의 방향성을 브랜드 지향점으로 고려하였다.

• KBF(Key Buying Factors)의 탐색

KBF(Key Buying Factors)는 소비자가 상품 또는 서비스를 구매하는 결정에 있어서 영향을 미치는 가장 중요한 요인을 말한다. 당신은 타깃의 주요 구매 요인(Key Buying Factors)이 무엇인지 파악하고 이것을 브랜드가 전달할 가치의 방향성으로도 사용할 수 있다.

2024년~2025년 오프라인 리테일러에서 가장 핫한 브랜드는 올리브영과 다이소다. 올리브영은 '일상 속 새로움, 2030의 뷰티 놀이터'로 다이소는 '우리 동네 국민가게'로 브랜드 가치를 강화하고 있다. 이들은 오프라인 리테일러만이 줄 수 있는 가치를 기반으로 소비자의 마음을 사로잡고 있다. 그 방향성은 어디에서 왔을까?

코로나 이후 소비자의 구매 방식은 큰 변화를 맞이한다. 온라인으로 빠르게 전환되면서 오프라인 소매 브랜드들은 생존의 위협을 느껴 왔다. 소비자의 구매 환경이 변한 소매유통 시장에서 오프라인 소매 브랜드는 온라인 플레이어 대비 '가격', '배송', '편의성' 등에서 모두 열세다. 이를 극복하기 위해 오프라인 매장이 제공할 수 있는 효익은 무엇일까?

[그림 12-5]와 같이 최근 진행한 소비자 조사 결과를 보면 오프라인 매장에서 제품을 구매하는 주된 이유가 '가까운 거리'인 것으로 나타났다. 오프라인의 '물리적 접근성'은 온라인이 제공할 수 없는 유일한(Only One) 가치인 셈이다. 이들의 브랜드 컨셉은 소비자의 구매 결정을 파악하고 브랜딩의 요소로 오프라인 매장만의 특징을 잘 표현한 사례로 보인다.

H&B 구매태도를 살펴보면 스토어 선택 시 '가격', '가까운 거리', '제품다양성', '멤버십 포인트'를 KBF로 고려함
특히 올리브영의 '다양성(쇼핑 재미)', '접근성'은 강력한 구매 요인으로 이어져 옴

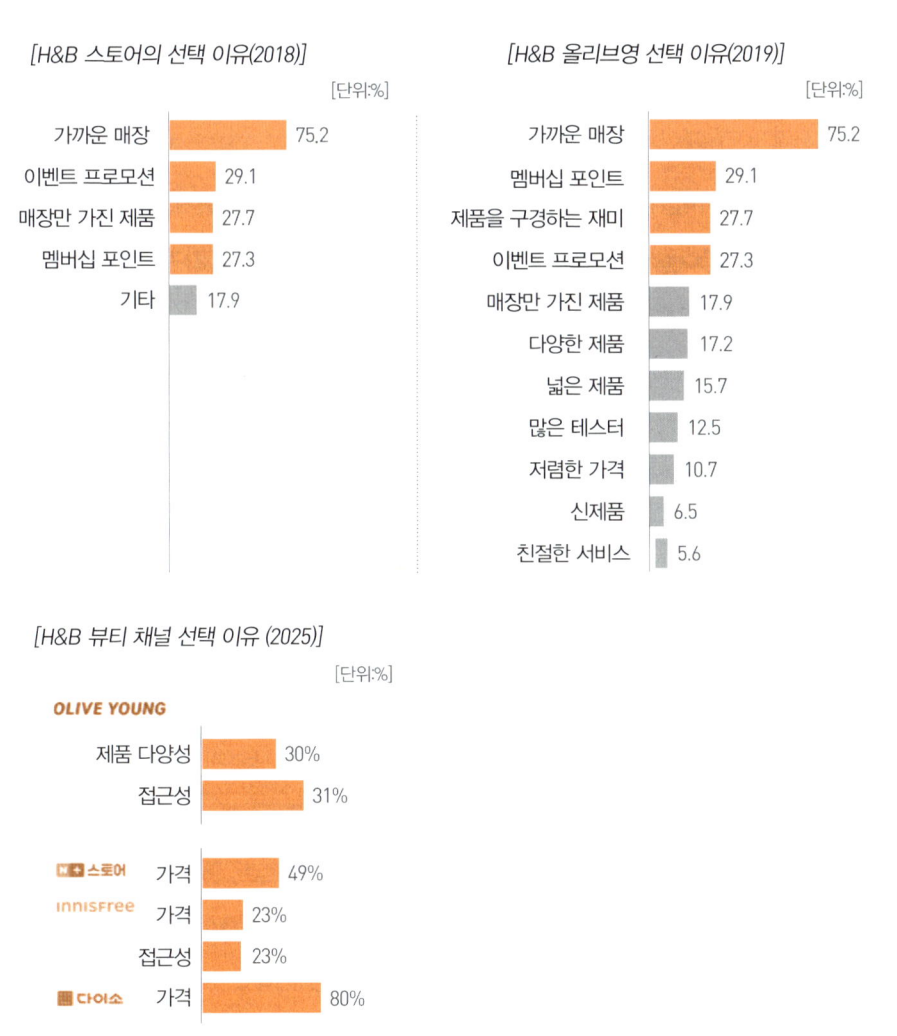

[그림 12-5] H&B 스토어 선택 시 소비자 KBF

• 소비자 기대 가치(Consumer Expectation) 탐색 및 발굴

기대가치이론을 활용하면 소비자가 예상하는 기대(예상 결과)와 가치(궁극적인 효과)를 유추해 볼 수 있다. 기대가치이론은 개인의 행동과 선택이 기대하는 결과와 그 결과의 가치에 의해 결정되는 것을 의미한다.

행동, 동기 = 기대(Expectancy) x 가치(Value)

당신의 서비스나 제품에는 소비자가 기대하는 가치가 존재한다. 재클린 에클스(Jacquelynne Eccles)의 이론을 적용해 보면 기대 가치는 세부적으로 4개의 범주로 분류할 수 있다.

1. 본질적 가치: 얼마나 즐거운지
2. 실용가치: 실질적 유용성이나 타당성
3. 성과가치: 개인의 정체성과 얼마나 연관이 있는지
4. 기회비용: 시간 손실, 스트레스 등의 부정적 경험

이 방법론을 적용하기 위해 상품이 갖고 있는 제품, 서비스의 속성을 3개의 범주화된 가치와 연결해 보자. 단, ④ 기회비용은 브랜드 방향성을 수립하는 목적과 맞지 않으므로 제외하기로 한다. ① 본질적 가치는 심리적 효익으로, ② 실용적 가치는 기능적 효익으로, ③ 성과 가치는 사회적 효익으로 바꿔서 적용해 볼 수 있다. 즉 소비자의 기대 가치를 기능, 감성, 사회적 속성 가치로 분류하여 최종적으로 어떤 가치로 수

렴되는지를 추적(Tracking)하는 래더링 기법을 사용한다.

　기대 가치와 관련한 데이터는 어디에서 얻을 수 있을까? 가장 쉬운 방법은 그룹 인터뷰나 개별 인터뷰로 브랜드 대상에게 어떤 가치를 기대하고 있는지 물어보고, 고객의 대답을 통해 얻는 것이다. 대답들을 유사한 의미와 범주에 따라 묶어 보면 고객이 고려하는 궁극적인 가치들로 귀결된다. 당신은 이러한 가치들을 브랜드의 방향성으로 고려할 수 있는지 최종적 판단을 하면 된다.

　[그림 12-6]을 예로 들어 보면, 가장 아랫단에 있는 것은 제품 속성 혹은 서비스의 USP(Unique Selling Points)이다. '저렴한 가격', '다양한 선택', '언제든지 구매 가능한', '섬세한', '솔루션', '전문성' 등이 여기에 해당한다. 그다음으로는 3개의 기대 가치 범주인 기능적 효익, 심리적 효익, 사회적 효익으로 연결해 본다. 물리적으로 어떤 효익을 전달하고 있는지, 심리적으로는 어떤 만족감과 효익이 나타나는지, 마지막으로 사회적 효익 관점에서 얻는 기대감을 유사한 것끼리 연결해 보면 최종적으로 고객이 기대하는 가치에 귀결된다.

　그러므로 기대 가치는 기능적일 수도 있고, 심리적일 수도 있으며 사회적일 수도 있다. 당신의 브랜드를 통해서 소비자가 기대하는 가치를 분류하여 탐색해 봄으로써 아이덴티티 수립의 하나로 고려해 볼 수 있는 것이다.

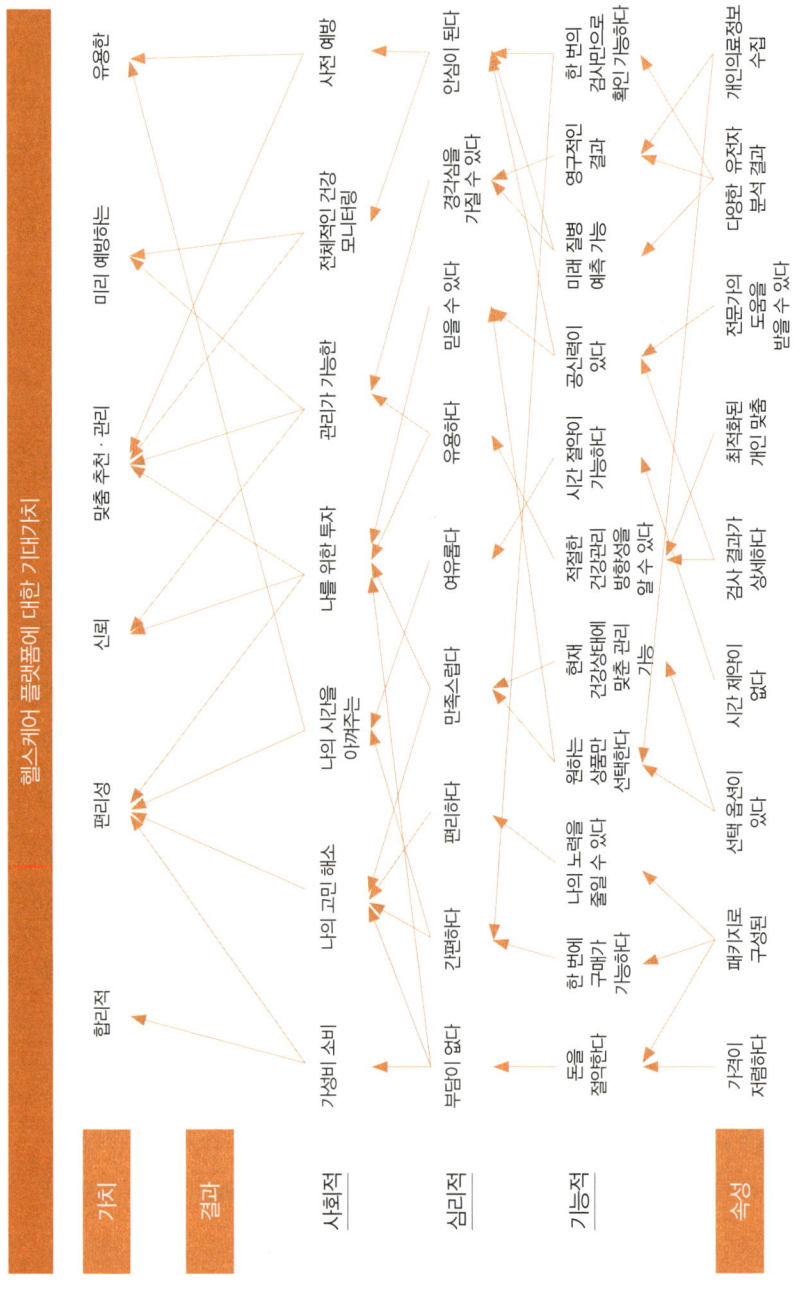

[그림 12-6] 헬스케어 플랫폼 서비스에 대한 고객의 기대 가치 탐색

모듈 6.
인사이트 발굴을 위한 서베이 설계
(Survey Design)

스스로 해 보는 서베이 조사 설계

　인사이트를 도출하는 가장 일반적인 방법은 정량/정성 조사다. 마케팅 자원이 충분하다면 전문 리서치 회사를 통해 신뢰성 높은 결과를 얻을 수 있다.

　하지만 회사 내 비용이 제한되어 있는 경우 당신이 직접 조사를 설계하고 몽키서베이, 구글폼과 같은 툴을 사용하여 자체적으로 설계하고 진행하면 된다. 또 오픈서베이에서 운용하는 데이터스페이스를 이용하면 매우 합리적인 금액으로 진행을 할 수 있다. 이제는 서베이 설계 능력만 있다면 부담 없이 진행 가능한 환경이 되었다. 당신을 위해 조사 설계에 대한 방법과 예시를 담았다.

　서베이를 작성하기 전 당신이 미리 정리해야 하는 두 가지 항목이 있다. 첫 번째는 설문의 목적과 가설을 미리 생각해야 한다는 것이다. 그리고 두 번째는 조사 목적에 맞는 개요, 고객의 정의, 경쟁사의 정의가 필요하다. 리서치를 처음 진행한다면, 경험이 풍부한 리서치 회사의 도움을 받으며 개요와 조사 문항을 만들 수도 있다.

하지만 모든 것을 리서치 회사에 맡기는 것은 금물이다. 가설 수립, 가설 검증을 위한 조사 문항, 경쟁사 정의 및 범위, 타깃 등은 당신이 직접 정의하고 결정해야 한다. 물론 리서치 회사가 조사 경험이 풍부하기 때문에 자문을 구할 수는 있지만 조사를 통해서 얻고자 하는 목적, 당신의 브랜드가 어떤 시장에서 싸울 것인가를 결정하는 것은 당신의 역할이다.

가설적 결과를 생각하지 않고 전적으로 리서치 회사에 의존할 경우, 나중에 조사 결과를 사용하지 못하거나 미가공 자료(Raw Date)를 당신이 재분석해야 하는 일이 생길 수도 있다. 처음이라 어려울 수도 있을 당신을 위해 [그림 13-1]과 같이 설문 목적과 의도, 결과를 정리할 수 있는 프레임을 준비했다.

1 Background	본 과업을 진행하게 된 배경, 효과적인 결과를 위해 알아야 할 배경 등	
2 Objective	설문 목적과 의도가 무엇인가	
3 Need to know	설문 목적과 의도가 무엇인가	
가설	조사를 통해 알고 싶은 내용	설문 결과의 데이터 활용 방안
가설	조사를 통해 알고 싶은 내용	설문 결과의 데이터 활용 방안
가설	조사를 통해 알고 싶은 내용	설문 결과의 데이터 활용 방안
가설	조사를 통해 알고 싶은 내용	설문 결과의 데이터 활용 방안

[그림 13-1] 가설 수립을 위한 조사 설계 개요

잘못된 기획으로 의도치 않은 결과가 나오지 않도록 이 프레임을 활용해서 연습해 보고 고민해 보도록 하자. 어려움과 힘듦을 회피해서는 안 된다. 지금의 물러섬은 나중에 더 큰 시련을 가져온다.

브랜드 수립을 위한 조사 설계 구분

브랜드 아이덴티티 수립을 위해 소비자 조사는 ① 브랜드 인지 영역과 ② 브랜드 구매 태도로 구분하여 진행한다. 두 개의 조사 영역에 브랜드 만족도 조사까지 포함되면 브랜드의 인지에서 구매, 충성도까지 전체적인 진단을 점검할 수 있는 범위가 된다.

브랜드 인지 영역은 최초 상기 TOM, 비보조 상기, 보조 상기 등 브랜드 회상률, 브랜드 인지 경로 항목 등이다. 소비자 행동은 제품의 구매 태도로 이용 경험, 빈도, 구매 이유 등을 묻는 문항으로 구성된다. 마지막으로 선호도, 충성도, 재구매 의향, 추천 의향 등은 브랜드 평가 항목으로 보면 된다. 브랜드 아이덴티티를 수립하기 위해서는 일반적으로 인지, 구매, 태도를 중점적으로 조사한다.

조사 설계 시 앞서 언급한 것처럼 우리가 얻고자 하는 목적을 명확하게 하는 것이 중요하다. 당신의 목적은 브랜드 아이덴티티 수립을 위한 소비자의 브랜드 이미지와 U&A 파악이다. 목적이 정해지면 조사를 통해서 알아야 할 내용을 리스트로 정리한다.

그리고 알고자 하는 내용을 파악하기 위한 가설을 수립한다. 가설 검증과 함께 파악한 내용으로 얻은 데이터를 어떻게 활용할 것인지 생각해 본다.

처음 시작할 때 시장을 이해하기가 어렵다면 전문가 인터뷰, 2차 자료 등을 통하여 시장 상황과 소비자를 파악한 후 시작하면 좀 더 수월할 수 있다. 일반적으로 정성 조사를 먼저 진행한 후, 정성 조사에서 나온 대답과 내용들을 토대로 정량 조사 서베이의 기본 틀을 작성한다. 정성 조사 결과를 기반으로 초기에 설정한 가설을 검증하는 방향으로 정량조사 설문지를 작성하면 된다.

그룹 인터뷰 등 정성 조사 설계 질문 가이드 예시

다음은 화장품 브랜드를 예로 들어 아이덴티티 수립을 목적으로 브랜드 이미지 및 U&A 조사를 설계한 서베이 설문 문항이다. 세부적인 내용은 다를 수 있으나 처음 조사를 진행하거나 가이드가 필요하다면 참조하길 바란다.

- **정성 조사 Part 1. 브랜드 인지도 및 이미지**

1. 'XXX' 브랜드하면 어떤 단어, 이미지가 연상되나요? 생각나는 것들을 모두 얘기해 주세요. (긍/부정적 연상 이미지 파악)
2. 제품의 기능적 이미지
3. 제품의 감성적 이미지
4. 지금 말하고 있는 이미지들은 어떤 요소들 때문에 그렇다고 생각하나요?
5. 지금 언급된 이미지들 중에 'XXX' 브랜드의 가장 강력한 장점과 연결되

는 것은 무엇이라고 생각하나요? 예를 들어 답변이 전통적이라고 했다면 전통적이기 때문에 본인에게 어떤 의미에서 좋을 것 같다고 생각하는지? (소비자에게 주는 Benefit은 무엇인지 특히 제품의 속성, 두 번째 제품의 효익, 세 번째 감성적 순으로 물어본다.)

6. 언급된 이미지 중에서 가장 부정적인 이미지나 요소는 무엇인가요? 왜 그렇게 생각하나요?
7. 'XXX' 브랜드를 사람이라고 생각해 주시기 바랍니다. XXX이 오늘 파티를 개최한다고 합니다. 그 파티는 어떤 파티가 될 것 같은지 상상해 주세요.
8. 파티 장소, 파티 목적, 파티장의 모습, 참석자의 지위와 연령대 등이 어떤지 상세하게 설명 부탁드립니다.
9. 파티 주인인 'XXX'은 어떤 모습, 어떤 사람인가요?
10. 'XXX' 브랜드와 어울리는 사람들은 누구일까요? 그들은 어떤 사람들일까요? 그렇게 생각하는 이유는 무엇일까요?
11. 여러분은 이 파티에 참석하고 싶은가요? 그 이유는?

- **정성 조사 Part 2. 세부 브랜드에 대한 인지 구도 파악**

1. 'XXX' 브랜드에 어떤 하위 브랜드(계열사)들이 있는 것으로 알고 있나요?
   (언급했을 경우) 지금 말한 브랜드는 어떻게 알게 되었나요? 사용해 본 경험이 있나요?
   (브랜드명과 브랜드 로고로 구성된 보기 카드 제시) 지금 보여 드리는 브랜드들이 'XXX'에서 나오는 브랜드들입니다. 알고 있는 브랜드를 모두

꼽아 주세요.
2. 무슨 무슨 브랜드들이 있습니까?
3. 오늘 처음 들어서 이미지가 없는 브랜드는 어떤 것인가요? 이 중에서 연상되는 이미지는 없지만 단어/브랜드가 좋게 느껴지는 브랜드가 있나요?
4. ('XXX'의 기업 내에 브랜드가 여러 가지가 있다면) 'XXX'의 대표 브랜드를 하나 꼽는다면, 어떤 거라고 생각하나요?
5. 이 중에서 현재 시장에서 가장 경쟁력 있는 브랜드/카테고리는 무엇이라고 생각하나요? 한 가지 이상 골라 주시고 그렇게 생각하는 이유는 무엇인가요?
6. 한물간 브랜드라서 광고를 하더라도 매력적이지 않은 브랜드가 있다면 어떤 브랜드이며 그 이유는 무엇인가요?

- **정성 조사 Part 3. 브랜드 U&A(Usage & Attitude) 태도 조사**

1. 'XXX' 브랜드가 속한 카테고리(예를 들면 자동차, 화장품 등, 여기에서는 쉽게 화장품으로 언급하겠다)를 구매하는 모든 경로를 얘기해 주시겠습니까?
2. 주로 구매하는 채널은 어디인가요? 그곳에서 화장품을 구매하는 이유는 무엇인가요?
3. 구매 시 가장 고려하는 요소는 무엇인가요?
4. 여러 군데로 가는 경우, 어떤 상황에 가게 되는지, 왜 가게 되는지 구체적으로 알려 주시기 바랍니다.
5. 사용 제품별 이용 채널의 비중을 표시해 본다면?
6. 요즘 뜨고 있는 채널이 있는지?

7. 요즘 이런 채널이 맘에 들거나 구매 경험은 없어도 생각이 들었던 적이 있는 채널을 모두 얘기해 주세요.
8. 전혀 고려하지 않는 채널이 있다면 무엇인지?

정량 조사 설계 질문 가이드 예시

• 정량 조사 Part 1. 브랜드 인지도 및 이미지

1. ㅇㅇ님께서는 "국내 화장품 회사"라고 하면 어떤 회사가 가장 먼저 떠오르십니까? (최초 인지 회사)
2. 그다음으로 생각나는 국내 회사는요? 생각나시는 회사를 모두 말씀해 주십시오. (복수 응답, 비보조 인지 회사)
3. 제가 보여 드리는 국내 화장품 회사 중 들어 보신 적이 있거나 알고 있는 화장품 회사는 무엇입니까? 모두 말씀해 주시기 바랍니다. (복수 응답)
지금부터는 국내 화장품 회사 이미지에 대해 여쭈어보도록 하겠습니다. 제가 불러 드리는 회사를 떠올렸을 때 ㅇㅇ님께서 생각나시는 이미지나 단어를 말씀해 주시면 됩니다. 예를 들어, '코카콜라' 하면 열정, 신난다, 즐거움 등의 이미지가 떠오르듯이 제가 불러 드리는 회사 이름들을 들으시고 떠오르는 이미지를 말씀해 주십시오.
4. _____ 회사 하면 떠오르는 이미지는 무엇인가요? (만약, 응답자가 제조회사 연상 이미지를 제품, 광고 측면으로 응답할 경우, 위의 예를 다시 한번 읽어 주고 해당 제조회사 하면 떠오르는 형용사 또는 이미지를 이야기하라고 해서 경험으로 축적된 이미지를 조사하는 것이 좋다.)

5. 화장품 회사가 가져야 할 중요한 이미지는 무엇인지, 각 형용사를 듣고 얼마나 중요하다고 생각되는지 1점에서 7점까지 점수를 주시면 됩니다. (정성 조사_FGD를 통해 언급된 속성을 기반으로 작성)

   1) 트렌디한 2) 깨끗한/신선한 3) 전통적인/역사가 오래된 4) 개성 있는/독특한 5) 친근한/편한 6) 우아한/중후한 7) 전문적인 8) 세련된 9) 혁신적인/앞서가는 10) 자연 친화적인 11) 과학적인/기술력 있는 12) 고급의 13) 큰 규모인/회사 규모가 큰

6. 화장품 회사를 설명할 수 있는 몇 가지 형용사를 읽어 드리겠습니다. 제가 읽어 드리는 형용사를 생각해 볼 때, 각 화장품 회사가 그 형용사와 얼마나 어울리는지, 1점에서 7점까지 점수를 주시면 됩니다. (보기 항목은 위 문항의 보기 항목과 동일함)

7. 화장품 회사를 평가하기 위한 몇 가지 특성을 읽어 드리겠습니다. 지금부터 제가 읽어 드리는 각 특성별로 각 회사가 얼마나 어울리는지 1점에서 7점까지 점수를 주시면 됩니다.

   1) 기초 제품이 우수하다 2) 색조 제품이 우수하다 3) 기능성 제품이 우수하다 4) 앰플 등 스페셜 케어 제품이 우수하다 5) 토탈 화장품 회사 중 선두 회사이다 6) 제품 라인이 다양하다 7) 화장품의 유행을 선도하는 회사이다 8) 품질이 좋은 제품을 만드는 회사 9) 광고가 마음에 든다 10) 제품들의 패키지/용기가 마음에 든다 11) 구입 장소가 많아 쉽게 살 수 있다 12) 성분/재료가 좋다(천연, 자연 등) 13) 연구, 개발을 많이 한다 14) 내 또래 연령층에 잘 어울린다

• **정량 조사 Part 2. 브랜드 U&A(Usage & Attitude) 태도 조사**

1. (당신 회사의 브랜드 제품이 여러 가지가 있는 경우 보유하고 있는 제품을 모두 제시하고) 제시된 제품 중 응답자가 현재 사용하고 계신 제품들을 모두 말씀해 주십시오. (복수 응답)
2. 사용하고 있는 브랜드가 4개 이상인 경우 사용 빈도가 높은 것 3개를 알려 주시기 바랍니다.
3. 응답자께서 다양한 제품 중에 'XXX' 브랜드를 주로 사용한다고 하셨는데요. 주 사용 이유는 무엇입니까?
4. 앞으로 응답자님께서 제품을 구입하실 때 꼭 구입하고 싶은 브랜드가 있다면 무엇인지 말씀해 주십시오. 현재 사용하고 계신 브랜드를 응답하셔도 됩니다.
5. (구매 시 주요 고려 요소: 기초화장품 예시) 응답자께서는 'XXX1', 'XXX2', 'XXX3' 등의 제품을 구입하실 때 어떤 점들을 중요하게 고려하시는지 가장 중요하게 생각하시는 순서대로 다섯 가지만 말씀해 주십시오.
   1) 자극성이 적다/피부 트러블이 적다 2) 천연 성분을 많이 함유하고 있다 3) 끈적거림이 없다 4) 피부를 깨끗하게 지워 준다 5) 내 피부 타입에 맞는 제품이 있다 6) 티슈, 오일, 로션, 폼 등 내가 좋아하는 제품 타입이 있다 7) 향이 마음에 든다 8) 패키지/용기 디자인이 세련되었다 9) 패키지/용기 사용 방법이 편리하다 10) 제조 회사가 믿을 수 있다 11) 상표/브랜드 이미지가 마음에 든다 12) 광고가 마음에 든다 13) 가격이 저렴하다 14) 구입 장소가 많아 쉽게 살 수 있다 15) 주변 사람들의 평가가 좋다 16) 한 가지 제품으로 색조 메이크업 클렌징부터 세안까지 사용이 간편하다 ■ 기타(해당 칸에 자세히 적을 것)

6. (구매 시 주요 고려 요소: 색조 제품 예시) 응답자께서는 평소 'XXXA', 'XXXB', 'XXXC' 제품을 구입하실 때 어떤 점들을 중요하게 고려하시는지 가장 중요하게 생각하시는 순서대로 다섯 가지만 말씀해 주십시오.

    1) 화장이 잘 먹는다/들뜨지 않는다 2) 화장 지속성이 우수하다 3) 이목구비가 뚜렷해 보인다 4) 자극성이 적다/피부 트러블이 적다 5) 향이 마음에 든다 6) 원하는 색상 표현이 가능하다 7) 패키지/용기 디자인이 세련되었다 8) 패키지/용기 사용 방법이 편리하다 9) 제조 회사가 믿을 수 있다 10) 색상이 다양하다 11) 광고가 마음에 든다 12) 상표/브랜드 이미지가 마음에 든다 13) 가격이 저렴하다 14) 유행을 선도하는 제품이 많다 15) 제품 타입이 다양하다 16) 구입 장소가 많아 쉽게 살 수 있다 17) 주변 사람들의 평가가 좋다 ■ 기타(해당 칸에 자세히 적을 것)

7. 응답자께서는 평소 아래 각 제품 구입을 위해 주로 이용하시는 채널은 무엇입니까? 가장 자주 구입하는 채널의 순서대로 1, 2순위까지 선택해 주세요.

    1) 단독 브랜드샵(예: 이니스프리, 바디샵 등) 2) 멀티 브랜드 화장품샵(예: 아리따움 등) 3) 드러그 스토어 (예: 올리브영 등) 4) 백화점 및 지하 팝업 스토어 5) 대형마트(할인점) 6) 인터넷 쇼핑몰 (인터넷 쇼핑몰의 경우, 구체적인 구매 브랜드 표기) 7) TV 홈쇼핑 8) 방문 판매 9) 약국 10) 피부과 11) 에스테틱 ■ 기타(해당 칸에 자세히 적을 것)

8. 응답자께서 향후 더 많이 이용할 것이라고 생각하는 채널은 어디인지, 더 많이 이용할 것이라 생각되는 채널을 순서대로 두 가지만 말씀해 주세요.

    1) 인터넷 검색 2) 잡지/신문 3) 건강 관련 TV 프로그램 4) 관련 도서/단행본 5) 지인/주변 사람 6) 미용실/헤어디자이너 7) TV 홈쇼핑 방송 8)

병원/클리닉 9) 제품판매점(구입 장소) 10) 인터넷 동호회, 카페 11) 제품 광고(TV, 지면 등) ■ 기타(해당 칸에 자세히 적을 것)

9. 응답자께서는 'XXX'에 대한 정보를 어디를 통해서 얻으시는지 순서대로 2가지만 말씀해 주시기 바랍니다.

• 정량 조사 Part 3. 응답자 특정 섹션

1. 응답자분의 피부 타입은 다음 중 어디에 해당되십니까?

   1) 심한 건성/악건성 2) 건성 3) 중건성 4) 중성 5) 복합성 6) 지성

2. 응답자분 피부의 민감성 정도는 다음 중 어디에 해당되십니까?

   1) 심한 민감성 2) 민감성 3) 민감성이 아님

3. 응답자께서는 평소 화장하실 때, 다음 중에서 어디에 해당되시는 편입니까?

   1) 평소 색조 화장은 잘 안 하고 기초화장(스킨, 로션)만 하는 편이다 2) 평소 색조 화장은 색조 베이스, 파운데이션, 파운더/트윈케이크 정도를 하는 편이다 3) 평소 색조 화장은 아이섀도, 립스틱 정도까지 하는 편이다 4) 평소 색조 화장은 아이라이너와 볼터치까지 하는 편이다

4. 응답자께서는 현재 기초 화장품 중 미백, 탄력, 주름방지와 같이 스페셜 케어를 위한 기능성 화장품을 얼마나 자주 사용하고 계십니까?

   1) 하루에 2번 이상 사용한다 2) 하루에 1번 사용한다 3) 일주일에 4~6번 사용한다 4) 일주일에 2~3번 사용한다 5) 일주일에 1번 사용한다 6) 그보다 뜸하게 사용한다/전혀 사용하지 않는다

모듈 7.
산업의 정적 가치 분석
(Industry Value Analysis)

산업의 큰 줄기를 보아야 하는 이유

 외부 환경 분석의 기초는 산업과 시장 분석이다. 산업과 시장을 보는 이유는 ① 거시적인 흐름, ② 핵심 성장 요소를 파악하기 위해서다.

 모두가 신재생 에너지의 가치를 이야기하는데, 혼자만 석탄의 가치를 강조한다면 전체 발전 방향에서 나만 역행하는 꼴이 된다. 반대로 브랜드의 지향점이 산업과 시장 방향과 부합하면 시장의 주요한 흐름에 순행한다는 것을 의미한다. 산업의 지향점과 당신 브랜드의 방향이 같은 곳을 향해 간다면, 리스크를 피할 수 있는 최소한의 안전장치는 마련한 셈이다.

 하지만 거시적인 방향을 분석하여 나온 결과를 평범하거나 일반적이라고 느낄 수도 있다. 또 누군가는 산업 분석은 분석의 투입 시간 대비 효율성이 매우 낮은 분석으로, 얻을 수 있는 게 없다고 말하기도 한다. 그럼에도 산업 분석을 해야 하는 이유는 산업과 시장의 흐름을 읽을 수 있기 때문이다. 산업의 줄기를 보려고 할수록 당신은 다른 것도 볼 수 있는 시야가 생겨난다. 변하는 것을 발견하는 것도 중요하지만, 변하지 않는 것이 무엇인지를 파악하는 것은 더 중요하다. 그 위에 당신의 가치를 세우면 시간이 흘러도 무너지지 않을 수 있다.

산업의 흐름과 동향을 읽는다는 게 말처럼 쉽지는 않지만, 산업의 큰 줄기를 보려는 노력은 당신에게 새로운 시야를 가져다줄 것이다. 한 걸음 더 나아가 회사의 업(業)을 다른 관점에서 해석할 수 있는 사고의 깊이를 가질 수도 있다.

산업 분석 체크리스트 따라가기

No	분석 자료 체크리스트
1	산업의 역사에서 변하지 않은 가치는 무엇인가?
	산업은 앞으로 어떤 방향으로 발전될 것으로 예측하는가?
2	미국, 일본, 독일 등 산업이 성숙한 국가에서는 어떻게 발전하였는가?
	우리와 유사한 사업이 있는가? 유사한 산업은 어떻게 발전하는가?

당신의 브랜드가 속하고 있는 산업의 역사가 어떻게 발전해 왔는지를 살펴보자. 현재까지 산업이 어떻게 변해 왔고, 앞으로는 어떻게 발전할 것인가, 발전 과정에 있어 변화·진화를 가져온 환경적 요인(기술 발전, 사회적 변화, 환경 변화 등)이 무엇인지를 분석한다.

추가로 국내 정책의 영향 여부와, 이에 따른 경쟁사 지형의 변화 양상을 살펴볼 필요가 있다. 산업 분석은 다양한 요소가 복합적으로 얽혀 있어 종합적인 분석이 요구된다. 그렇기 때문에 체크리스트 1과 2의 자료를 PEST(Political, Economic, Social, Technological), STEEP(Social, Technological, Economic, Environmental, Political), PESTLE(Political, Economic, Social, Technological, Legal, Environmental)의 프레임워크를 활용하면 분석하려는 대상이 더욱 선명해진다. 환경 분석 프레임워크를 이용하여 시대별로 어떻게 변화하고 있는지를 정리한다. 그다음 과거에서부터 지금까지 지속적으로 중요시 여겨 온 가치가 무엇인지 찾아본다.

또 다른 방법은 체크리스트 2와 같이 산업 발전 과정을 이미 겪었거나 혹은 진행 중에 있는 사례들을 찾아보는 것이다. 유사한 산업 형태와 발전 역사를 가진 미국, 일본 등의 산업 발전 결과를 보면서 향후 모습을 예측하는 것도 방법이 될 수 있다.

시간이 흘러도 변하지 않는 것

[그림 14-1]을 보면 유통산업은 '물리적 거리의 편의성', '생산과 구매 시점의 일치', '보관 관리', '양과 형태의 불일치 해소'를 가장 기본적인 가치로 제공해 왔다. 한마디로 산업 역사 관점에서 유통업이 견지한 가치는 '상품의 전달'이다. 소비자가 필요한 최적의 시간과 장소에 최적의 제품을 전해 주는 것이다. 시대가 변해도 이 가치는 불변인 셈이다.

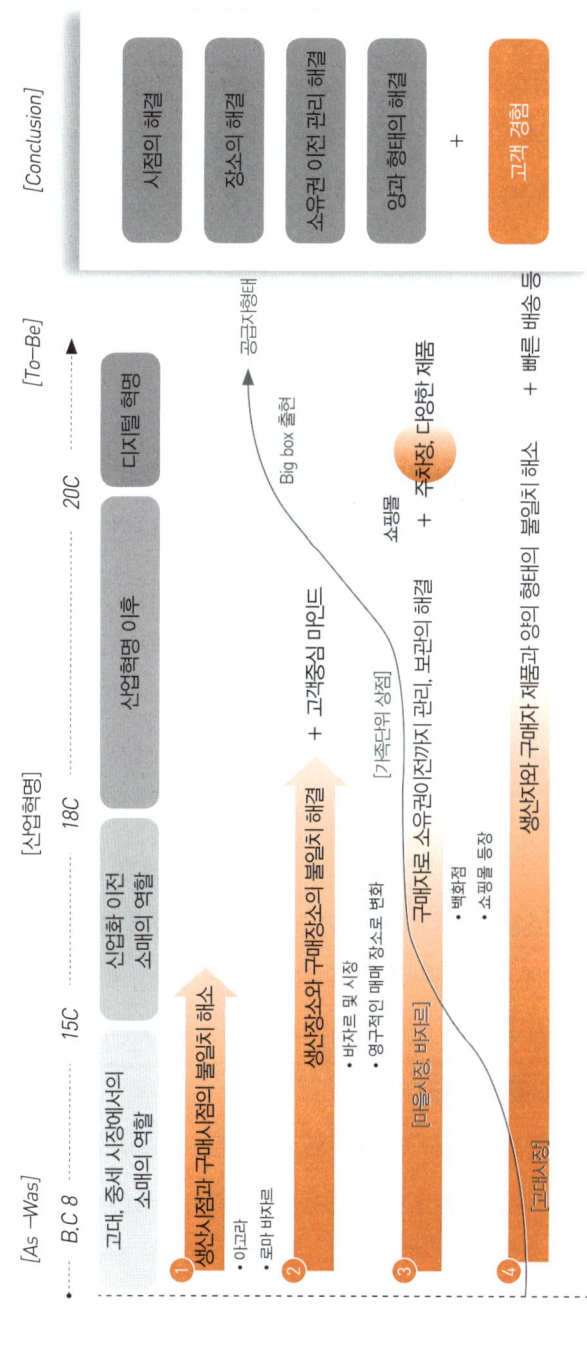

[그림 14-1] 유통산업의 진화

이후에는 '상품 전달'의 기본적 가치에서 '가격', '다양성', '온라인 편의성', '기술'의 경험적 가치가 결합하는 시대로 발전하고 있다. 예를 들면 컬리는 '빠른 속도' 가치를 위해 새벽 배송을, 쿠팡은 '빠르고 따뜻한 배송기술'을 위해 '로켓배송'과 '쿠팡맨'을 브랜딩하여 고객 경험을 제공한다.

또한 코로나 이후 온/오프라인의 통합 등 무경계의 시대를 맞이하면서 리테일 매장은 '심리스(Seamless: 끊김이 없는, 어디서든 동일한 서비스를 체감하는)'의 가치를 강화하고 있다.

그렇다면 '심리스(Seamless)'의 가치는 앞으로도 중요할 것으로 보이는가? 유통 산업의 본질인 '상품의 전달'을 고려해 본다면 미래에도 지속적으로 가져야 할 가치라고 여겨진다. '심리스'는 어디서든 상품을 잘 전달받게 하는 유통의 본질을 더욱 강화시켜 주는 가치이기 때문이다. 당신 브랜드가 속한 산업에서 변하지 않는 가치는 무엇인가? 불변의 가치 위에 강화할 수 있는 키 밸류가 무엇인지 생각해 보자.

[그림 14-2]는 국내 건설기계의 역사 및 발전 배경을 정리한 내용이다. 초기에는 기술이 없었기 때문에 경제원조에서 출발했고, 기술 자립화를 위해 기술 제휴와 M&A로 기술의 선진화를 항상 추구해 왔다. 시간이 지나고 발전 단계를 거듭해도 선진화된 기술은 여전히 중요한 가치로 자리매김해 왔다.

즉 건설기계 산업은 '기술'이 산업을 주도하는 기술 중심의 역사였다. '기술'이라는 가치가 너무나 당연하다고 생각할 수 있다. 하지만 현장에서 몸으로 체득해 보면 현장에서 느끼는 '기술'과 글로 느끼는 것에는 현격한 차이가 난다. 영업 대리점 입장에서 기술력은 매우 중요한 USP(Unique Selling Points)가 되고, 구매자 입장에서 기술력이 높은 건설기계는 KBF(Key Buying Factors)가 된다. 실질적으로 이용하는 건설기계 사용자 입장에서는 기술은 만족감과 직결되기 때문에 재구매율로 이어질 수 있다. 텍스트로서의 의미보다는 현장에서의 의미를 이해할 수 있도록 몸으로 체감할 수 있는 경험을 하려고 해 보자.

초동기 (광복 이후~1960)

1945년 수동식 햄머를 사용
- 미국정부의 경제원조

캐터필러와 고마쓰 제품을 수입하여 사용
- 주요 사용 제품: 불도저, 덤프트럭 모터 그레이더, 로드 롤러

Ex) 한국 염전 제방공사

자립기 (1970년대)

기술제휴에 기반한 OEM
- 중화학공업 투자의 본격화
- 대우중공업(두산) 현대양행 (볼보) 프랑스 포크레인사와 기술제휴
- 일본구보타 기술, 히타치와 기술제휴
- 주요 사용 제품: 불도저, 크레인, 로더 및 굴착기 등

Ex) 경부고속도로공사(1970)

성장기 (1980년대)

자립화 단계를 거친 독자기술 확보
- 현대건설기계는 ROBEX,
- 두산SOLAR개발
- 강원산업: 쇄석기
- 인천조선: 콘크리트 뱃칭플랜트
- 아세아자동차: 덤프트럭, 콘크리트 펌프
- 대흥기계공업: 공기압축기 등

발전기 (1990년대)

건설 호황에 힘입어 신규 업체 증가
- 주요생산제품: 굴착기, 로더, 지게차 덤프트럭, 콘크리트 믹스트럭, 콘크리트 펌프, 기중기, 콘크리트 뱃칭플랜트

도약기 (2000년대~현재)

적극적인 M&A를 통한 사업 확장
- 현대중공업: 독일 아틀라스사 제휴
- 두산인프라코어 밥캣 인수

[그림 14-2] 국내 건설기계 산업의 역사

자산운용시장을 예로 들어 보면, 금융업에서 '자산'은 핵심적인 개념이다. BCG의 '자산의 미래' 보고서에 따르면 자산은 식량, 가축과 같은 '지역과 인적 신뢰' 영역에서 화폐, 주식과 같은 '제도적 신뢰'로 진화했다. 앞으로는 블록체인처럼 '기술과 네트워크의 신뢰'로 발전할 것으로 예상된다. 금융산업에서 자산의 불변적 가치는 '신뢰'의 이동이었다. 그렇다면 '신뢰'가 브랜드 방향성에는 어떤 가치를 줄 수 있을까?

금융업에서 '신뢰'는 그 자체로 무엇보다 중요시되는 핵심 가치이다. '신뢰'와 연결된 재화와 물건만이 고객의 자산 가치가 될 수 있다. 앞으로의 금융업에서 AI, 클라우드, 블록체인 등 '기술로의 신뢰 이동'은 피할 수 없는 흐름이다. 따라서 '기술'은 '신뢰'를 얻어야 할 대상이 되고, '신뢰를 얻은 기술'만이 고객의 자산을 움직일 수 있을 것으로 보인다. '믿을 수 있는 기술'이 앞으로도 중요한 흐름이 될 것이다. 산업에서의 거시적인 흐름을 도출했다면 다음은 어떻게 쉽게 표현할 것인가의 단계로 넘어가게 된다. 다른 사람들이 봐도 공감하고 이해할 수 있도록 가치가 만들어져야 브랜드로서의 전달력을 가질 수 있다.

산업 역사를 보고 변하지 않고 계승된 가치와 미래에도 유지될 가치를 예측하여 브랜드 거시적 방향성의 틀을 만들기를 바란다.

해외 사례를 통한 발전 방향 예측

'전철(前轍)을 밟지 마라.' 먼저 지나간 자취를 살펴보고 얻을 것과 피할 것을 탐색하자. '전철'의 고사성어와 같이 앞선 국가에서는 해당 산

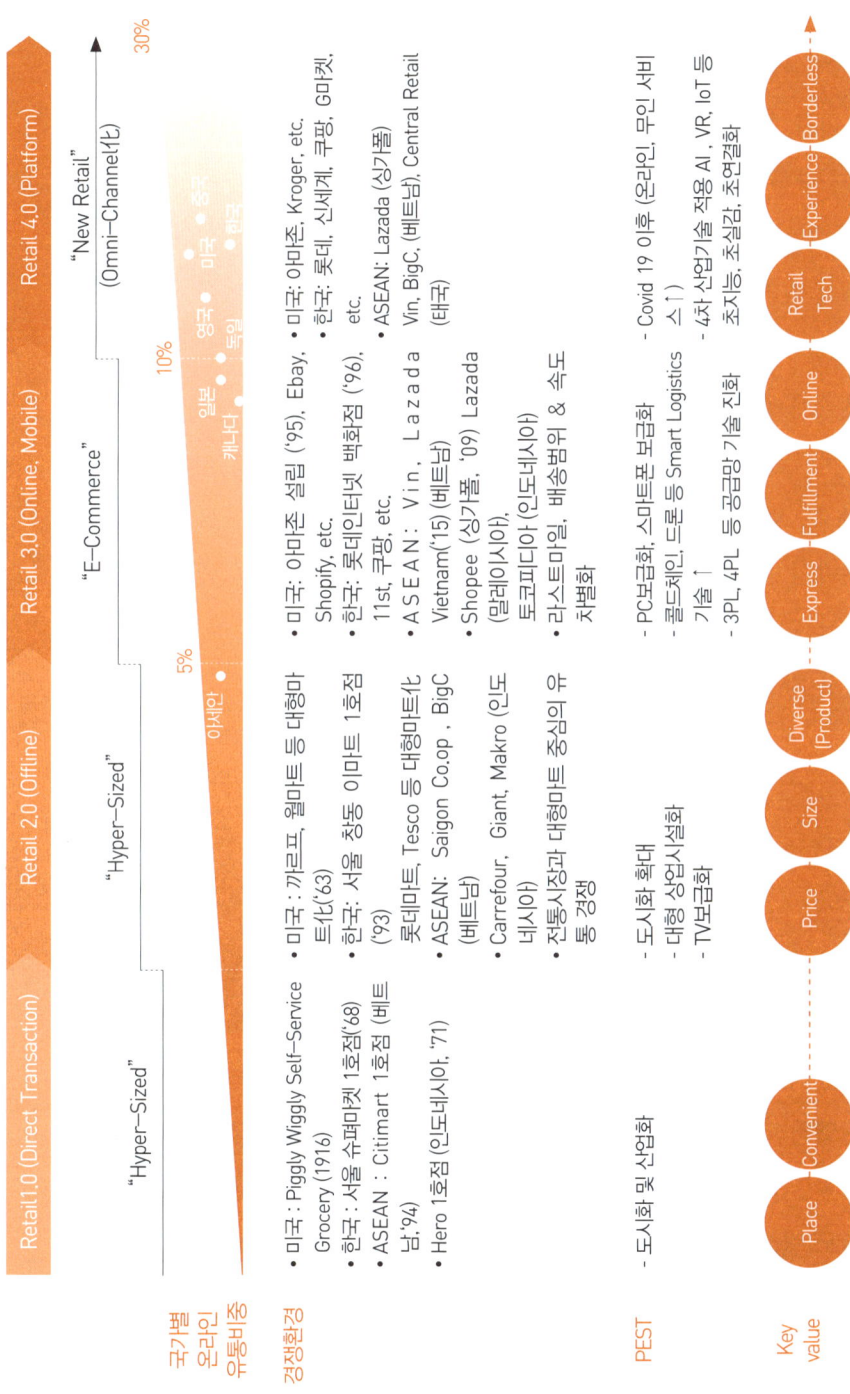

[그림 14-3] 국가별 유통산업 진화 및 발전 현황

업이 어떻게 변화·발전했는지를 살펴보는 것도 하나의 방법이다.

국가 특수성에 따라 변화의 폭이나 양상은 물론 다르게 나타날 수 있다. 나라마다 갖고 있는 정치와 문화, 기술 발전 등에 따라 차이가 존재할 수는 있으나 소득 수준, 산업 구조 등 일정한 경제 규모를 이룬 국가에서의 거시적인 산업 방향은 유사한 패턴을 보일 수도 있다. 그런 의미에서 미국, 일본, 독일 등은 한국의 가까운 미래의 산업 시나리오를 예측해 볼 수 있는 좋은 시장이다.

국가별 산업 변화를 보면서 우리가 배울 수 있는 점은 무엇인지 논의하고, 생각해 보자. [그림 14-3]은 유통산업의 진화 단계에 국가별로 온라인 유통의 비중치를 접목한 분석 장표이다. 국가별로 유통 진화가 어느 단계에 있으며 온라인 성숙도에 따라 유통산업에서 참고할 만한 유통 양상과 변화를 발견하기 위해 시도한 결과물이다.

거시적인 관점을 업(業)의 영역으로

산업의 거시적인 변화를 살펴보는 것은 당신의 기업, 당신 브랜드의 業(업)의 정의와도 자연스럽게 연결된다. 브랜드 방향성에 업의 정의를 담을 수 있다면 가장 이상적이라고 생각한다. 설령 담지는 못하더라도 산업의 거시적인 이해는 당신이 브랜드 방향성을 최종적으로 결정할 때까지 넓게 보는 시야를 갖게 해 줄 것이다. 산업 전체를 조망하는 관점으로 변하지 않으면서도 새로운 가치를 발견할 수 있기를 바란다.

2019년 현대자동차는 2025 비전 전략을 '스마트 모빌리티 솔루션 프로

바이더(Smart Mobility Solution Provider)'로 새롭게 정의했다. 한 업계에서 10, 20년이 넘게 일하다 보면 자신의 틀을 스스로 깨고 나온다는 것은 쉽지 않음을 자주 보게 된다. 현대자동차가 제조업의 틀에서 나오고 그것을 실행으로 옮기기까지 눈에 보이지 않는 어려운 과정이 있었을 것으로 예상된다.

과거에는 이동 '수단'으로 정의한 업을, 이제는 '이동'의 개념으로 확장하였다. 단순 제조업에서 벗어나 모빌리티 서비스 솔루션 기업으로 재정의하면서 사업을 바라보는 영역과 솔루션도 엄청난 패러다임의 변화를 맞을 것으로 보인다.

여행, 주거 등 자동차와 연관된 카 라이프(Car Life)의 서비스 영역으로도 나아갈 수 있을 것이며 물류, 로봇 등 '이동'의 영역을 갖는 모든 분야를 사업 영역으로 담을 수 있는 기업으로 진화할지도 모른다.

모듈 8.
시장 핵심 동인 탐색
(Market Dynamics Drivers)

산업이 산맥을 보는 것이라면 시장은 산과 나무를 보는 것

시장 분석에서는 산업 분석보다 세부적인 변화의 흐름을 본다. 시장 분석은 산업 분석과 무슨 차이가 있을까? 산업 분석이 전체의 구조와 변하지 않는 가치가 무엇인지 탐색했던 것이라면, 시장 분석에서는 시장 성장, 주요 경쟁사를 중심으로 시장의 핵심 동인(Key Driver)의 변화에 주목한다. 당신이 방금 산업이라는 높은 고도에서 환경 분석을 했다면, 이제는 고도를 조금 낮춰 시장 환경을 더 가깝게 봐야 할 때다.

브랜드 방향성은 장기적인 싸움을 위한 밑그림이다. 이것은 높은 고도에서의 관점과 낮은 곳에서의 관점이 동시에 요구되는 일이다. 시장 분석에서는 과거, 현재의 시장을 보면서 동적인 요소가 무엇인지 찾아본다. 그리고 향후에는 어떻게 변할지를 유추하는 것에 초점을 맞춘다. 아무리 뛰어난 기술과 가치가 있더라도 시대의 흐름과 잘 맞아야 한다. 지금은 중요하지만 금방 사라질 수도 있고, 비록 작은 의미나 가치일지라도 나중에는 중요해질 수도 있다. 'Time to Market'(들어가야 할 때를 아는 것)이 중요하다.

산업, 시장 분석 시에는 팀들과 아이디어를 함께 나누면서 키 밸류를 도출하는 논리의 구조를 만드는 것이 좋다. 경쟁자의 동향이나 소비자의 변화 등을 다양한 각도에서 바라보고 함께 논의하며 향후 방향을 예측해 보자.

시장 분석 체크리스트 따라가기

No	분석 자료 체크리스트
1	시장 크기는 성장하고 있는가?
	시장이 성장, 감소하고 있는 이유는 무엇인가?
2	시장에 영향을 주는 것은 무엇인가? 핵심 동인(Key Driver) 발굴
3	시장 내 핵심 동인은 어떻게 변화하고 있는가?
	앞으로의 핵심 동인은 무엇인가?

당신이 체크리스트 1, 2, 3번을 보는 이유는 시장 성장의 변화를 파악하고 인과관계를 찾아내기 위함이다. 당신의 브랜드가 시장 변화에 영향을 주는 요소를 브랜드 가치로 갖고 있다면 시장에서 비교적 유리한 위치에 설 수 있다. 그러므로 브랜드 방향성으로 시장에 영향력 있는 키 밸류를 고려하는 것은 의미가 있다. 브랜딩 대상이 기업이라면, 업의 의미를 담기 위해 시장과 산업의 관점에서 브랜드를 정의해 보는 것

도 매우 의미 있는 접근이다. 마스터 브랜드 혹은 개별 브랜드라면 시장에서 어떠한 가치를 보유하여 경쟁 우위를 가질 것인가에 집중하는 것이 더 효과적일 수 있다.

당신이 오랫동안 동일한 산업에 몸을 담고 있었다면 시장 변화를 이미 감으로 느끼고 있을 것이다. 현장에서의 경험으로 체크리스트 1번, 2번, 3번을 예측해 보자. 경험을 바탕으로 한 산업전문성으로 시장 규모와 시장을 변화시키는 동력, 앞으로의 변화를 예측해 볼 수 있다고 생각한다.

당신이 보직 변경, 이직, 신입 컨설턴트 등 산업이 익숙치 않은 상황에서 시장을 분석해야 한다면 리서치 기관, 정부, 협회 등에서 발표하는 시장 동향 및 트렌드 리포트 분석을 리뷰한다. 다각적인 시각에서 바라본 분석 자료를 통해서 현재의 시장 트렌드는 무엇인지, 과거에는 어떤 트렌드가 시장을 주도했는지를 비교해 본다. 그리고 과거, 현재의 변화를 기반으로 앞으로는 어떤 변화가 있을지 예측해 보자.

시장 변화를 이끄는 요인은 무엇인가?

[그림 15-1]의 아파트 시장을 들여다보면, 1970년대에 아파트 시장에서는 '대규모 단지', '입지'가 무엇보다 중요했음을 알 수 있다. '대규모'의 세대수를 기본으로 '규모감'과 교통의 '편리성', '주변의 인프라'가 가장 기본적인 속성이었고, '아파트 조경', '건축 마감재' 등 내외부 '인테리어'를 경쟁자들과의 차별화 포인트로 두었다.

[그림 15-1] 국내 주택시장 변화의 핵심 동인(Key Driver) 분석

1990년대 후반부터 건설회사는 아파트 브랜드를 개발하여 브랜드 차별화 전략을 구사하면서 건설사별 다양한 아파트 브랜드명이 생기기 시작했다. 이 시기에는 '브랜드', '투자 가치', '주변 입지'가 시장의 중요 핵심 동인(Key Driver)이 되던 시기였다. 그리고 2010년 후반부터는 '아파트 고급화', 'IT 인프라 및 편의시설', '입지'가 중요한 요소로 자리 잡았다.

1970년부터 2010년 후반까지 아파트 산업의 핵심 동인(Key Driver)을 살펴보면 '편의시설', 교통과 연결된 '입지'는 여전히 아파트 시장에서 중요한 정적(Static) 요소이고, '조경', '브랜드', '고급화' 등이 시간의 흐름에 따라 변화하는 변동(Dynamic) 요소로 나타났다.

시장 변화 동인을 발견하는 또 다른 접근법은 과거에서 지금까지 시장 규모의 증감 변화를 살펴보는 방법이다. 시장 사이즈가 증가하는지, 감소하는지 혹은 급진적으로 증가하거나 감소하고 있다면 그 구간을 확인한다. 전체 기간의 평균인 CAGR(연평균 성장률)을 산출하고, 구간별로 평균 이상으로 증가하거나 감소하고 있는 시기가 있는지 확인하면 비교하기 쉽다. 급격하게 증가하거나 감소한다면 그 원인이 무엇인지 찾아보는 방법이다.

[그림 15-2]는 글로벌 식료품 리테일 시장 규모의 변화로 핵심 동인을 유추한 자료다. 2015년을 기점으로 감소하는 글로벌 식료품 시장 규모가 다시 증가세를 보인다. 다양한 연구 자료를 분석해보면 '인터넷, 모바일의 발달'로 인한 '이커머스의 출현'이 성장을 견인한 것으로 유추할 수 있었다.

경쟁사들 또한 오프라인에서 온라인으로 전환하면서 온라인이 전체

[그림 15-2] 글로벌 식료품 리테일 시장 규모와 핵심 동인

PART 2 —— 브랜드 아이덴티티 수립 완벽 가이드

시장의 성장세를 주도하는 시기였다. 2019년 코로나 19 이후로 '이커머스'의 가속화가 이뤄졌다. 동시에 소비 행태도 '편의성'을 중시하면서 '콜드체인', '무인O2O', '라스트마일(Last Mile: 배송의 도착 전 마지막 단계)'과 같은 기술력이 매우 중요한 시장으로 변화하였다. 이러한 시장의 변화 속에서 '온라인', '속도', '푸드테크', '초신선(Hyper Fresh)' 등을 시장의 핵심 동인으로 도출할 수 있었다.

시장 규모에 영향을 주는 요소는 매우 다양하기 때문에 직접적인 원인을 찾는 것은 결코 쉽지 않다. 하지만 직간접적인 영향 요소가 무엇인지 가설을 세우고 검증해 보는 방법으로 접근하면 효율적일 수 있다. 분석 자료만으로 부족하다면 산업전문가의 조언 등 여러 가지 방법을 사용하여 시장의 중요한 영향력을 가진 키 밸류를 찾아내도록 해 보자.

산업 전문가의 경험 구하기

시장 트렌드를 분석하는 다른 방법으로는 관련 업계의 전문가에게 조언을 구하는 것이 있다. 관련 분야의 기자, 실제 산업에서 일한 유경험자 등 해당 산업의 인사이트를 제공할 수 있는 사람들을 만나 보는 것이다. 관련 종사자, 업무 경험자들과 인터뷰를 해 보면 산업에서의 실패 경험과 성공 사례 등 그 산업에 오랫동안 있어야만 알 수 있는 시장을 읽는 눈이 생긴다.

[그림 15-3]은 KPMG 컨설팅이 자동차 산업 내 기업 CEO의 의견들을 취합한 향후 트렌드 추이를 그린 자료다. 개개인의 현장에서의 실질

적인 경험이 담긴 생각들은 시장의 최근 동향과 향후 변화의 발전 방향의 예측에 많은 도움을 준다.

한편 인터뷰 대상자가 질문자와 동일한 산업에 있으면 민감한 정보 전달을 꺼린다. 누가 경쟁사에게 자신의 기밀을 전하겠는가. 이런 경우에는 풍부한 경험을 가진 기자와 인터뷰를 갖는 것이 더 유리하다. 특히 버티컬 매체의 기자는 전문 분야의 경험이 많다. 그들이 가진 강점은 다양한 사람을 만나며 생겨난 시장을 꿰뚫는 통찰력이다. 유통, 물류, 부동산 등 관련 산업의 흐름과 맥을 잘 읽어 낼 줄 알기 때문에 당신이 생각지 못한 새로운 방향성을 여는 데 많은 도움을 받을 수 있다.

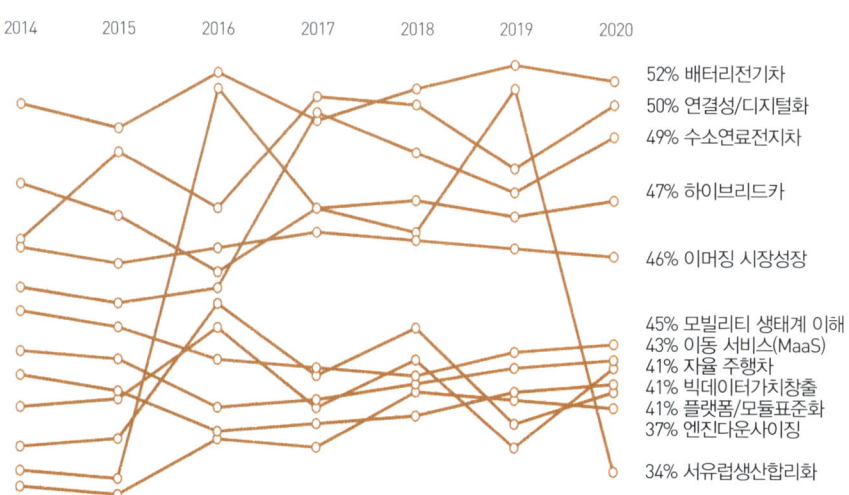

[그림 15-3] 산업 경험자 인터뷰를 통한 시장 트렌드 분석

16

모듈 9.
브랜드 워크숍(Brand Workshop)

생각의 차이를 아는 것에서 시작되는 내부 브랜딩

앞에서도 매번 강조한 이야기지만, 브랜드 아이덴티티를 수립할 때 꼭 만들어야 하는 것 중의 하나가 내부의 공감대 형성이다. 특히 기업 브랜드라면 더욱더 필요하다. 누군가 만든 목표나 방향성은 대부분 남의 일처럼 느낀다. 책상 위 컴퓨터의 바탕화면에 공허하게 떠다니는 브랜드 비전, 미션, 철학, 가치 등을 자주 봤다. 본인이 직접 만들어 보고 경험해 봐야 눈길이 조금이라도 간다. 경험하고 아는 만큼 보인다.

브랜드 수립은 남의 이야기가 아닌 멤버들이 자신의 것을 만들 듯이 생각을 나누고 힘들게 고민하는 과정이 있어야 한다. 그런 점에서 단시간 내 진행할 수 있는 효율적인 과정이 바로 워크숍이다. 브랜드 정체성을 만들기 위해 아이디어를 갖고 상대방 의견을 들으며 합의점을 찾는 과정 자체가 내부 브랜딩의 초석이 된다. 지금부터는 브랜드 아이덴티티 수립을 위한 워크숍을 어떻게 준비하는지 그 과정을 살펴보도록 하겠다.

브랜드 크레이티브 워크숍 5단계

Brand Identity Workshop Time Schedule

No	Agenda	형식	시간
1	워크숍 아웃라인 (Outline)	강의	-
2	3C 분석을 통한 주요 키밸류 (Key Value) 공유 (팀 멤버들과 공유)	토론	-
		발표 및 합의	-
3	(옵션, 기업브랜드의 미션을 개발해야 하는 경우 추가) - 우리의 브랜드는 왜 존재해야 하는가? - 우리가 추구해야 할 단 한 개의 가치는 무엇인가?	토론	-
		발표 및 합의	-
4	Key Value (As-is / To-be 내부 지향점) - 우리의 강점은 무엇인가? - 강점 중에서 경쟁사 대비 우리만의 차별화 포인트가 있는가? 무엇인가? - 현재는 갖고 있지 않지만 향후 가져야 하는 강점, 차별적 편익은 무엇인가?	토론	-
		발표 및 합의	-
5	Value (As-is / To-be 외부 지향점) - 산업에서 경쟁자들이 공통으로 모두 강조하거나 중요하게 생각하는 것은 무엇인가? - 산업에서 향후 중요하게 여겨질 가치는 무엇인가?	토론	-
		발표 및 합의	-
6	최종 방향성 논의	토론	-

[그림 16-1] 브랜드 크레이티브 워크숍(Brand creative workshop)

당신이 워크숍을 기획하거나 주관해야 한다. 참여자들에게 전체 순서와 조별 구성을 공유하고, 목적, 순서, 진행 방식 등을 간단하게 정리하여 사전에 알린다. 진행 전에 미리 알려도 어떤 내용이 있는지 열어보는 사람은 거의 없다. 참여자도 직접 와서 참석하기 전까지는 여전히 관심이 없고 귀찮은 활동으로 여기기 때문이다.

1. 워크숍 시작 2~3일 전에 아웃라인(Outline) 공유
    - 참여 인원에 따라 워크숍 멤버 구성
    - 진행 방식 선정(TF 자체 진행/외주기관 진행 등)
    - 워크숍 목적/순서/진행 방식 등 개요 공유
    - 워크숍 최종 목표(브랜드 아이덴티티 도출) 설명

한 조는 3~4명으로 구성한다. 5명을 넘으면 산만해지고 의견이 하나로 좁혀지기도 어렵다. 조원은 5명 이내로 제한하지만 장소와 시간이 허락한다면 최대한 많은 인원이 참여하면 좋다. 사내 전 직원이 참여하고 통제 가능하다면 가장 좋으나 실행에 제약이 따를 수밖에 없다. 대안으로 온라인 서면 인터뷰를 통해 의견을 얻는 방법을 추천한다.

구성은 당신 기업의 문화와 조직도에 따라 다르겠지만, 산업에 대한 이해도나 전문성을 갖춘 사람이 많아야 한다. 마케팅, 커뮤니케이션, 기획, 영업과 같이 브랜드에 대한 이해와 회사 로열티가 높은 사람이 참여하는 게 좋다. 타부서라도 관심이 높다면 다양하고 좋은 아이디어가 나올 수 있기 때문에 참여를 권장한다. 상기 기준을 바탕으로 부서별 실무진과 마케팅, 브랜딩 관련 부서, 그리고 최종 의사결정자로 구성하여 진행하도록 한다.

2. 당신이 분석한 내용 공유(20분~30분 내외)
    - 현재까지 분석한 자사, 경쟁사, 소비자, 산업 분석 내용 공유
    - 각 단계별로 어떤 가치들을 도출했는지 다 함께 공유

지금까지 환경 분석을 통해 얻은 가치와 키밸류, 인사이트를 워크숍에 참여한 멤버들에게 설명한다. 브랜드 수립을 TF로 구성했다면 TF 멤버 전원이 함께 설명하는 게 설득력과 집중력 측면에서 좋다. 분석에 참여하지 않는 사람들은 다른 의견을 내거나 분석한 내용에 대해 질문을 할 수 있다.

이때 설명하는 자리는 설득하거나 주장하는 자리가 아니라는 점을 명심하자. 당신이 긴 시간 동안 어떤 것을 봤고 무엇을 도출했고, 앞으로 무엇이 중요하다고 생각하는지에 대해 의견을 나누는 자리다.

참여한 사람들이 공감하는 부분도 있고, 공감하지 못하는 부분도 있을 것이다. 이런 내용은 맞는가 틀리는가에 대한 문제로 이어질 가능성이 크다. 공감이 안 되는 부분은 중요한 이슈가 아니면 가볍게 넘어가도 좋다. 만약 중요한 이슈가 된다면 문제가 되는 부분에 대해서는 다음 단계인 조별 토의 시간에 다시 진행하거나 추후 분석 자료를 백업하여 시비를 가리도록 한다.

3. 아이덴티티 도출을 위한 조별 토의(60분~80분)
    - 각 주제로 20분~30분을 할당하여 조별로 논의하게 한다.
    - 조별 토의 주제는 아래와 같다.
    - 주제별 토의 진행 시 가치를 언급하고 이를 뒷받침할 수 있는 RTB(Reason to Believe)를 꼭 제시하도록 한다.

• **브랜드의 현재 강점은 무엇인가요?**
브랜드의 강점으로 무엇이 있는지 표현하도록 한다. '기술력', '빠르고 신속한', '내구성이 좋은', '맛있는', '간편한' 등 고객에게 줄 수 있는 효익의 관점에서 이야기하도록 하면 더 명확하다. 강점과 함께 이를 뒷받침하는 RTB(Reason to Believe)를 말하는 것이 중요한데, 추상적인 가치를 실물의 가치로 보여 줌으로써 브랜드 가치가 무엇과 연관되어 있는지를 이해하기 쉽게 해 준다. 예를 들면 강점으로 '간편한'이 나왔다면 회사 내부에서 이 가치를 소비자에게 전달하기 위해 보여 줄 수 있는 것이 무엇인지 함께 기술하도록 한다. '조리가 간편한 포장', '30초 만에 해동되어 빠른 식사가 가능한 냉동기술' 등이 포함된다.

- **경쟁사 대비 우리의 차별성은 무엇인가요?**

당신이 생각한 브랜드의 강점 가운데 경쟁사와 비교했을 때 차별화할 수 있는 강점은 무엇인지 생각해 본다. 만약 당신이 다이소의 담당자라면 온라인 대비 '우리 집 옆(가까운 의미)'의 가치를, 오프라인 대비 '놀라운 가격'이라는 가치를 도출할 수 있겠다. 그리고 이것을 뒷받침하는 RTB는 '전국의 수많은 매장 수', '쉬운 앱(App) 인터페이스', '국내 최저가'가 될 수 있다.

- **경쟁사가 모두 중요하게 생각하고 있는 가치는 무엇인가요?**

경쟁사들이 시장에서 모두 공통적으로 가장 중요하게 생각하는 가치가 무엇인지 논의해 본다. 경쟁사의 보편적인 가치를 봄으로써 당신이 간과하거나 누락한 가치는 없는지 확인해 볼 수 있다.

- **브랜드가 향후 가져가야 할 가치는 무엇인가요?**

지금은 우리가 갖고 있지는 않지만 앞으로 추구할 가치를 찾아본다. 내부에서 준비 중이거나 중요한 사업으로 생각하는 신성장 동력 등을 통해 어떤 가치가 있는지 생각해 본다. 만약 자사에서 생각해 내기가 쉽지 않다면 벤치마킹하고 싶은 회사 중에서 어떤 가치를 갖고 오고 싶은지 말하는 것도 좋다.

당신이 만약 자산운용사에 있고 향후 가치를 '정확하고 예측 가능한'으로 했다면 AI 분석 데이터 연구소 설립, 미래 트렌드 부서 설립, 글로벌 미래 트렌드 주최 등이 미래의 가치를 백업할 수 있는 아이디어다. 지금 당장은 없더라도 향후 예정된 계획이나 아이디어를 함께 공유해도 좋다.

4. 조별 발표 및 아이디어 공유(40분~50분)

조별로 앞에서 언급한 4가지 주제에 대해 생각한 결과물을 준비하고, 모든 조와 공유하는 시간을 갖는다. 그리고 조별로 발표한 내용에 대해 의견을 나눈다. 강점으로 무엇을 말했는지, 그 이유는 무엇인지, 경쟁 차별화, 향후 중요한 가치에 대해서도 동일한 방식으로 의견을 나눈다. 조별 발표로 나온 방향성에 대해 참여 인원들과 함께 공감하는 부분과 그렇지 않은 부분에 대해 어떻게 생각하는지 의견 교환을 한다.

5. 조별로 생각하는 단 하나의 브랜드 핵심 가치(40~50분)

지금까지 조별로 나온 다양한 가치 중에서 가장 중요하다고 생각하는 브랜드 핵심 가치를 한 가지 선정한다.

워크숍을 통해서 도출된 새로운 후보안들은 브랜드 포지셔닝 단계에서 당신이 다시 평가해야 할 최종 후보안들이다. 당신과 팀원이 함께 논의해서 만든 방향성과 워크숍을 통해서 만든 방향성을 같이 보면서 누락되거나 추가적인 대안은 없는지 다시 확인해 본다.

워크숍 진행 시 주의할 점

• 비슷한 연령대와 동일한 직급별로 팀원 구성하기

기업마다 문화의 차이가 있지만 비슷한 연령대와 동일한 직급별로 워크숍 팀을 구성하는 게 의견의 다양성과 자유로운 토의 분위기를 이끌어 내는 데 조금 더 유리했다. 직급과 부서별로 한 명씩 구성해서 수직적으로 혼합하는 경우, 획일적이거나 다소 정제된 의견이 더 많았다. 이것은 회사의 문화와 분위기에 따라 달라질 수 있는 부분이므로 당신의 사내 문화를 고려하여 결정한다.

참고로, 브랜드 방향성의 70%는 대부분 워크숍을 통해서 결정됐다. 리더는 참관만 하고 실무자들이 열정적으로 참여하여 개발하는 경우가 대부분 좋은 결과로 이어졌다. 프로젝트를 수행하면서 갖게 된 아이디어나 평소 본인이 가진 생각들을 공유하면서 실행 가능한 결과물로 발전시켜 나갔다. 구성원의 열의에 따라 1회에 끝나지 않고 2회, 3회까지 지속하며 더 나은 결과물을 만드는 경우도 있었다.

• **워크숍 진행자의 필요성**

워크숍 진행 시 진행자를 선정하여 각 세션별로 정리하고, 다음 세션에 대해서도 간단하게 설명하는 등 유연한 진행을 이끌도록 한다. TF를 제외하고 대다수는 브랜드 수립에 대한 이해가 낮을 가능성이 높다. 그렇기 때문에 당신이나 TF 멤버들은 워크숍 참여자들이 충분히 이해할 수 있도록 활발한 논의를 이끄는 것이 매우 중요하다. 팀별 논의 시 TF 멤버가 코칭의 역할로 참여하여 논의 주제를 잘 이해할 수 있도록 설명하고 가이드하면 더 효과적일 수 있다.

• **좋은 아이디어와 성과에 따른 확실한 보상**

조별 토의 및 발표에서 중요한 점은 주제 참여 및 발표의 적극성을 유도하기 위해 일련의 장치가 필요하다는 것이다. 회사 문화에 따라 혹은 부서 간 경쟁으로 인해 아이디어를 숨기거나 적극적인 태도를 보이지 않을 때가 많다. 회사 방향성 수립이 회사 전사적인 프로젝트인 만큼 좋은 아이디어와 성과에 따라 확실한 보상이 제공되면 훨씬 적극적인 분위기를 만들어 낼 수 있다.

• **각 세션별 시간 안배 시 주의 사항**

각 세션별 시간 안배 시 가이드에 따라 하되, 상황에 따라 10~20분은 가감할 수 있다. 주어진 시간이 많다고 해서 더 나은 결과를 보장하지 않는다. 워크숍의 목적과 역할은 기업 방향성, 제품/서비스 방향성에 대해서 함께 고민하고 공감대를 갖는 것이다. 따라서 팀별로 발표하고 논의하는 시간에 더 무게를 두도록 하자.

17

모듈 10.
브랜드 밸류 구축(Building Brand Value)

키 밸류(Key Value)의 재정리

'모듈 1. 브랜드 진단'에서 '모듈 9. 브랜드 워크숍 단계'까지 브랜드 수립을 위해 점검해야 할 모든 여정을 지나왔다. 지금 당신의 눈앞에는 자사 분석, 경쟁사 분석, 소비자 분석, 산업과 시장 분석으로 얻은 키 밸류들이 모여 있다. 당신이 분석하여 힘들게 얻어 낸 브랜드 핵심 가치의 후보안이다. 그 과정들을 다시 한번 하나씩 정리해 보자.

• **자산 분석에서의 키 밸류**
당신은 아래와 같은 접근으로 자사 분석의 키 밸류를 도출했을 것이다. 스포츠 패션 브랜드를 예로 들어 보면,

1. 우리는 지금까지 고객과 '신뢰', '퀄리티', '기능성'으로 소통해 왔다.
2. 내부에서 현 리더인 CEO가 강조하는 것은 '기능성'이다.

3. 직원들이 생각하고 있는 회사 이미지는 '신뢰'이다.
4. 우리가 앞으로 나아갈 비전과 추구하는 가치는 '스타일'이다.

당신이 자사 분석으로 얻은 키 밸류는 신뢰(2), 기능성(2), 퀄리티, 스타일이다. 4가지 키 밸류 중 '신뢰'는 직원들이 갖고 있는 이미지 자산이며, '스타일'은 당신이 향후 나가고자 하는 지향점이다.

• 산업, 시장 분석에서의 키 밸류

- 산업에서 과거부터 지금까지 말하고 있는 가치와 업의 역사를 살펴보면 '기능성', '믿을 만한 제품 성능'이었다.
- 시장에서 최근에 중요하게 보는 트렌드로 '가성비', '맞춤형' 가치를 말하고 있다.

산업 역사나 시장 흐름을 고려해 보면 '기능성', '퀄리티'는 과거부터 지금까지 이어져 온 전통적인 가치다. 반면 '가성비', '맞춤형'은 앞으로 중요한 가치가 될 것으로 보인다. 산업 분석 관점에서 정적(Static) 가치는 '기능성', '퀄리티'이며 동적(Dynamic) 가치는 '가성비', '맞춤형'이 된다.

• 소비자 분석에서의 키 밸류
1. 소비자들이 주로 연상하는 당신 브랜드의 이미지는 '퀄리티'이다.
2. 소비 트렌드 분석을 통해서 지금까지 '퀄리티'의 가치가 줄곧 중요한 것

으로 여겨져 왔다.
3. 고객이 구매할 때의 KBF(Key Buying Factors)는 '가성비', '스타일'이다.
4. 소비자의 페인포인트(Pain Points)는 경량, 보온이 강화된 '기능성' 이었다.

소비자나 내부고객들이 생각해 온 당신 기업의 이미지 자산은 '퀄리티'다. 소비 트렌드에서도 '퀄리티'가 중요한 요소였으며 지속적으로 유지될 것으로 보인다. 현재 고객이 중요하게 생각하는 '가성비', '스타일'이다. 현재 고객이 스포츠 패션 브랜드에서 가장 부족하다고 느끼는 것은 '기능성'이다. 이런 상황에서 경쟁사들은 무엇을 소구하고 있을까? 이어서 살펴보도록 한다.

• 경쟁사 분석에서의 키 밸류
1. 시장 환경에서 경쟁사들이 말하는 주요 가치는 '기능성', '가성비', '개인 맞춤형', '프리미엄' 등으로 나타났다.
2. 경쟁사들이 공통적으로 강조하는 가치는 '기능성', '믿을 수 있는' 이다.

경쟁사들은 '기능성', '가성비', '개인 맞춤형', '프리미엄'을 전달하고 있다. 공통적으로 강조하는 것은 '기능성'과 '신뢰'이다.

• 브랜드 수립 워크숍에서의 키 밸류
마지막으로 브랜드 수립 워크숍에서 논의하여 나온 가치를 정리해 본다.

1. 우리의 강점은 '기술력', '다양한 디자인'이다.
2. 경쟁사 대비 차별점은 '디자인'이다.
3. 경쟁사가 공통적으로 강조하는 가치는 '기능성'이다.
4. 우리가 향후 가져야 할 가치는 '맞춤형'이다.

자사, 경쟁사, 소비자, 산업/시장 환경 분석을 통해서 우리는 '신뢰', '퀄리티', '기능성', '스타일', '디자인', '가성비', '믿을 수 있는', '기술력', '프리미엄', '맞춤형', '다양한' 등 여러 가지 키 밸류를 도출했다. 이제는 이 키 밸류들을 재정리하고 단순화하는 과정이 필요한 순간이다.

브랜드 가치를 압축하고, 응축하고, 다시 만드는 단계

내외부 환경 분석에서 도출한 가치들을 다시 정리한다. 그것들은 유사한 의미가 함께 있을 수 있고 상하 관계에 놓인 것도 있을 수 있다. 동일한 의미는 제거하고, 유사한 의미는 통합하거나 다른 언어로 표현한다. 상하 관계로 된 키 밸류는 상위의 다른 의미로 표현하여 정리해본다. 유사한 키 밸류를 통합할 때는 분석의 맥락을 고려하여 새롭게 표현하거나 기존 표현 중 하나가 포괄하도록 한다.

이러한 일련의 과정으로 다시 재정리되는 가치들이 향후 브랜드 방향성을 수립할 때 최종 후보안들이 된다. 그렇기 때문에 최종 방향성이 된다는 점을 고려하여 통합하거나 새로 만들도록 한다. 유사한 의미끼리 묶을 때, 의미 간 거리가 너무 떨어진 통합은 지양하도록 한다. 모호성으로 인해서 원래의 의미를 잃을 수도 있기 때문이다. 또 통합하거나 새로운 의미로 만들 때에도 가치가 소비자에게 줄 수 있는 효익의 관점에서 정의하도록 하자.

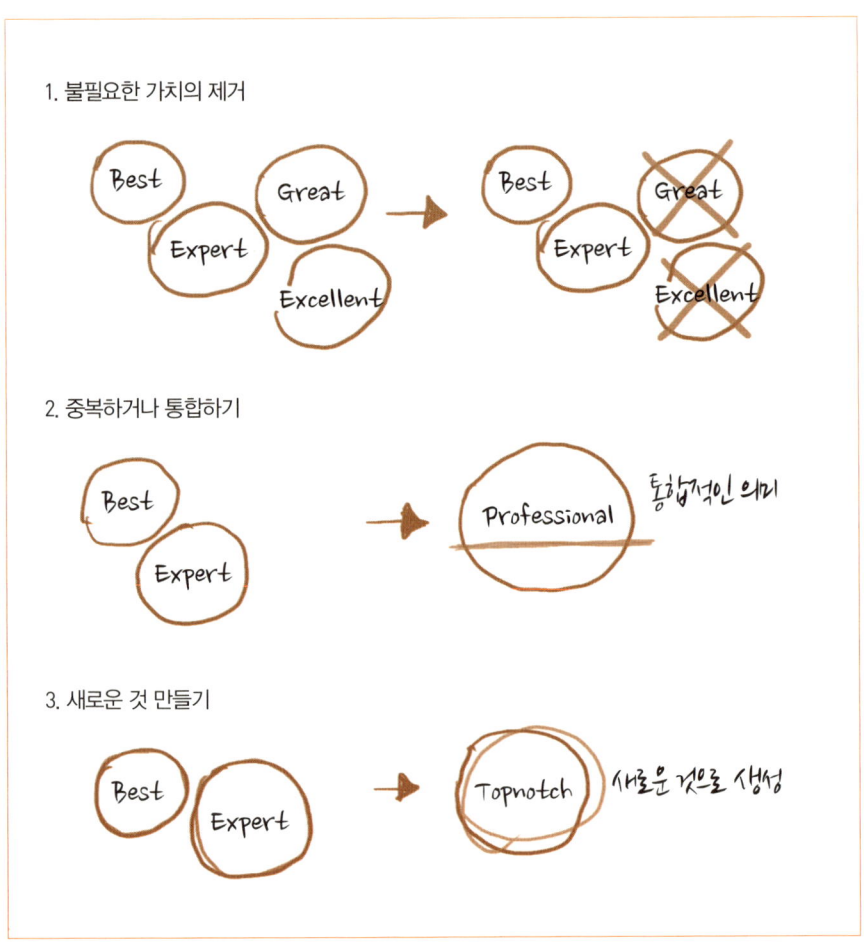

[그림 17-2] **가치조합 및 재설계(Value Creation Redesign)**

새롭게 재창조하거나 만든다면 고객이 얻을 수 있는 효익이나 직원들에게 기준이 될 수 있는 가치인지를 판단하여 개발하도록 한다. 두 개 이상의 가치를 병합하거나 새롭게 만드는 과정에서 도출된 범위가 서로 합쳐지게 된다. 분석 단계에서 도출한 키 밸류가 고객 분석에서 온 것인지, 자사 분석을 통해 도출된 것인지, 산업 분석으로부터 온 것인지를 꼭 표기하도록 한다. 이는 자사와 산업에서 온 가치가 동일할 경우 '자사_산업'과 같이 병기하여 어떤 환경 분석에서 당신이 중요하게 생각했는지 전체적인 분석의 맥락을 쉽게 이해하기 위함이다.

모듈 11.
브랜드 포지셔닝(Brand Positioning)

'모듈 11. 브랜드 포지셔닝'은 '모듈 10. 브랜드 밸류 구축' 단계에서 만들어 낸 키 밸류(Key Value) 중에서 최종 브랜드 방향성을 결정하는 단계. 우선 지금까지 시장 분석으로 도출한 가치들을 맵 위에 나열하도록 한다.

매핑하여 시장을 한눈에 보기

모듈 10에서 도출한 키 밸류(Key Value)를 아래와 같은 표에 나열해 본다. 아래와 같은 형식의 2행의 표를 작성한다. 만약 고려하고 있는 수가 더 많다면 가로의 표를 증가하여 채우도록 한다.

Positioning map

가치가 더 많이 나온다면 가로축으로 Key value를 더 확장한다

Professional	Modern	Unique	Value for money	Funny	...

Friendly	Traditional	Class	Premium	Cozy	...

[그림 18-1] Key Value Mapping 1

Positioning map

자사	시장, 소비자	자사	소비자	소비자	...

− Key value 밑에 자사, 소비자, 산업, 시장 등 가치가 도출된 곳을 표기한다.
− 자사, 소비자 등 여러 곳에서 동일하게 나온 가치라면 모두 표기한다.

시장	소비자	소비자	산업	산업	...

[그림 18-1] Key Value Mapping 1

PART 2 —— 브랜드 아이덴티티 수립 완벽 가이드

다음으로는 당신이 분석한 경쟁사들을 가져온다. 경쟁사가 언급하고 있는 가치들을 확인하고, 매핑한 가치 위에 경쟁사를 표시한다. 예를 들어 [그림 18-2]처럼 경쟁사가 시장에서 Unique(독특한), Premium(프리미엄), Classic(클래식)의 가치를 소구했다면 빨간 점과 같이 해당하는 가치를 표시하면 된다. 그러므로 표 위의 가치는 경쟁사가 하나만 있을 수도 있고, 하나도 없을 수 있으며, 2개 이상이 모여 있을 수도 있다. 맵에 나타나 있지 않은 가치가 있다면 표 위에 가치를 추가하고 경쟁사를 표시하도록 한다.

모든 경쟁사들을 맵 위에 표시했는가? 이제 당신은 시장에서의 주요 경쟁자(Key Players)들이 무엇을 말하고 있는지를 한눈에 살펴볼 수 있다.

그리고 나서 당신은 경쟁사가 언급하고 있지 않은 가치가 무엇이 있는지 찾아보도록 한다. 최종 선택 시 차별화를 위한 차별화는 지양한다. 비어 있다고 그곳으로 꼭 가야 하는 것은 아니다. 고객, 자사, 경쟁사, 산업 등 당신이 어디에 무게를 둘 것인지에 따라 갈 수도 있고, 가지 않을 수도 있다.

맵 위에서 비어 있는 공간을 찾았는가? 비어 있는 공간이 당신 기업의 강점과 산업의 미래 가치와 연관이 있는가? 그렇다면 가장 이상적인 방향성이 될 수 있다. 만약 비어 있는 공간이라고 할지라도 자사의 강점과 관련성이 없거나 산업, 고객의 가치와 관련성이 낮다면 선택하지 말아야 한다.

Positioning map

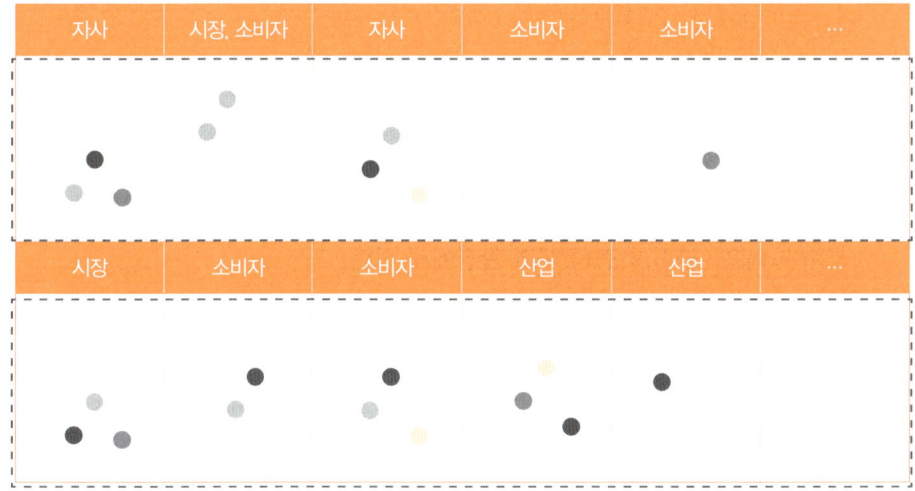

[그림 18-2] Key Value Mapping 2

브랜드 방향성에서 무게 중심을 어디에 둘 것인가?

• 마이웨이, 누가 뭐라 해도 우리의 신념을 따르렵니다

현재 직원들이 가장 의지하고 믿는 강점 혹은 리더가 추진하는 가치에 무게를 둔다. 설령 지금은 우리에게 없지만, 앞으로 갖춰야 할 미래 자산, 자사의 강점에 무게를 둔 방향성이 여기에 해당된다.

고객이 갖고 있는 이미지가 브랜드 이미지 자산과 잘 맞아 떨어지는가? 그렇다면 자사의 강점을 더 강화시키는 전략 방향성으로도 생각해 볼 수 있다. 지금 생각하는 자사 강점의 방향성이 경쟁사 대비 차별화를 갖는 것이 아닐 수도 있다. 하지만 내부의 의지와 신념이 강하다면

큰 문제는 없다.

- **고객 렐러번스(Relevance), 고객은 불변의 법칙 아닙니까**

렐러번스(Relevance)는 소비자가 브랜드의 가치가 자신과 얼마나 관련이 있는지를 의미한다. 브랜드 방향성을 고객의 니즈나 원츠, 고객의 소비 라이프, 불편한 점의 해결 관점에서 선택한다.

당신이 그린 맵에서 고객의 니즈, 원츠, 소비 가치관, KBF(Key Buying Factors), 페인포인트(Pain Points)와 잘 부합하는 것은 무엇인지 표시해 보자. 내부 고객인 회사의 구성원도 중요하게 생각하고 있는 방향성인가? 반대로 경쟁사들도 그것을 말하고 있는가? 만약 고객 렐러번스가 높고 경쟁사가 말하지 않는 위치에 있다면 그곳이 바로 당신이 가야 할 목적지가 될 것이다.

- **결국은 경쟁 차별화, 무난함을 거부합니다**

매년 수많은 제품이 쏟아지는 시장에서 차별화는 곧 생존과 직결된다. 경쟁사와의 차별화를 가장 중요한 요소로 보는 관점이다. 경쟁사가 무엇을 말하고 있는지를 확인해 보면 두 가지를 발견할 수 있다. 하나는 경쟁사들이 시장에서 공통적으로 강조하는 가치이고, 다른 하나는 아무도 언급하지 않는 '비어 있는 가치'이다.

이 두 가지 사실을 통해서 당신은 시장에서 경쟁사들이 모두 강조하는 중요한 가치 중에 놓친 것은 없는지를 점검할 수 있다. 또한 경쟁사들이 말하지 않는 빈자리를 찾음으로써 그것을 당신의 차별화된 경쟁력이나 브랜드 방향성으로 삼을 수 있다.

당신의 최종 결정

　최종적으로 브랜드의 핵심 가치는 하나가 될 수도 있고, 2개가 될 수도 있다. 통상적으로 브랜드 확장성과 상호 보완성을 고려하여 3개 정도의 핵심 가치를 결정한다. 예를 들면 차별화 관점에서 1개 안, 자사 강화 가치 1개 안, 소비자 관여도 1개 안으로 균형 있게 3개를 선택하는 경우도 있다. 그런가 하면, 차별화 가치 2개 안과 자사 강화 가치를 1개 선택하여 차별화에 무게를 두고 결정할 수도 있다. 당신이 직면한 시장에서의 상황과 내부 전략에 따라 가장 합리적인 방향성을 결정하도록 하자.

⑲

남들은 어떤 브랜드 아이덴티티를 갖고 있을까

브랜드 가치 엿보기

　당신 주위의 기업, 제품, 서비스 브랜드는 브랜드 가치, 아이덴티티로 어떤 가치들을 고민했을까? 산업 카테고리, 시장 환경, 제품의 특성 등이 다르기 때문에 선택의 차이는 존재하겠지만, 지난 20여 년간 많은 담당자들이 고민했던 핵심 가치들을 의미별로 분류해 보았다.

　당신과 유사한 경험을 가진 실무진들이 고려했던 브랜드 방향성을 보면서 당신은 브랜드의 정체성을 만드는 데 대략적인 결과물의 그림을 예상할 수 있을 것이다. 무심코 지나갔던 방향성이 다시 눈에 보일 수도 있고, 기존에 생각한 방향성이 더 확고해질 수도 있다. 다양한 브랜드 아이덴티티의 예시들을 보면서, 선택의 기준을 세우는 데 참고로 삼았으면 한다.

　누군가는 또 이렇게 생각할 수도 있겠다. 이 중에서 하나를 골라서 결정하자고. 그러나 앞서 말했듯이 과정과 직원들의 참여가 없으면 힘없는 방향성이 된다. 함께하는 과정 속에서 브랜딩이 시작된다는 것을 잊지 말자.

• 전문성을 표현한 브랜드 아이덴티티

　Advanced(진보, 앞서가는, 혁신적인) / Next Level(앞서가는 혁신) / Expert(전문가, 전문성, 장인) / Mastery(장인의 노하우) / Excellent(탁월한, 뛰어난, 빼어난) / Perfect(완전한, 완벽한, 흠 없는) / Absolute quality(완전무결) / Best(최고, 으뜸, 최상의) / Best Choice(최고의 선택) / Top Notch(일류, 최고의, 정점의) / Premium Class(일류가치) / Beyond(넘어서는, 그 이상, 초월하는) Beyond Limits(한계를 넘는) / Next(차세대, 다음 단계, 미래의) / Professional(프로, 전문적인, 정통한) / Pro Standards(프로의 기준) First(최초, 첫 번째, 선두의) / Great(위대한, 훌륭한, 거대한) / Greatness (위대함) / Pride(자부심, 긍지) / Class(품격, 격조, 세련된) / Crafted(정교한, 세심히 빚은, 장인이 만든) / Leader(리더, 선도자) / Origin(기원, 본질), etc,.

• 당당하고, 자신감 있는 태도를 표현한 브랜드 아이덴티티

　Daring(대담한, 과감한) / Confident(자신감 있는, 당당한) / Determined(단호한, 결의에 찬) / Assertive(주도적인, 적극적인) / Fearless(두려움 없는, 용감한) / Forward(앞으로 전진하는, 미래 지향적인) / Proactive(사전 대처하는, 적극적인, 선제적인) / Proactive Move(진취적인 행동력), etc,.

- **도전하는, 변화하는 태도를 표현한 브랜드 아이덴티티**

    Challenging(역동적인, 한계를 넘는) / Pioneer(개척자, 새로운 길을 여는) / Cheerful(명랑한, 밝은 에너지) / Will(의지, 결심, 마음가짐) / Exploring(탐험하는, 호기심 많은, 발견하려는) / Innovative(혁신적인, 창의적인, 새로움을 만드는), etc,.

- **품질을 표현한 브랜드 아이덴티티**

    Performance(결과, 실력, 퍼포먼스) / Quality(품질, 완성도, 우수한) / Cutting-edge(앞선, 혁신적인, 시대를 앞서는) / Better(더 나은, 향상된, 한 단계 넘는) / Health(웰빙, 건강한), etc,.

- **적극적이고, 열정 있는 자세를 표현한 브랜드 아이덴티티**

    Passionate(열정적인, 혁신적인, 몰입하는) / Wild(자유로운, 거친) / Active(활발한, 능동적인) / Energetic(에너지가 넘치는, 활기찬) / Spirited(기운찬, 활력있는, 투지가 넘치는) / Enthusiastic(적극적인, 열성적인) / Vibrant(생동감 있는, 활기차게 빛나는) / Lively(생기 있는, 활달한), etc,.

- **즐거움을 표현한 브랜드 아이덴티티**

    Fun(재미, 즐거움, 신남) / Joyful(기쁨에 찬, 행복한) / Delight(즐거움, 감탄, 만족한) / Playful(장난기 있는, 발랄한, 유쾌한) / Happy(행복한, 즐거운), etc,.

• 독특하고, 참신함을 표현한 브랜드 아이덴티티

　Novelty(새로운, 신선한, 참신한) / Unique(독창적인, 차별화된) / Newly(새롭게, 새로 시작된) / Freedom(해방, 구속 없는) / Curious(호기심 많은, 탐구적인) / Different(남다른, 차별화된) / Artistic(예술적인, 창의적인) / Rhythm(리듬, 흐름, 조화로운 패턴) / Magic(마법, 경이로운, 환상의) / Aesthetic(미학적인, 세련된) / Imaginative(상상력이 넘치는, 창의적인, 기발한) / Inspired(영감을 받은, 자극받은, 창조적인), etc,.

• 고급스러움, 세련됨을 표현한 브랜드 아이덴티티

　Luxurious(럭셔리, 고급스러운) / Luxurious Touch(고급스러운 터치, 감각) / Premium(고급의, 최상의) / Grace(우아한, 품위 있는, 세련된) / Elegant(기품 있는, 고상한) / Exclusive(희소한, 한정의, 특별한) / High-end(프리미엄, 하이퀄리티) / Cozy(편안한, 아늑한) / Cosy life(아늑한 삶) / Posh(상류의, 세련된) / Urban(현대적인, 도시의, 세련된) / Urban Chic(도시적 세련미) / Trendy(유행의, 최신의, 스타일리시한), etc,.

• 신뢰, 믿음을 표현한 브랜드 아이덴티티

　Promise(약속, 헌신, 책임) / Confidence(자신감, 확신, 신뢰) / Belief(믿음, 신념) / Trust-worthy(신뢰할 만한, 믿을 수 있는) / Trust-worthy partner(믿을 수 있는 파트너)/ Credible(신뢰할 수 있는, 확실한) / Reliable(믿을 수 있는, 안정적인, 일관성 있는) / Dependable(의지할 수 있는, 든든한, 믿음직한) / Natural(순수한, 자연의, 본연의) / Sustainable(지속 가능한, 친환경적인), etc,.

• **친환경을 표현한 브랜드 아이덴티티**

　Nature(자연, 본연, 순수함) / Eco-friendly(친환경, 환경을 생각하는, 지속 가능한) / Green(친환경, 녹색의, 생명의) / Clean(깨끗한, 맑은, 순수한) / Life(삶, 생명, 생동감) / Fresh(신선한, 활력 있는) / Renewable(재생 가능한, 순환 가능한) / Sustainable(지속 가능한, 친환경적인) / Organic(유기농, 자연 그대로) / Conscious(의식 있는, 책임 있는), etc,.

• **따뜻한, 사람다운 태도를 표현한 브랜드 아이덴티티**

　Human touch(사람의 손길이 닿은, 따뜻한 손길) / People(고객, 사람 중심) / Honest(정직한, 진실한) / Kind(친절한, 따뜻한) / Warm-hearted(마음이 따뜻한, 정이 많은) / Respect(존중, 배려) / Comfort(편안한, 평온) / Caring(돌보는, 배려하는, 세심한) / Helpful(도움이 되는, 유용한) / Useful(유용한, 실용적인) / Sociable(사교적인, 소통하는), etc,.

• **정수, 근본의 가치를 표현한 브랜드 아이덴티티**

　Essence(본질, 핵심, 정수) / Core(핵심, 중심, 근본) / Principal(주요한, 근본 원칙), etc,.

• **도약, 발전하는 태도를 표현한 브랜드 아이덴티티**

　Progressive(진보적인, 발전적인) / Leap(도약, 도전적 성장) / Leap forward(도약하는 미래), etc,.

- **멋진, 현명한 등 퍼스널리티를 표현한 브랜드 아이덴티티**

Stylish(멋진, 감각적인) / Chic(세련된, 시크한, 멋진) / Nice(좋은, 호감 가는) / Dandy(멋쟁이, 멋스러운, 세련된) / Wise(현명한, 지혜로운, 성숙한) / Smart(똑똑한, 영리한), etc,.

- **고객 중심을 표현한 브랜드 아이덴티티**

Customer care(고객 관리, 고객을 돌보는) / Engagement(참여, 소통, 관계가 형성된) / Responsible(책임 있는, 신뢰할 수 있는) / Integrity(진실성, 정직, 도덕성) / Mind(마음, 정신, 관심) / Transparency(투명성, 명확한), etc,.

이외에도 다른 의미의 다양한 브랜드 방향성이 존재한다. 일부 브랜드 아이덴티티는 전체 맥락에 따라 전달하려는 뉘앙스가 다를 수 있기 때문에 중복적으로 표기한 부분도 있다.

브랜드 아이덴티티를 결정한 이후

브랜드 아이덴티티를 꼭 하나만 선택해야 하는 것은 아니다. 확장성을 염두에 두고 약 3~4개의 브랜드 핵심 가치를 선택하기도 한다. 핵심 가치로 3~4개의 브랜드 아이덴티티를 결정하고 나면, 이것을 토대로 ① 3개의 핵심 가치를 아우를 수 있는 포괄적이면서 정수가 되는 브랜드 에센스를 만들기도 한다. 또는 대표적인 브랜드 아이덴티티를 결정하고 남은 두 개의 핵심 가치를 상호 보완의 관점에서 사용하는 것으로 하기도 한다.

② 별도의 브랜드 에센스를 만들지 않고 3~4개의 브랜드 아이덴티티를 최종적인 방향성으로 결정하기도 한다. 3개의 브랜드 핵심 가치를 선정하고 이 틀 안에서 브랜드를 운용하는 방식이다.

③ 브랜드 아이덴티티를 수립하고 나면 대내외 커뮤니케이션 전략의 방향성도 정해진다. 당신이 만든 방향성을 기반으로 슬로건, 카피, 커뮤니케이션 메시지 등을 개발한다. 하지만 3~4개의 브랜드 방향성으로는 구체적인 실행 전략을 수립하거나 내부적으로 전파하는 것이 어려울 수 있다. 그래서 브랜드 아이덴티티의 명확성을 강화하기 위해 브랜드 플랫폼 작업이 필요하다. 20장에서 브랜드 플랫폼으로 브랜드 아이덴티티를 체계화하는 방법을 알아보자.

모듈 12.
브랜드 플랫폼(Brand Platform)

브랜딩은 내부의 이해에서 출발합니다

　브랜드 아이덴티티를 수립하고 나면 최종 결과물을 직원들에게 공유하고 내재화해야 하는 숙제가 남는다. 당신이 핵심 가치로 'Professional(전문성을 가진)', 'Thoughtful(사려 깊은)', 'Advanced(남보다 앞선)'로 선택하고 최종 브랜드 에센스로 'A Warm Hearted Expert(마음이 따뜻한 전문가)'로 결정했다고 가정해 보자.

　전체 과정을 진행하거나 참여한 당신과 팀원들은 쉽게 이해할 수 있지만, 그렇지 않은 직원들은 바로 이해하기 어렵고 공감하기가 쉽지 않을 수 있다. 또 내외부 PR을 담당하는 부서나 커뮤니케이션 팀은 이것을 어떻게 대외 커뮤니케이션에 적용해야 하는지 막막할 수도 있다.

　그래서 기업 내 커뮤니케이션 일관성을 높이고 브랜드를 이해할 수 있도록 브랜드 플랫폼이나 브랜드북 등의 프로토콜을 만들어야 한다. 전사가 동일한 방향성과 목소리를 내어 커뮤니케이션의 자원 효율성을 끌어올리기 위한 전략이다.

브랜드 플랫폼은 명확한 정의에서 나옵니다

브랜드 플랫폼에 들어가는 요소는 다양하다. 조직의 목적과 필요에 따라 다양한 스타일로 구성할 수 있다. 다만 브랜드 플랫폼 요소를 명확하게 이해하고 사용하는 것이 필요하다.

예전에 글로벌 리서치 회사에서 만든 브랜드 플랫폼을 본 적이 있다. 플랫폼 내에 적용된 POP(Point of Parity), POD(Point of Difference), POS(Point of Supplement) 의미가 잘못 적용된 것이 눈에 띄었다. 리서치 회사와의 미팅에서 POD, POP, POS의 내부적 정의와 도출한 방법을 물었으나 명확한 답은 없었다. 하지만 클라이언트와의 상황을 고려해 볼 때 '말하기 힘든 상황이 있었겠다.'라고 짐작할 수 있었다. 리서치 회사의 특성상 분석 범위를 소비자 조사 분석에 둘 수밖에 없는 제한적 상황, 그럼에도 클라이언트의 요청이 있었기 때문에 해야만 했던 결과로 보였다.

그럼에도 '플랫폼 내에 들어가는 의미는 명확히 이해하거나 내부에서 약속한 정의에 따라야 했는데…'라는 아쉬움이 남았다. 과업의 시작은 정의에서 출발한다. 정의가 틀리면 결과도 틀릴 가능성이 높다. 시작이 늦어도 똑바로 출발하면 나중에는 바른 결과물을 가져올 수 있고 이해의 오차도 줄일 수 있다. 앞에서도 늘 강조해 온 말이다.

이번 장에서는 브랜드 플랫폼에 들어가는 요소들을 정리했다. 브랜드 개념의 정의가 학자마다 다르게 사용되고 있어, 모두의 이해가 일치하는 브랜드 전략의 설명이 불가능하다. 이는 학술 연구에서도 지적되는 점이다. 따라서 당신 내부적으로 정의하는 것과 약속된 규정이 있다면 그것에 맞게 사용하는 것을 추천한다.

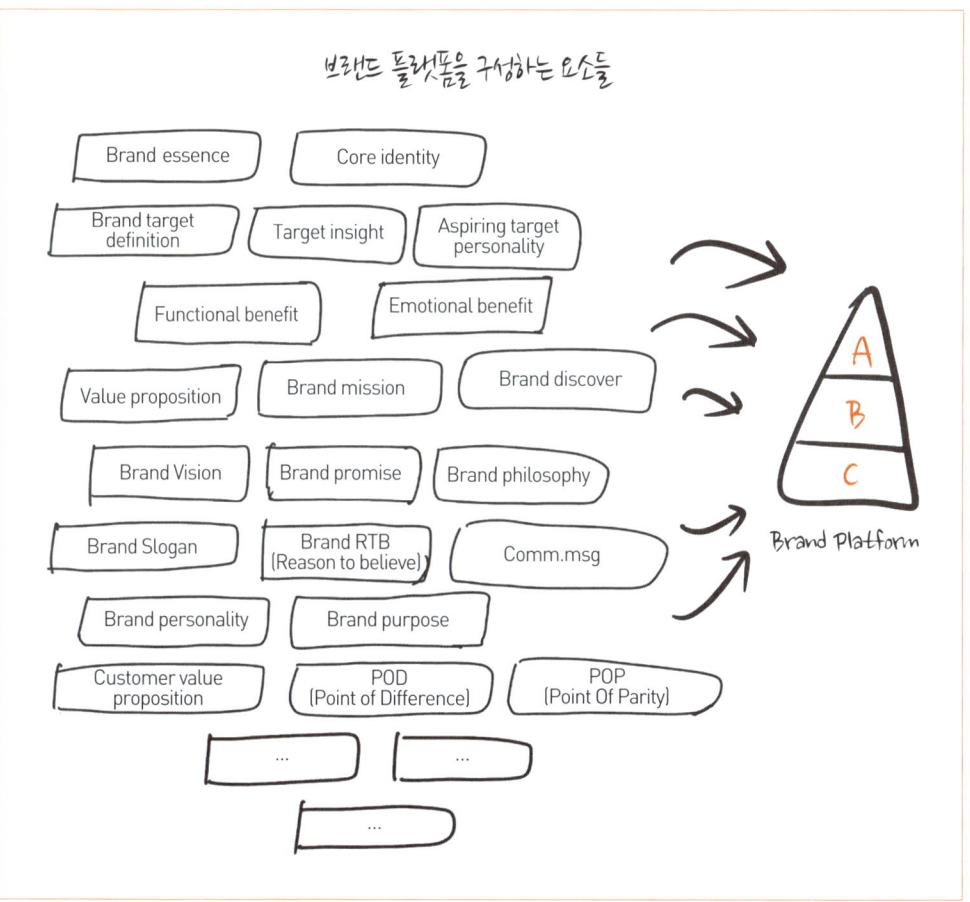

[그림 20-1] 브랜드 플랫폼을 구성하는 요소들

다음은 지난 20여 년간 많은 브랜드 컨설턴트들과 논의하면서 내부적으로 결정하고 사용해 온 약속과 개념을 토대로 정리한 것이다. 플랫폼 요소 중에 당신의 생각과 다른 것이 있다면 당신이 생각한 정의를 사용해도 무방하다. 중요한 건 명확한 의미를 규정하고, 그에 맞는 내용을 담는 것이다.

브랜드 방향성이자 정의는 브랜드 플랫폼의 가장 핵심적인 요소이다. 당신의 브랜드가 존재하는 이유, 브랜드 지향점, 고객과의 약속을 명확하게 표현하도록 한다.

- **브랜드 플랫폼 1: 목적과 방향성을 표현하는 구성 요소**
  - Brand Mission: 브랜드가 존재하는 이유, 대상이 기업일 때 적용하는 개념
  - Brand Vision: 브랜드가 달성하고자 하는 중장기적 목표, 대상이 기업일 때 적용하는 개념
  - Brand Essence: 브랜드가 지향하는 최종 목표, 방향성. 고객에게 각인시키고 싶은 가장 중요한 가치
  - Brand Values: 브랜딩 결정의 판단 기준, 브랜드의 중요한 가치
  - Brand Purpose: 브랜드가 추구하는 목표, 브랜드 에센스의 다른 표현
  - Brand Philosophy: 브랜드가 가진 신념과 철학
  - Brand Motto: 브랜드가 가져야 할 신념, 행동지침
  - Emotional Benefit: 브랜드가 고객에게 감정적으로 전달하는 효익
  - Functional Benefit: 브랜드가 고객에게 기능적으로 전달하는 효익
  - Brand Statement: 브랜드가 고객에게 전달하는 가치를 담은 선언문

- Brand Positioning Statement: 브랜드가 고객에게 전달하는 가치의 문장화
- Value Proposition Statement: 브랜드가 고객에게 어떤 문제를 해결하고 어떤 가치를 제공하는가의 문장화

부서 간 커뮤니케이션 효율성을 위해서 커뮤니케이션 요소를 브랜드 플랫폼에 넣기도 한다. 대외 커뮤니케이션 항목들을 추가하여 브랜드 방향성과 PR, 프로모션, 광고 등 전략과 실행의 일관성을 유기적으로 연결할 수 있다.

- **브랜드 플랫폼 2: 커뮤니케이션 가이드 구성 요소**
  - Brand Concept: 브랜드가 고객에게 전달하는 정체성
  - Brand Core Idea: 고객에게 전달하는 브랜드의 본질 가치와 정체성
  - Brand Personality: 브랜드를 사람으로 표현했을 때 갖는 사람다운 특성
  - Brand People: 브랜드 퍼스털리티(Personality)의 다른 표현
  - Brand Community: 브랜드에 대한 관심을 갖고 교류하는 집단
  - Brand Culture: 브랜드의 가치가 반영된 문화적 정체성
  - Brand Tone & Manner: 일관성 유지를 위한 버벌(Verbal), 비주얼(Visual)의 표현 방식
  - Communication Key Message: 브랜드의 에센스 혹은 핵심 가치를 소비자의 언어로 간결하고 명확하게 표현한 핵심 문구
  - Communication Pillar: 브랜드 커뮤니케이션 가치 혹은 커뮤니케이션 메시지의 핵심 구성 요소

- Communication Proof Point: 핵심 메시지를 뒷받침하는 근거
- Communication Look & Feel: 커뮤니케이션의 표현 방식

브랜드 플랫폼에는 필요에 따라 전략적 접근 방법이나 요소도 포함할 수 있다. 내부의 전사원이 이해하는 데 도움이 된다고 판단되면 얼마든지 활용할 수 있다.

• **브랜드 플랫폼 3: 브랜드 접근 전략 요소**
- RTB (Reason to Believe): 브랜드를 신뢰하고 믿게 하는 근거
- POS (Point of Supplements): 브랜드가 향후 보완할 가치
- POP (Point of Parity): 시장에서 공통적으로 제공하는 보편적 가치
- POD (Point of Difference): 경쟁 브랜드와 차별화되는 가치

브랜드가 B2C 제품이나 서비스라면 당신이 생각하는 핵심 타깃이 누구인지를 명시하여 고객 지향적인 공격적인 마케팅이 될 수 있도록 한다.

• **브랜드 플랫폼 4: 소비자, 목표 타깃 요소**
- Brand Target: 브랜드가 집중하는 핵심 타깃
- Target Audience: 브랜드 커뮤니케이션의 대상, 범위
- Target Insight: 타깃의 심층적 욕구와 동기
- Customer Experience: 고객이 브랜드와 상호 작용하는 모든 순간의 경험

브랜드의 본질적인 가치를 소비자의 언어로 표현한 크레이티브 결과물이 있다면, 브랜드 핵심 가치나 에센스를 소비자가 더 쉽게 이해할 수 있게 된다.

- 브랜드 플랫폼 5: 크레이티브(Creative) 요소
  - Brand Slogan: 브랜드 핵심 가치, 약속, 정체성을 강렬한 문구로 표현
  - Brand Story: 브랜드 가치, 미션, 약속 등 브랜드가 가진 이야기, 내러티브(Narrative)

브랜드 플랫폼의 세 가지 작성 기준

브랜드 플랫폼을 만들 때 고려해야 하는 원칙은 Clarity(명확성), Concise(간결성), Redundancy(중복성 배제)이다. 플랫폼 안에서 미사여구 등 불필요한 말은 최대한 걷어 내고, 가급적 간결하고 명확하게 표현한다. 정확한 전달을 위해 내용이 더 필요하다면 플랫폼 요소를 추가하여 의미를 보태도록 한다. 하지만 내용이 중복되지 않도록 꼭 필요한 요소로만 구성하도록 한다.

플랫폼 내 표현들이 딱딱하게 보일 때가 있다. 표현적인 측면에서 창의적이고 신선한 표현들로 개발하고 싶어 한다. 그럴 때 화려하고 불필요한 수식어가 나올 수 있다. 명확한 전달을 위해서는 직관적이고 확실한 표현이 더 좋다.

예를 들어 '고객에게 당신의 삶을 풍요롭게 하는 가치를 제공한다'라

든지, '우리만의 솔루션으로 고객의 삶을 아름답게 만든다'에서 '가치'와 '우리만의 솔루션'이 정확하게 무엇을 말하는지 알 수 없다. 또한 '풍요롭게 만든다', '아름답게 만든다'와 같이 모호하거나 중의적인 표현보다는 명확하게 그 의미를 드러내야 한다. 그렇지 않으면 당신이 제공하는 것이 무엇인지를 다시 정의해야 하는 일이 또 발생할 수 있다.

브랜드 플랫폼을 만들 때 고객이 이해하기 쉬운 언어로도 생각해 보자. 공급자 관점이 아닌 소비자가 경험하고, 얻을 수 있는 가치 등을 담은 효익으로 표현해 보는 것이다. 그리고 하나의 단어에 다양한 연상이 파생될 수 있는 표현은 가급적 배제해야 한다. 개인의 경험과 이해에 따라서 의미가 왜곡되거나 다르게 받아들이는 경우도 종종 나타나기 때문이다. 이는 사람들마다 성장 배경, 교육 수준 등이 다른 데서 기인한다.

예전에 팀별 논의를 하다가 '뮤즈(Muse)'라는 표현에 대해 연령대별로 다른 이미지를 갖고 있다는 사실을 알게 된 적이 있다. 20~30대 여성은 '새로운 영감을 주는'과 같이 긍정적인 의미로 받아들이지만, 50~60대 남성들은 '술집'을 연상하는 것으로 나타났다. 어쩌면 내가 아는 분들이 술을 좋아해서일 수도 있다. 중요한 것은 다양한 연상이 생겨나서 전달의 명확성을 해치는 표현은 사용하지 않는 것이 좋다.

브랜드 플랫폼 구성 요소의 변화

2014년의 브랜드 플랫폼은 다양한 요소들로 가득 차 있었다. 실제 사용하지도 않는 브랜드 요소들로 채워진 브랜드 플랫폼이 많았다. 2018

년 이후로 브랜드 플랫폼은 간결해지고, 꼭 필요한 요소들로만 구성하여 변해 가는 추세다. 이제는 많은 실무진들이 중요한 내용만 담아서 명확하게 표현하는 것이 이해하기도 쉽고 내부에 전달하기도 용이해서 효율적이라고 생각하고 있다.

명확성에 기반한 간결함은 매우 중요하다. 예전이나 지금도 그 생각은 변함이 없다. 그럼에도 불구하고 많은 내용들을 담기 원하는 요구도 여전히 있다. 불필요한 내용과 미사여구, 심지어는 미션과 비전, 브랜드 에센스, 가치 등의 정의도 정확하게 이해하지 못한 채 말이다.

다음은 브랜드 대상에 따라 필요한 요소로 구성된 플랫폼 예시들이다. 물론 정답은 없다. 당신과 팀원들은 필요로 하는 요소들을 함께 논의하여 만들면 된다. 내가 속한 조직이나 외부 컨설팅을 진행할 때 나는 두 번째 플랫폼을 주로 사용했다. 브랜드 플랫폼 작성 시 나의 원칙은 간결성과 명확성이다. 그래야 내부적으로 전달하는 데 왜곡과 어려움이 없다. 전략은 효율성에 기반한 목적 달성이 최우선이다.

Brand Platform. A (브랜드 마스터)	Brand Platform. B (브랜드 마스터, 기업)	Brand Platform. C (기업)
Brand Essence	Brand Essence	Brand Mission
Core Identity	Brand Value	Brand Vision
Emotional benefit / Functional benefit	Brand positioning statement (Brand value statement)	Brand Value
Brand Personality		
Brand Value Proposition	Brand Slogan	Brand Value Proposition

[그림 20-2] 브랜드 플랫폼 예시 1

A는 마스터 브랜드에 적합한 브랜드 플랫폼으로 소비재 기업이나 제품, 서비스에 잘 맞는다. 내부의 판단 기준인 핵심 가치(Core Identity)와 외부 고객에게 전달하는 가치(Emotional Benefit, Functional Benefit)를 구분하여 대외 브랜딩, 내부 브랜딩 적용이 모두 용이하다. B는 기업 혹은 마스터 브랜드에 적용이 가능하며 가장 필요한 요소로 구성된 간결한 브랜드 플랫폼이다. 브랜드 지향점에서 시작하여 최종적으로 소비자 가치를 담은 슬로건으로 구성되었다. C는 미션, 비전, 핵심 가치를 중심으로 기업 대상으로 사용하기 적합한 브랜드 플랫폼이다.

Brand Platform. D (브랜드 마스터, 개별브랜드)	Brand Platform. E (브랜드 마스터, 개별브랜드)	Brand Platform. F (개별브랜드)
Brand Slogan (Brand Concept)	Brand Concept	Brand Target
Key Brand benefit	Brand Value	Brand Value
Brand Value Proposition	Brand Concept Statement	Brand Value Proposition
Brand Personality	Brand Slogan	Brand Slogan

[그림 20-3] 브랜드 플랫폼 예시 2

D, E, F는 모두 개별브랜드 플랫폼으로 사용하는 데 적합하다. 특히 D는 브랜드 컨셉과 슬로건을 동일하게 적용하여 대내외 커뮤니케이션 일관성을 유지하는 데 효과적일 수 있다. E, F 모두 소비재 상품이나 서비스로 대외 커뮤니케이션 활용에 적합하다. F는 타깃 정의를 서두에

명시함으로써 타깃에게 전달하려는 효익이 무엇이고 슬로건으로 어떻게 전달하는지에 대한 맥락적 이해가 용이하다.

　브랜드 플랫폼에 너무 많은 것을 담으려 하지 말자. 가장 필요한 것만 문서화하고 전사 멤버들과 공유하자. 브랜드 미션 하나만 있더라도 그 목적을 다 함께 이해한다면 그것 하나로도 충분하다고 본다. 중요한 것은 조직 내에 있는 모든 사람들이 브랜드가 정의하는 방향성을 공감하고 함께 바라봐야 한다는 점이다.

21

브랜드 플랫폼 사례들

다양한 기업, 제품, 서비스 등의 브랜드를 분석, 연구하다 보면 멋진 브랜드 플랫폼들을 만나게 된다. 이번 장에서는 2006년부터 지금까지 봐 온 브랜드 중에 개인적으로 인상 깊었던 브랜드 플랫폼을 소개하고자 한다. 시장에서 경쟁사들과 차별화를 갖고 동시에 가장 나다운 브랜드를 표현한 브랜드 플랫폼들을 정리했다. 브랜드의 명확한 방향성을 만들기 위해 얼마나 많은 시간을 투입하고 고민했는지 그들만의 인고의 과정이 느껴지는 브랜드 플랫폼들이다.

니켄세케이, 3,000명 전 사원이 만든 브랜드 비전

니켄세케이는 아시아 1위, 글로벌 4위의 건축디자인 기업이다. 규모와 명성보다 브랜딩을 접근하는 시도와 도전이 인상적이다. 세상에 없는 니켄다움을 만들기 위해 브랜드를 수립하는 데 CEO부터 전 사원이 함께 참여했다. 이러한 시도는 회장의 명확한 신념과 철학에서 나온다. 회사에서 말하는 메시지와 말 한마디 한마디가 브랜딩의 핵심을 뚫고 있다.

> "사훈 같은 것을 새롭게 만들었다 해도 아무도 사이트에 보러 오지 않는다."

야마나시 회장의 이 말 한마디가 바로 브랜딩 시작의 본질이다. 가장 멋있는 말을 만들어 내기보다는 3,000여 명이 함께 참여하고 공감하는 회사의 비전을 만들었다. 다소 투박하더라도 직원들이 작성한 의미와 방향성을 담았다. 5년마다 지속적으로 업데이트하면서 한 발씩 그들의 방향을 향해 수정하고 전진한다. 니켄의 정신이 담긴 브랜드 비전이었다.

2024년, 5월 니켄 세케이가 말하고 있는 브랜드 비전은 다음과 같다.

"니켄 세케이 그룹의 비전은 다음과 같습니다.
우리가 만드는 물리적 환경은 사람들의 기억과 감정적 반응을 불러일으켜, 이들을 자연스럽게 공간으로 이끕니다. 우리는 독특하고 공간적인 경험을 제공하는 것을 목표로 하며, 도시의 아름다운 스카이라인, 마음을 끌어올리는 디자인, 일상 속 자연의 새로움 등 오감을 자극하는 요소들을 안전과 안심이라는 포근한 환경 속에 담아냅니다.
우리가 만드는 물리적 환경은 사람들의 기억과 감정적 반응을 불러일으켜,

아시아 No.1 니켄세케이는 전사 공감대를 극대화하기 위해 전 직원의 참여를 통한 위에서 시작하는 Bottom Up 방식으로 니켄다움을 수립함

> "사람 같은 것을 사람에게 만들었잖아 해도 아무도 사랑받지 못하지 않는다."
> ― 야마나시 회장

1. 모두가 참여하는 과정에 의미를 둠
2. 초안을 기반으로 논의를 통해 현장 더 독창적인 브랜드 비전을 완성함

> "
> 니켄 그룹은 클라이언트의 생각을 실현하기 위한 다양한 기술과 지식을 가진 전문가 집단이다.
>
> 우리는 고객의 요구를 깊이 통찰하고 사회 변화에 앞서 행동한다. 프로페셔널 자유로운 발상과 기술을 합쳐 한층 더 높은 목표에 도전하고 기대를 넘어서 가치 있는 사회환경을 창조한다.
>
> 120년 이상의 경험과 실적을 바탕으로 클라이언트와 함께 사회 환경 디자인 첨단을 개척, 풍부한 체험을 사회와 사람들에게 전달한다.
> "

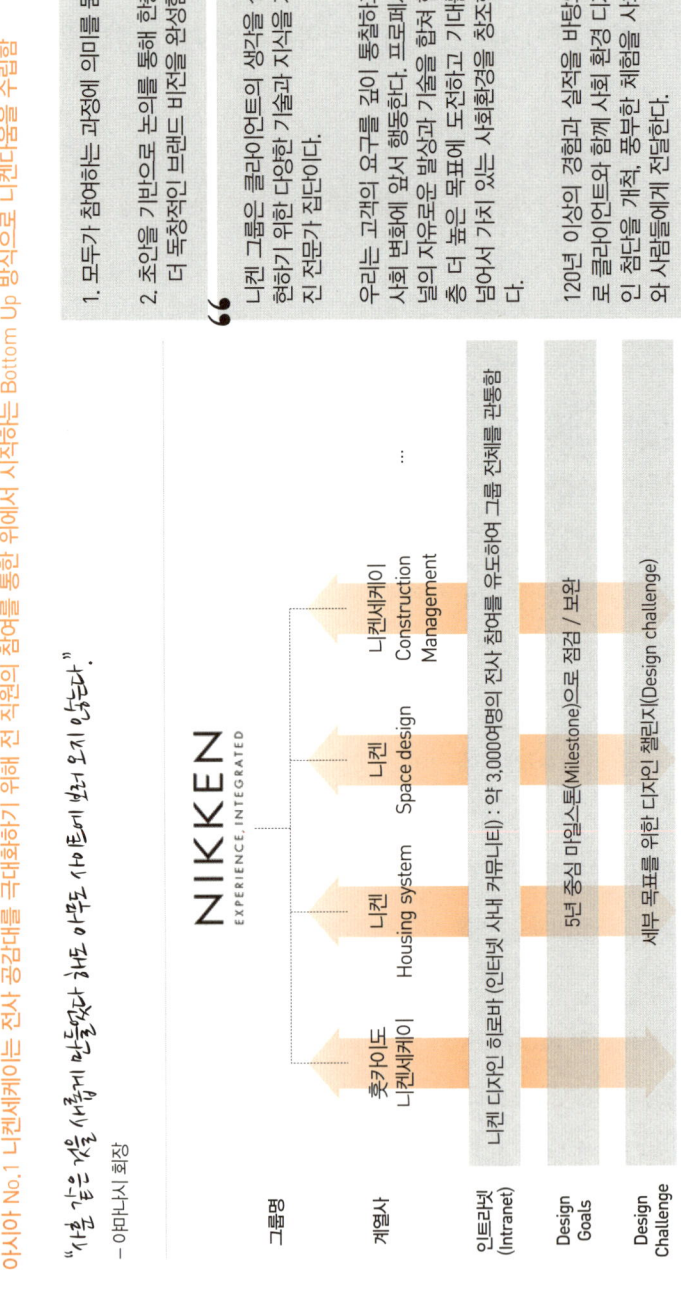

[그림 21-1] 니켄 세케이의 브랜드 비전 수립 과정

자연스럽게 공간으로 초대합니다. 115년이 넘는 시간 동안 우리는 고객과 긴밀히 협력하며, 그들의 니즈를 깊이 이해하고 사람들이 어떻게 상호 작용하고, 생활하며, 일하는지를 면밀하게 고민해 왔습니다.

건축가, 엔지니어, 플래너, 디자이너들의 전문성을 결합함으로써 우리는 새로운 경험적 가치를 창출하는 지속 가능한 공간을 만들어 냅니다. 앞으로도 우리는 그동안 쌓아 온 성과를 바탕으로, 앞으로도 여러 세대에 걸쳐 전에 없던 기쁨을 선사할 것입니다."

어웨이, 여행 그 자체가 된 가방 브랜드

어웨이(Away)는 여행 가방, 기내 캐리어, 가방 액세서리 등을 판매하는 브랜드이다. 전문 캐리어 브랜드로 리모아, 샘소나이트 등이 있지만 어웨이가 가진 브랜드 에센스는 '여행을 더 여행답게'이다. 여행 캐리어의 존재 이유를 '여행' 그 자체에 맞추었다. 여행 가방 브랜드 중에서 '여행'에 목적을 둔 가방이 또 있을까? 어웨이는 그들의 본질을 '가방'이 아닌 '여행'에 둠으로써 가방을 넘어선 이야기를 하고 있다.

여행 중에 캐리어 바퀴가 고장 나거나 가방이 파손되는 경험을 누구나 한 번씩은 갖고 있지 않은가? 어웨이는 가방의 소재, 가장 많이 고장 나는 바퀴, 손잡이의 내구성에 가장 힘을 기울여 여행을 떠나는 순간부터 돌아올 때까지 가방의 모든 기능과 감성을 '여행 경험을 더 여행답게 만드는 의지'로 풀어냈다. 그렇게 함으로써 소비자는 어웨이를 단순한 패션 아이템에 두지 않고 여행의 동반자로 소중하게 여긴다.

어웨이가 말하는 브랜드 핵심 가치는 '매끄러운 여행(Journey's Seamless)', '여행자의 경험(Traveler's Experience)', '사려 깊은 디테일(Thoughtful Detail)'이다. 여행이 인생을 풍부하게 만든다는 믿음에서 소비자에게 더 자주 여행하고, 즐거운 여행 경험을 제공하는 것을 사명으로 감성과 실용성을 동시에 만족시키는 제품을 만드는 데 주력하고 있다.

이렇게 완성된 브랜드 플랫폼을 보면, 어웨이가 추구하는 가치가 어떤 것인지 소비자에게 전달하는 가치가 무엇인지가 명확하게 보인다.

> **Brand Essence :**
> 여행을 더 여행답게
>
> **Brand Value :**
> '매끄러운 여행(Journey's Seamless)'. '여행자의 경험(Traveler's experience)',
> '사려 깊은 디테일(thoughtful detail)'
>
> **Brand value statement :**
> We believe the more we travel, the better we all become.
> (여행할수록 더 나은 우리가 되는)
>
> **Brand Slogan:**
> Built for modern travel

[그림 21-2] 어웨이 브랜드 플랫폼

에어비앤비, 업(業)이 보이는 크리에이티브

　에어비앤비는 모두가 잘 알고 있는 브랜드인 만큼 브랜드 아이덴티티를 만드는 게 결코 쉽지 않았을 것이다. 그렇기 때문에 나는 에어비앤비를 성공적으로 리브랜딩을 한 기업 중의 하나라고 생각한다.

　2014년에 영국의 디자인 스튜디오가 에어비앤비의 리브랜딩 작업을 했다. 지금의 결과물을 만들어 내기 위해 수십여 개국을 방문하고, 직접 발로 뛰면서 영감을 얻어 냈다고 한다. '여행자가 현지인처럼 살아 보고 새로운 환경에서도 집처럼 편안함을 제공하는' 가치 제안은 에어비앤비다운 업의 특성을 명확하게 보여 주고 있다. 브랜드 방향성에 업의 정의나 의미가 담겨 있으면 브랜딩의 모든 활동이 또렷해진다.

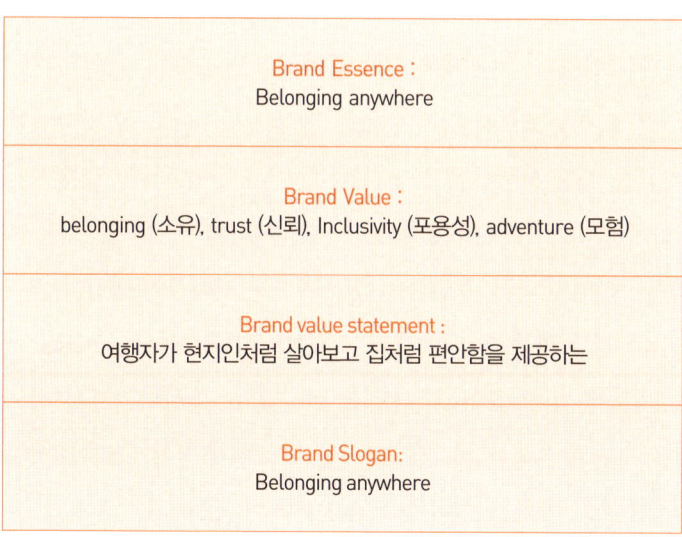

[그림 21-3] 에어비앤비 브랜드 플랫폼

에어비앤비의 브랜드 에센스인 'Belong Anywhere'는 심플하면서도 명확한 비즈니스의 의미를 담고 있다. 'Belong'의 가치를 강화하고자 벨로(Belo) 심볼을 만들어 소속감(Belonging)의 의미를 부여한 것도 일체감 있는 문화를 만드는 데 중요한 요소로 작용했다. 브랜드 가치는 '소속감(Belonging)', '신뢰(Trust)', '포용성(Inclusivity)', '모험과 탐험(Adventure)'으로 브랜드 에센스와 가치가 플랫폼 안에서 의미적 균형을 잘 이루고 있다.

에델만, 전문성이 빛나는 브랜드 에센스

에델만은 국내에서는 글로벌 PR 회사로 알려져 있다. 2017년 회사 홈페이지에 우연히 방문했다가 에델만의 브랜드 에센스를 보자마자 바로 멋진 회사라는 생각이 들었다. 그 당시 에델만의 브랜드 에센스는 Curiosity(호기심)이었다. 문제의 본질에 끊임없이 탐구하고, 파악하려는 자세와 태도가 컨설턴트로서 가져야 하는 자질과 너무나도 잘 맞아떨어진다. 호기심을 가진 사람들을 보면 항상 눈에서 빛이 난다. 열정적인 태도와 집념이 강하게 뭉쳐진 삶의 태도이다. 이러한 마인드를 가진 지성 집단 그룹이라면 남다른 솔루션을 만들 거라는 기대감이 생긴다.

2025년 얼마 전에 확인해 보니 브랜드 가치는 'The Relentless Pursuit of Excellence(탁월함을 위한 끝없는 노력)'로 변경됐다. 파트너사로서 최고의 솔루션을 전달해야 하는 가치로 '탁월함을 위한 끝없는 노력'도 적합하지만, '호기심'이 던지는 의미가 여유로움과 멋스러움 면에서 더 돋보인다고 생각한다. 이처럼 에델만은 커뮤니케이션 에이전시로서 가장 인상 깊은 브랜드 에센스를 가진 브랜드였다.

마녀공장, 마녀다움이 잘 나타난 브랜드 플랫폼

25년에 진행한 프로젝트 중에서 가장 인상 깊었던 브랜드 플랫폼 개발은 마녀공장이다. 클렌징 폼으로 유명한 마녀공장은 스킨케어, 토너 등 기초화장품에서도 다양한 브랜드를 갖고 있는 한국의 대표 인디 브랜드이다.

마녀공장의 브랜드 방향성은 'Wonder Made Easy'(경이로움으로 뷰티 라이프를 쉽게 해 주는 브랜드)다. 브랜드 플랫폼은 마녀공장다운 '진

Brand Essence :
Wonder made easy

Brand Value :
Committed (진정성있는), Magical (놀라운 효능), Easy (쉬운)

Brand value statement :
독보적인 마녀만의 포뮬러로
놀랍고 감각적인 피부경험을 제공하는 코스메틱 브랜드

Brand Personality:
Wonder maker

[그림 21-4] 마녀공장 브랜드 플랫폼

정성'과 '마녀'의 의미를 독창적으로 표현하도록 구성되어 있다. 마녀를 '원더(Wonder)'로 정의하여 마녀가 주는 유니크의 의미를 현실감 있게 잡아 준다. 또 고객에게 줄 수 있는 효익을 'Easy(쉬운)' 안에 담으며 내부 구성원들이 고객을 위해 가져야 할 마인드와 일의 태도를 동시에 전달하고 있다.

넷플릭스, 기업문화를 주도하는 브랜드 가치

넷플릭스는 사람들의 많은 관심을 받는 브랜드 중의 하나이다. 넷플릭스는 브랜드의 지향점인 'Excellence(탁월함)'을 달성하기 위해 컬처 덱(Culture Deck)을 만들고 강력한 내부 브랜딩(Internal Branding)을 구축한 점에서 의미가 있다. 넷플릭스는 조직문화의 키(Key)를 'Stunning Colleagues(훌륭한 동료)'에 두었다. 넷플릭스의 성장 비밀을 담은 리드 헤이스팅스의 '규칙 없음'에 따르면 넷플릭스는 아래의 9가지 핵심 가치를 체화한 사람들을 고용하고 승진시킨다. 이것은 기업의 가치이며 동시에 팀문화를 이끄는 핵심 가치이기도 하다.

- 이타심(Selflessness) : 최고의 아이디어를 위해 겸손하고, 넷플릭스 전체의 이익을 생각하며, 동료 성공을 돕는다.
- 판단력(Judgment) : 단기 해결책보다 장기적 성과를 추구하며, 불확실 속에도 현명하게 결정한다.
- 소통(Communication) : 빠른 소통보다는 경청과 정확성을 중시한다.

- 솔직함(Candor): 피드백으로 실수도 공유, 배움을 나눈다.
- 창의성(Creativity): 새로운 아이디어를 환영하고, 집요하게 혁신한다.
- 용기(Courage): 진실을 위해 취약함을 드러내며 실패를 두려워하지 않는다.
- 영향(Impact): 뛰어난 퍼포먼스로 증명하며 동료들이 의지할 수 있도록 한다.
- 호기심(Curiosity): 빠르게 배우고, 열린 마음으로 다양한 아이디어를 받아들인다.
- 열정(Passion): 뛰어남에 대한 갈증으로, 힘든 도전을 기꺼이 받아들인다.

위의 가치를 유지하기 위해 키퍼테스트(Keeper Test)를 진행하여 인재를 지속적으로 관리한다. 키퍼테스트는 아래와 같다.

"넷플릭스 사람들 중 누군가 나에게 두 달 안에 동종업계의 비슷한 직군으로 이직하겠다고 말한다면, 나는 그를 우리 회사에 머물게 하도록 애쓸 것인가?"의 대답에 "네"라고 한다면 그를 남게 한다.

만약 "아니오"라는 답이 나온다면 그 역할의 스타가 올 수 있도록 그 자리를 마련한다.

'사람이 절차보다 우선(People over Process)'처럼 규정 준수보다는 자유와 책임을 주고 인재 밀도(Talent Density)를 유지하겠다는 정신에서, 최고의 인재로 시장에서 승리하겠다는 넷플릭스의 의지가 드러난다. 성공하기 위해 넷플릭스는 틀에 박힌 규칙이 아닌 최고의 인재가 책임감 있게 일할 수 있는 환경에 배팅한 셈이다.

PART 3

실무에 바로 사용 가능한 브랜드 수립 툴

생성형 AI로 브랜딩 여정 마무리하기

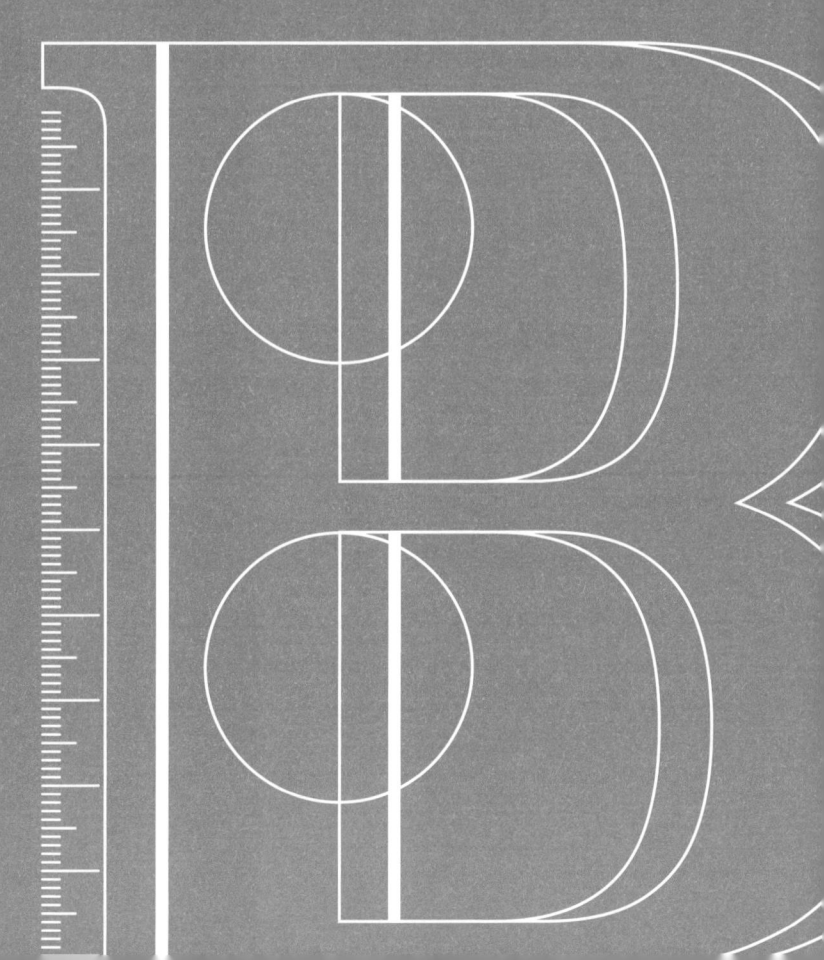

㉒

브랜드 수립을 위한 프레임워크

설득을 위한 표현의 기술

 브랜드 수립 초반부에는 논리적인 구조와 분석이 필요하며, 후반부로 갈수록 방향성에 대해 창의적인 표현이 요구된다. 동시에 지속적인 설득 과정이 수반되어야 하기 때문에 브랜드 수립 과정을 어떻게 보여 주는가도 매우 중요하다. 동일한 내용을 전달하더라도 표현 방법에 따라 동의를 얻을 수도 그렇지 못할 수도 있다.

 그런 측면에서 비주얼로 보여 주는 일은 또 다른 일의 영역이 될 수도 있다. 최근 원 페이지 보고서, PPT 문서 줄이기 등 보고를 위한 보고 문화를 없애기 위해 많은 노력들이 시행되고 있지만 여전히 형식적인 관행에서 벗어나지 못한 곳도 많다.

 프로젝트 시작부터 최종 결론까지 자료를 찾고 분석하고 논의하는 당신의 지난한 과정이 그려진다. 그런 당신에게 도움을 줄 수 있다면 표현의 수고로움을 덜어 주는 것도 하나의 방법이라 생각한다. 여러분이 조금이라도 수월하게 업무를 진행할 수 있도록 보고서에 활용 가능한 프레임워크를 넣었다.

개개인에 따라 보여 주는 방식이나 논리 전개를 다양하게 표현하기 때문에 당신이 생각한 것과 다를 수도 있다. 하지만 정형화된 틀을 사용하여 작업 시간을 줄일 수 있는 것만으로도 의미가 있다고 생각한다. 프레임워크는 사용하면서 업데이트되고, 지속적으로 발전시켜 나가야 할 부분이다. 그래서 새롭게 개발한 프레임워크는 www.joshnpartners.com에 지속적으로 업데이트할 예정이다.

프레임워크를 활용하는 방법은 프레임워크 이미지를 챗지피티나 퍼플렉시티와 같은 생성형 AI에 첨부 파일로 넣고 프레임에 맞게 분석을 요청하는 것이다. 당신의 브랜드 수립 업무에 조금이나마 도움이 되었으면 한다.

Framework : Project Definition

① 브랜드 관련 수립 프로젝트가 시작된 배경을 서술한다.
② 최종적으로 과업을 통해서 얻고자 하는 목적을 기술한다.
③ 목적 달성을 위해서 수행해야 할 과제들을 병기한다. 각 과제를 마쳤을 때 목적에 달성할 수 있는 결과물이 나오도록 구성한다.

1 프로젝트 배경

Ex) Josh partners는 신사업 서비스를 개발, 추진하고 있으며 향후 1년 내에 Grand Open을 예정하고 있음
Ex) 신규서비스 사업의 상품디자인, 커뮤니케이션 진행에 앞서 일관된 브랜드 전략이 요구되고 있음

2 프로젝트 목적

Ex) Josh partners는 신사업 서비스를 개발, 추진하고 있으며 향후 1년 내에 Grand Open을 예정하고 있음
Ex) 신규서비스 사업의 상품디자인, 커뮤니케이션 진행에 앞서 일관된 브랜드 전략이 요구되고 있음

3 주요 과제

Ex) 시장환경 기초분석

Ex) 기대가치 도출

Ex) 브랜드 시스템 구축 (브랜드 컨셉)

238　　　　　　　　　　　　　　　　　　　　　　　브랜드의 시작

Framework : Company history analysis

① [As was], [To be] 단계에 따라 회사의 발전 단계를 정리. 내부에서는 To-be로 무엇을 말하고 있는지 표기한다.
② Main business가 어떻게 변화하고 있는지를 정리해보면 업의 정의를 유추해볼 수 있다.
③ 마지막으로 지금까지 변하지 않고 쭉 끌고 강조해온 가치, 앞으로 중요하게 여기는 가치를 오른쪽에 정리함으로써 여러분의 회사가 현재 무엇을 강조하고 있는지를 유추해볼 수 있다.

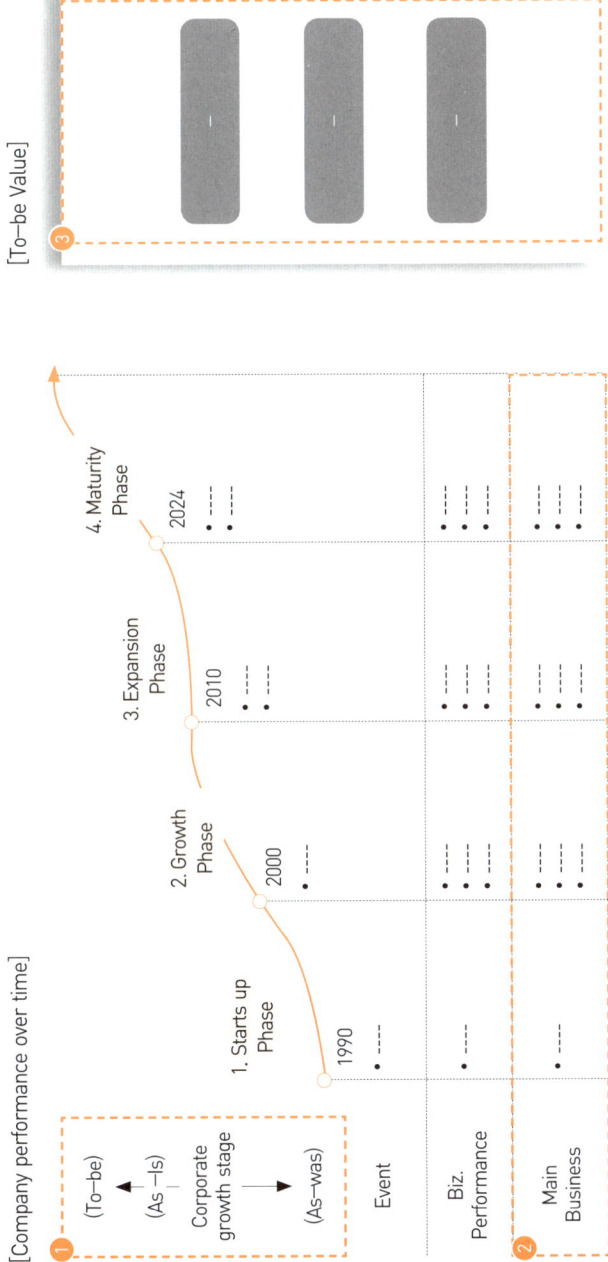

PART 3 — 실무에 바로 사용 가능한 브랜드 수립 툴

Framework : Leader group Interview

① CEO등 C레벨이 인터뷰를 할 수 있다면, 생각하고 있는 방향성에 대해 물어본다.
　① Key leader가 복수라면 각 그룹이 어떻게 생각하고 있는지를 확인하는 자리를 갖는다.
② 주요 결정권자들이 공통된 목소리를 Keyword 형식으로 정리한다.

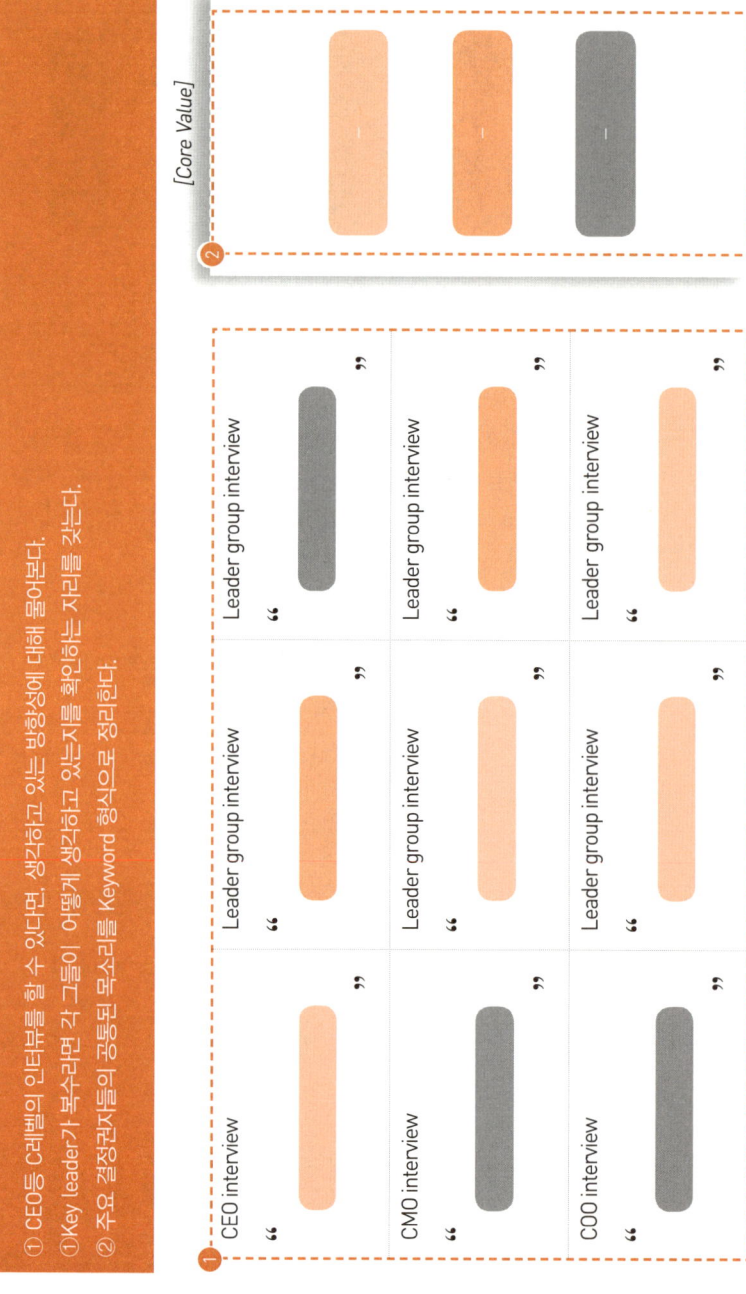

Framework : Company analysis

① 현재 자사분석을 통해서 브랜드 체계를 완성해본다.
② 기업브랜드, 제품브랜드를 구분하여 광고별로 말하는 메시지를 간략하게 정리한다.
③ 커뮤니케이션에서 소구하는 가치를 감성적, 기능적으로 분류해본다.

❶ [現 ○○○브랜드 체계]

Mission
Vision
Brand Essence
Core Value
Slogan

❸ [Brand Communication]

감성적 가치

기능적 가치

Value
Msg.

❷ 기업 브랜드

제품 브랜드

2013　2016　…　2016　2018　2019　2021　2023　2024

PART 3 ── 실무에 바로 사용 가능한 브랜드 수립 툴

Framework : Company Brand platform

① [Mission], [Vision], [Philosophy] 등 여러분이 기업이 말하고 있는 내용들이 있다면 각 해당란에 표기한다.
① 現 여러분 기업의 미래지향점 혹은 기업이 철학 등을 담은 내용으로 브랜드 방향성을 언급할 때 반드시 고려해야 할 키워드들이 된다.
② 공통적으로 중요하게 여겨지는 속성은 오른쪽 정리란에 Keyword를 넣는다.

[Core Value]

①		
Mission	Brand essence	Brand manifesto
Vision	Brand identity	Belief
Philosophy	Brand slogan	Brand principles
Brand purpose	Brand way	Credo

242   브랜드의 시작

Framework : Company analysis

① 유사한 이미지끼리 분류한다.
② 긍정, 부정, 중립으로 브랜드 이미지자산을 구분한다.
③ 브랜드 플랫폼 내에서 강조한 가치는 별도로 표기해서 소비자가 인지하고 있는지 체크한다.

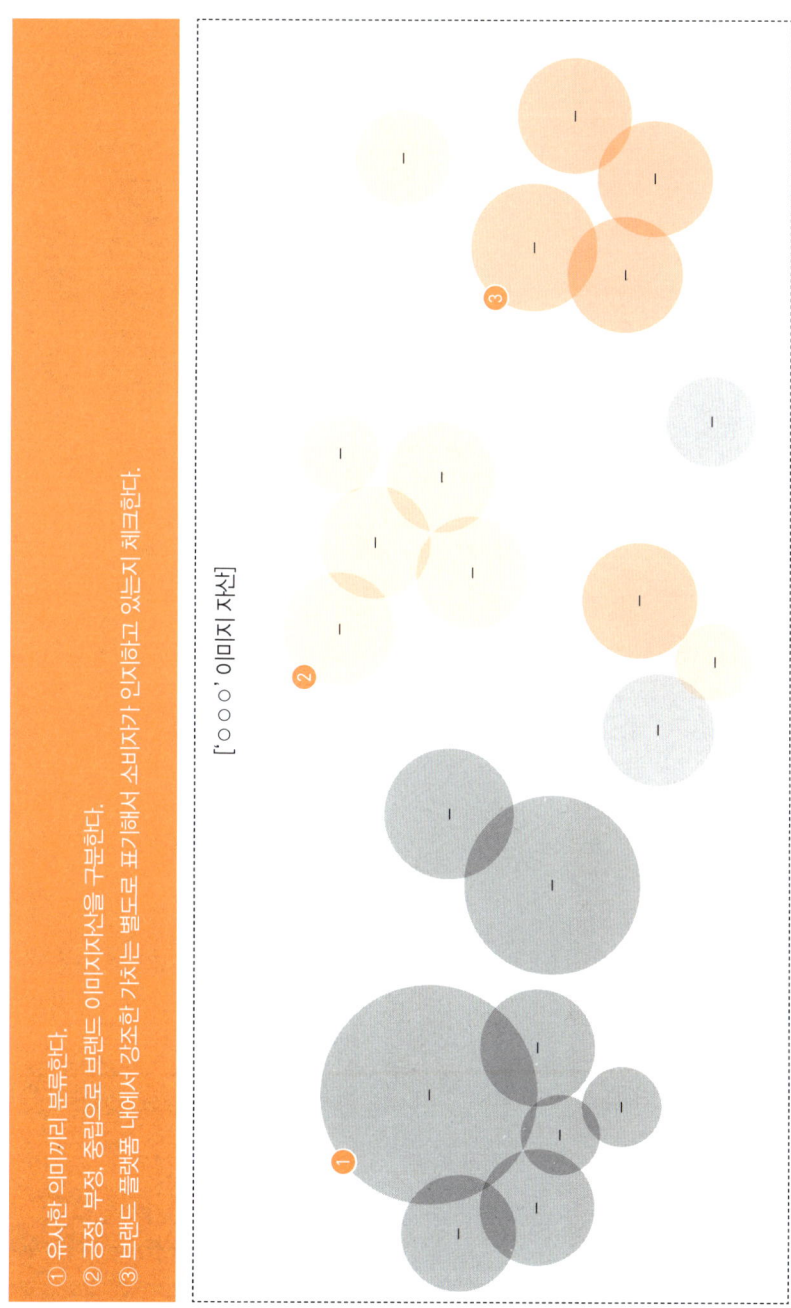

['ㅇㅇㅇ' 이미지 자산]

PART 3 —— 실무에 바로 사용 가능한 브랜드 수립 툴

Framework : Brand Diagnosis

① 기업이 지금까지 추구한 브랜드 방향성, 브랜드 아이덴티티, 핵심가치, 주요 키 메시지를 형용사 형태로 작성한다.
② 소비자 조사, 내부 직원들이 브랜드 이미지 조사 결과를 작성한다.
③ 강조한 방향성과 브랜드 이미지 중에서 중첩되는 부분은 여기에 넣는다.

Framework : Industry shift

① 기간, 성장에 따른 단계를 구분한다.
② PEST, STEEP 관점에서 각 시대별 특징과 이벤트를 표기한다. 경쟁사 관점에서 산업변화에 영향을 준 players를 표기한다.
③ 산업 시대 변화상 중요한 key value가 무엇인지 유추한다.

1G — 1996 1999 2003 2005 2007
2G — 2009 2011 2013 2014 2015 2016
3G — 2017 2018 2019 2021

①
② 산업 환경
③ 핵심 가치

PART 3 ── 실무에 바로 사용 가능한 브랜드 수립 툴　　245

Framework : Industry Static value

① 시대별, 단계별 구분을 한다.
② 단계별 특징을 작성한다.
③ 시간, 단계별로 관통하는 Static 가치가 무엇인지 발견하고 도출한다.

[Conclusion]

③ ① ② ③ ④

[To-Be]

① ② ③ ④

246　　　브랜드의 시작

Framework : Market trend analysis

① 시장의 주요 트렌드를 도출하고 핵심 키워드를 표기한다.
② 트렌드의 특징, 의미를 간략하게 정리한다.
③ 각 트렌드의 핵심 키워드를 뽑은 내용을 Key Value란에 하나씩 넣는다.

	트렌드 1	트렌드 2	트렌드 3	Key value
①	트렌드 핵심 키워드	트렌드 핵심 키워드	트렌드 핵심 키워드	
②	트렌드 주요 내용	트렌드 주요 내용	트렌드 주요 내용	

PART 3 —— 실무에 바로 사용 가능한 브랜드 수립 툴

Framework : Market Trend map

① 시장의 주요 제품 / 서비스를 넣는다. 자동차를 예로 들면 내연기관, 하이브리드, 전기차, 수소차 등이 차량이나 세단, SUV 등을 조사하여 넣는다.
② 단계별로 중요한 키 트렌드를 가치별로 넣는다.
③ 각 단계별로 도출한 트렌드를 유사한 트렌드와 연결한다. 새로운 트렌드가 나오면 새로운 트렌드와 연결한다. 최종적으로 새롭게 발견한 트렌드, 변화하는 트렌드, 지속 유지된 트렌드가 무엇인지 정리한다.

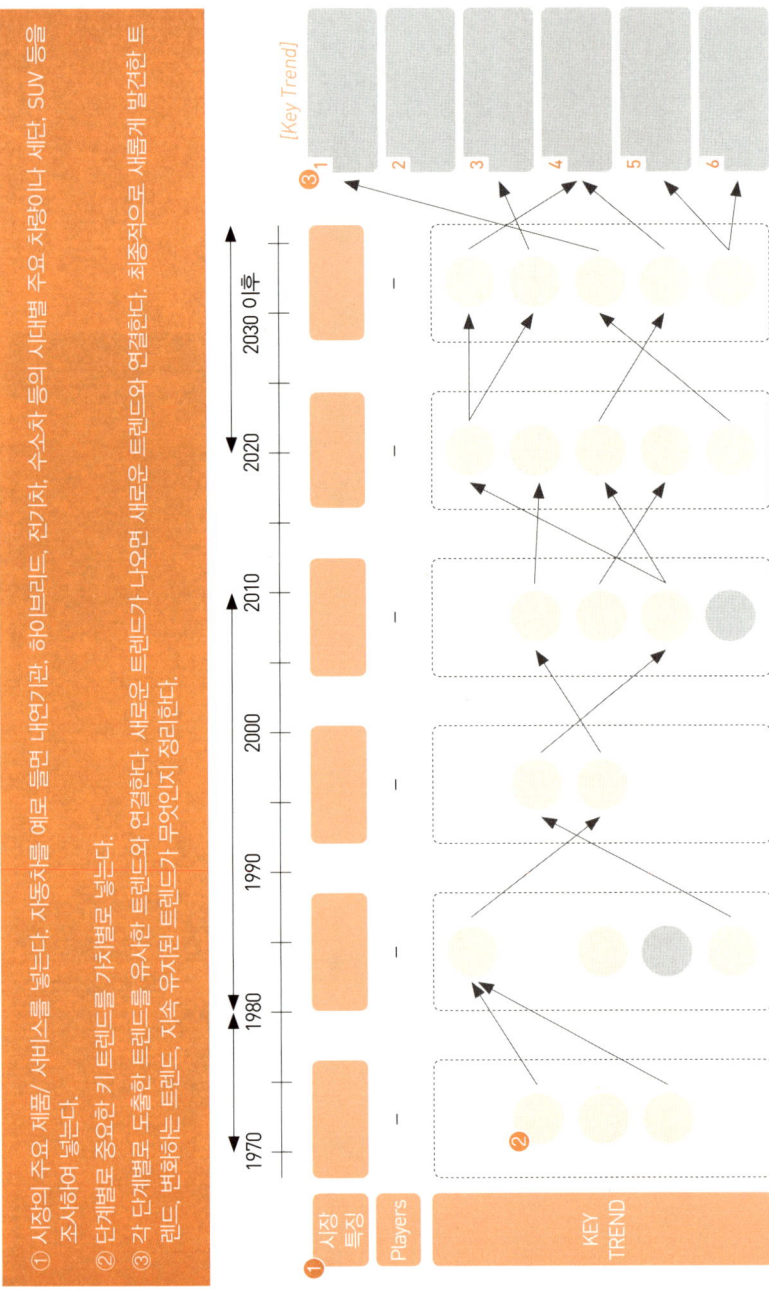

248   브랜드의 시작

Framework : Customer Expectation value

① 제품/서비스의 속성을 넣는다.
② 속성에 따라 소비자에게 전달하는 기능적 효익이 무엇인지 연결한다. 그리고 심리적으로 전달하는 효익이 무엇인지 연결해 본다.
③ 기능적, 심리적 효익이 전달된 후 최종적으로 기대하는 가치가 무엇인지 정리한다.

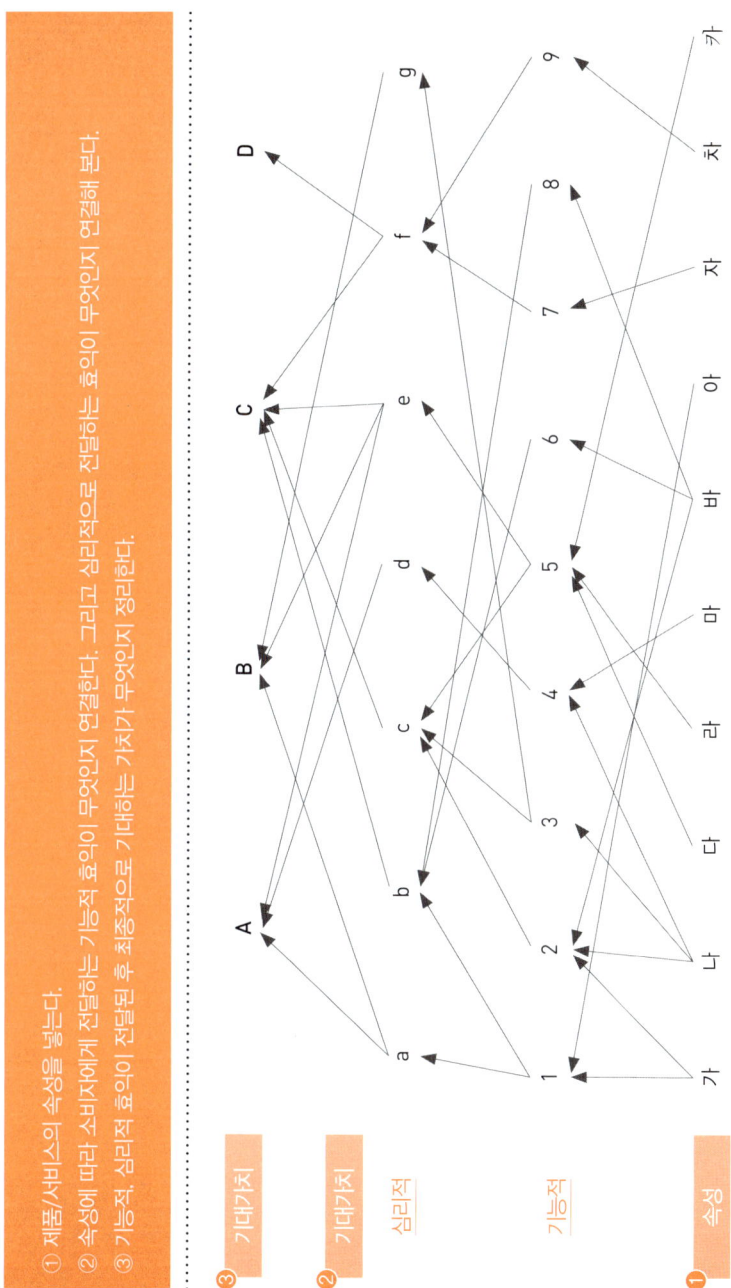

PART 3 —— 실무에 바로 사용 가능한 브랜드 수립 툴

Framework : Customer decision Journey

① 구매 전, 구매, 구매 후 단계로 구분한다. 또는 인지, 고려, 구매, 경험, 로열티 단계로도 구분할 수 있다.
② 각 단계별로 동기 혹은 불편점을 찾아본다.
③ FMOT(첫번째 물건을 접하는 순간), SMOT(직접 사용해보는 순간), ZMOT(sns, 리뷰 등 정보를 접하고 구매하는 단계), TMOT(사용후 고객이 경험을 공유하거나 재구매를 고려하는 순간)에서의 만족, 불만족을 표시한다.

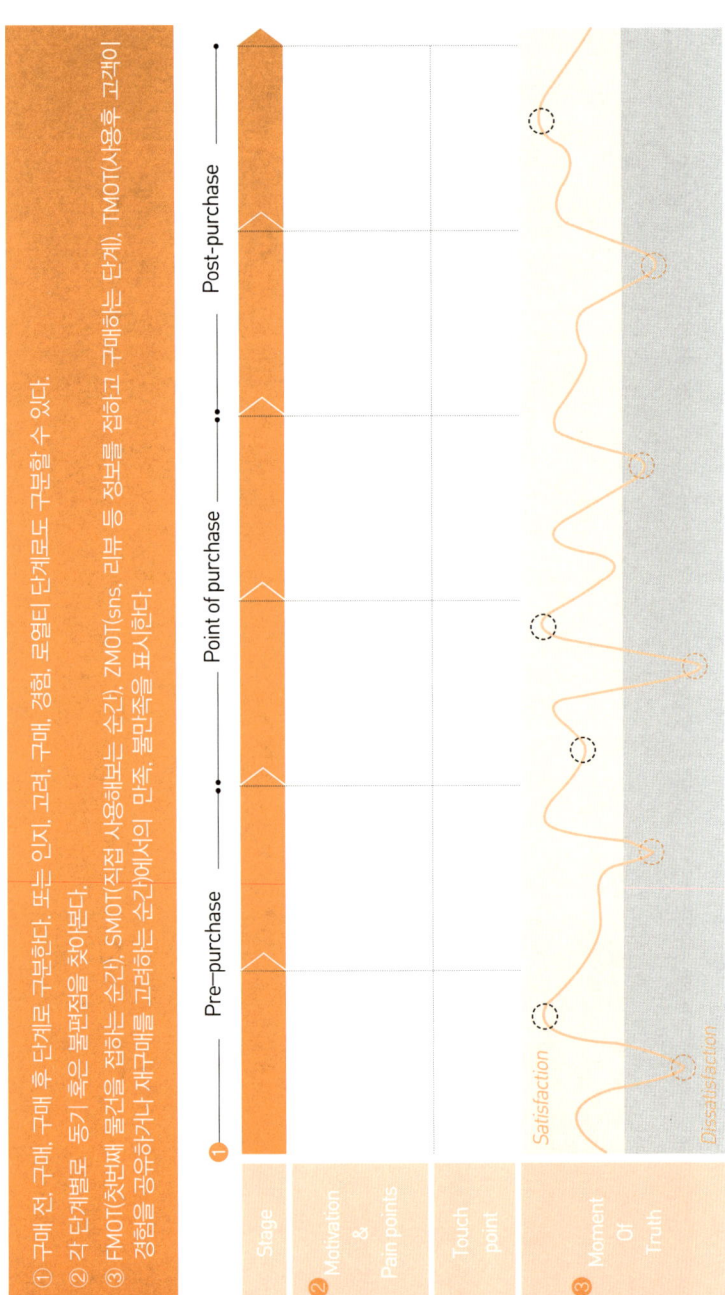

250　　　　　　　　　　　　　　　　　　　　　　　　　　　　　　브랜드의 시작

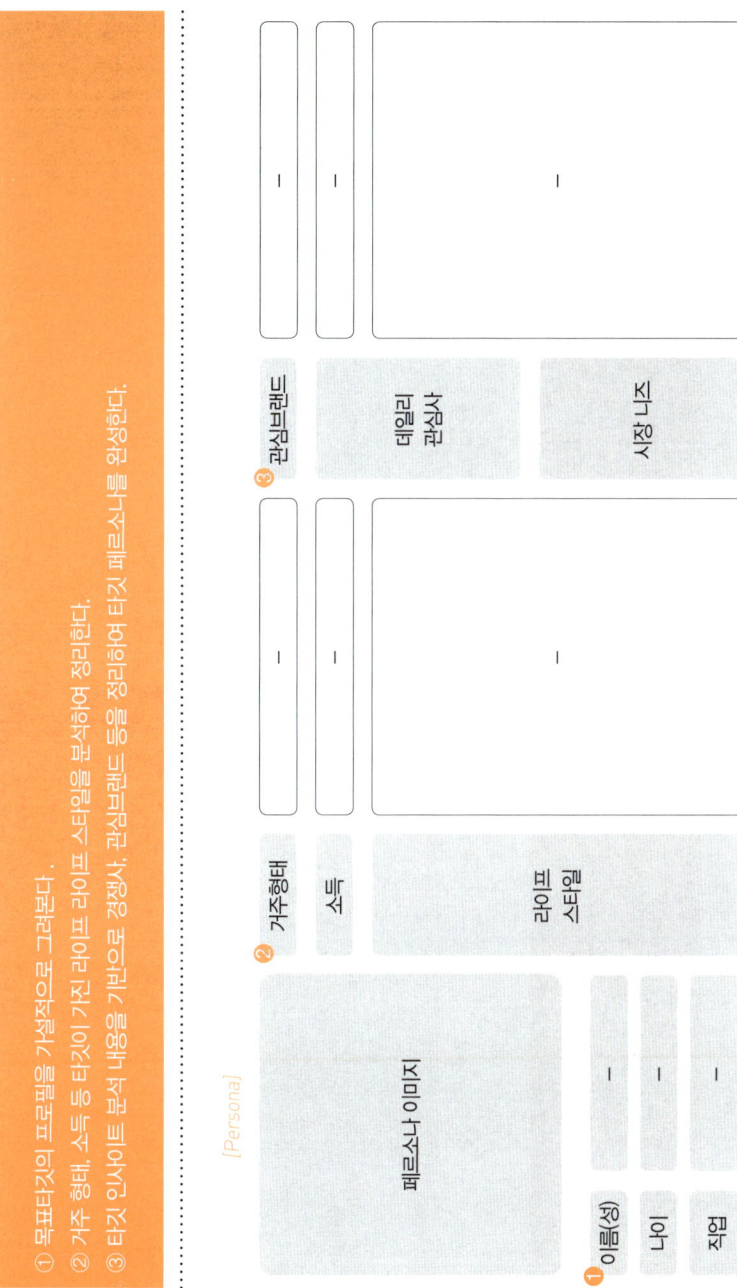

Framework: Competitors biz. analysis

① 시장 segment 기준에 따라 분류한다. 여기서는 제품 가격에 따라 시장을 분류했다.
② 경쟁사 카테고리에 따라 주요 경쟁사들을 분류하여 표기한다. 가격 범위를 설정하고, 각 범위를 표기한다.
③ 경쟁사 혹은 해당 카테고리에 분류된 경쟁사들이 주로 이야기하는 커뮤니케이션의 키워드를 넣는다.

① Segment	② Main players	② Price	③ Key value
High-end			
Premium			
Mass			

252　　　　　　　　　　　　　　　　　　　　　　　　　　브랜드의 시작

Framework : Competitors Comm.

① 모기업, 기업명이 들어간다.
② 기업이 마스터 브랜드 혹은 패밀리 브랜드 혹은 개별브랜드를 넣는다.
③ 브랜드 솔로건, 주요 키메시지의 핵심 키워드를 넣는다.
④ 주요 브랜드 커뮤니케이션에서 사용하는 브랜드 솔로건, 주요 메시지를 넣는다.

❶

❷ Brand

❸ Keyword

❸ Brand Comm.

PART 3 —— 실무에 바로 사용 가능한 브랜드 수립 툴   253

Framework : Positioning map

① 자사, 경쟁사, 산업, 소비자 분석으로 얻은 Key value를 배열한다.
② 경쟁사가 말하는 가치를 해당하는 Key value에 위치한다.
③ 경쟁사가 말하지 않는 가치 중에 우리가 공략할 만한 곳이 있는지 본다. 경쟁사, 시장에서 기본적으로 가장 많이 언급하는 가치가 무엇인지 본다.

❶
❷
③

254　　　　　　　　　　　　　　　　　　　　　　　　　　　　브랜드의 시작

Framework : Branding Positioning

① 자사, 경쟁사, 산업, 소비자 분석하며 도출한 Key Value를 나열한다.
② POC(고객기대가치)는 고객과의 relevance가 높은 가치를 도출한다.
③ 경쟁차별화 가치는 경쟁사 대비 차별화가 있는 가치, 미래가치는 향후 보완할 미래지향적인 가치를 넣는다.

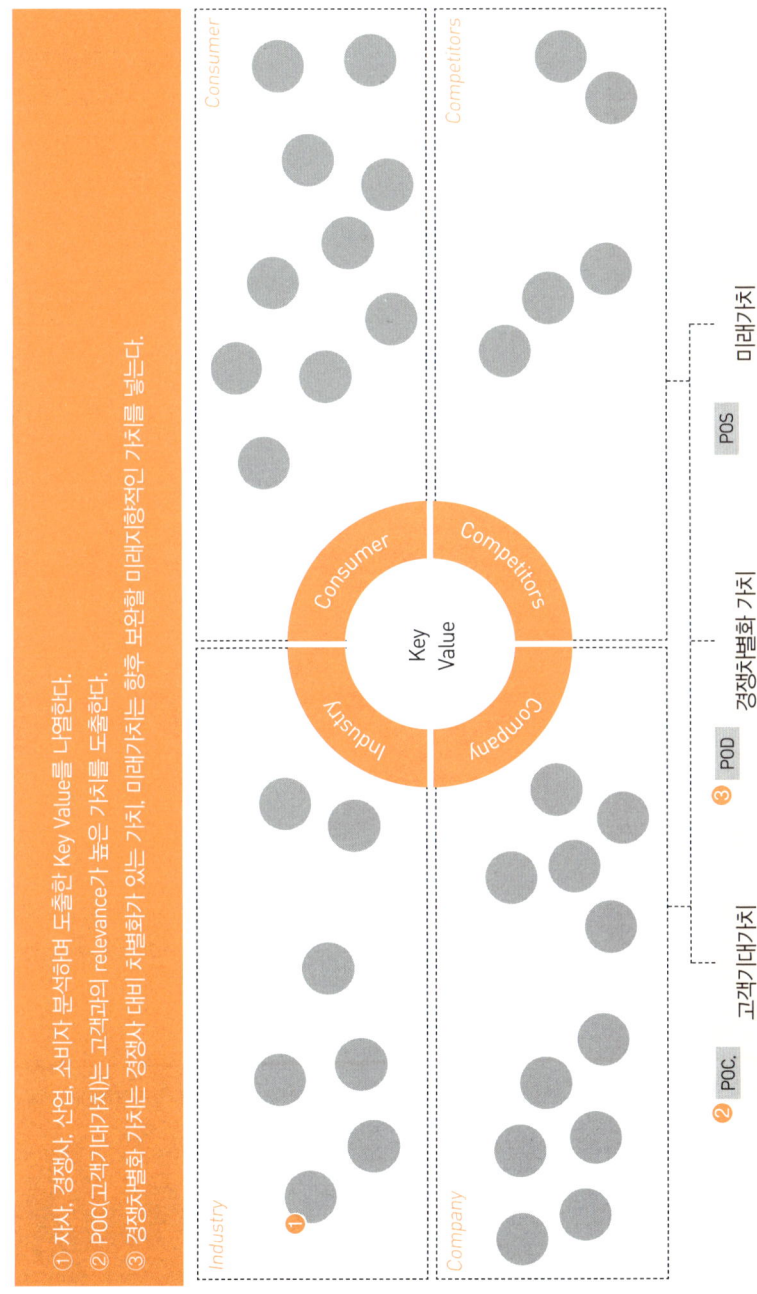

* POC (Point of Consumer Expectation), POP (Point of Difference), POS (point of Supplement)

PART 3 ── 실무에 바로 사용 가능한 브랜드 수립 툴   255

① Brand Essence, Core Value, Value Proposition, Brand Slogan을 넣는다 (필요에 따라 조정 가능)
② 앞 단계에서 도출한 브랜드 가치를 넣는다.
③ 브랜드 에센스에 대해서 이해할 수 있도록 관련된 이미지와 브랜드 스토리로 브랜드 에센스의 의미를 풀어준다.

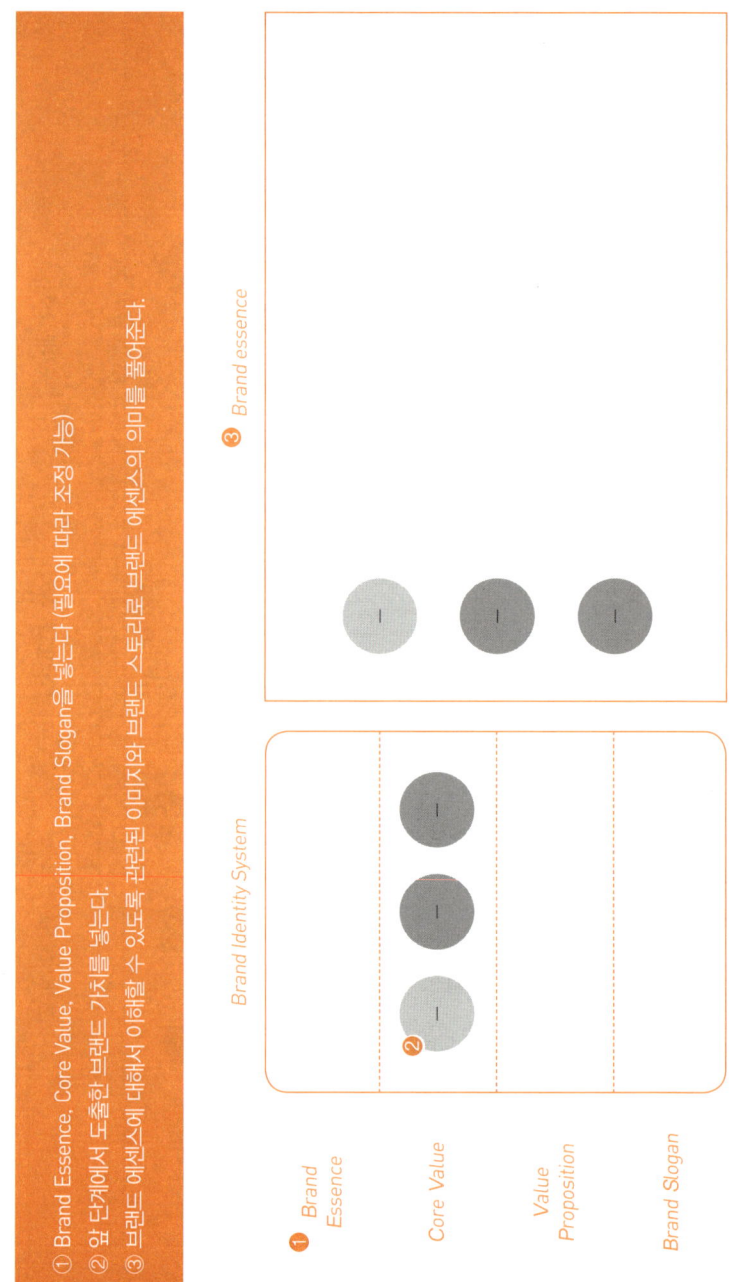

③ Brand essence

Brand Identity System

① Brand Essence
Core Value
Value Proposition
Brand Slogan

브랜드의 시작

① Core Value의 표현을 명확하게 한다.
② Core Vaue를 오른쪽에 각각 표기한다.
③ 각 Core Value의 의미에 대해 구체적으로 설명한다. 상황에 따라 적용기준이 될 수 있도록 명확하고 지켜야 할 Mind, 고객에게 전달해야 할 가치 등 Value의 의미를 자세히 풀어준다.

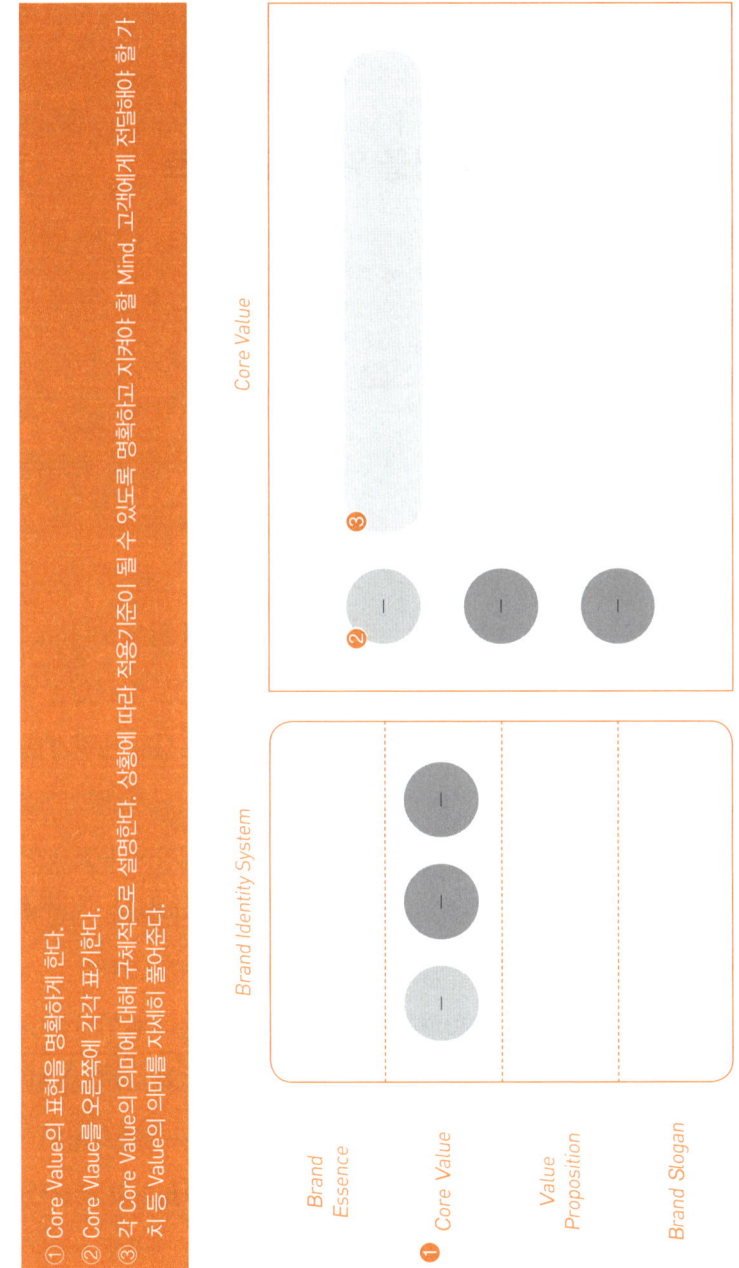

Brand Identity System

Core Value

Brand Essence
❶ Core Value
Value Proposition
Brand Slogan

㉓

브랜드 수립을 위한 프롬프트

생성형 AI를 활용한 브랜드 수립

　많은 직장인들이 생성형 AI로 업무 효율성을 높이기 위해 노력하고 있다. 더 나은 결과물을 얻기 위해서 생성형 AI의 프롬프트를 끊임없이 수정하며 발전시키는 시대로 나가고 있다. 이것은 전문성을 기반으로 한 프롬프트 엔지니어링이 중요해졌음을 의미한다. 주위의 많은 기업들이 브랜드 수립을 위해서 생성형 AI를 활용해서 가치 제안이나 브랜드 스테이트먼트(Brand Statement)를 만드는 것을 본다. 주위에서도 어떻게 하면 더 좋은 결과를 도출할 수 있는지 종종 자문을 구하기도 한다.

　생성형 AI를 업무에 사용할 때 전체적인 맥락과 논리에 기반한 프롬프트가 더 효과적인 아웃풋을 만들어 낼 수 있다는 것은 모두가 안다. 앞에서 우리가 체득한 브랜드 프로세스 과정을 프롬프트에 적용한다면 훨씬 더 정교하고 논리적인 브랜드 가치를 도출할 수 있다고 생각했다. 그래서 이번 장에서는 앞의 모듈화된 분석 방법을 기반으로 프롬프트 명령어를 소개하고자 한다.

  브랜드 수립을 위해 프롬프트 명령어를 만들고 챗지피티, 퍼플렉시티(프로 버전 이상)를 사용하여 테스트를 진행했다. 아쉬운 점이 있다면 제미나이나 뤼튼과 같은 더 다양한 생성형 AI와 비교해 보지 못한 것이다. 그리고 동일한 프롬프트를 넣어도 결과물이 항상 일정하게 나오지는 않는 재현성의 문제가 있었다.

  재현성 문제와 함께 할루시네이션(Hallucination : 환각)에 따라 거짓 정보들을 기반으로 잘못된 내용들이 나오기도 한다. 하지만 재현성, 할루시네이션의 문제는 길게 보면 일시적이고 AI 기술 발전에 따라 차이가 줄어들 것으로 기대한다.

  프롬프트 명령어는 지속적으로 고민하면서 최신 내용을 업데이트하고자 한다. 이렇게 함으로써 오류를 줄일 수 있는 프롬프트를 제공하는 게 여러분들을 위한 최선의 방법이라 생각한다. 프롬프트는 프레임워크와 함께 www.joshnpartners.com에 지속적으로 업데이트할 예정이다.

  프롬프트는 '모듈 1. 브랜드 진단'에서 '모듈 12. 브랜드 플랫폼'의 모든 단계를 적용하였다. 자사 분석, 경쟁사 분석 시 보유한 자료가 다를 수 있기 때문에 상황에 따라 적용할 수 있도록 프롬프트를 구성했다. 책에서 제시하는 프롬프트를 참고하여 당신의 상황에 맞게 수정, 보완하여 사용하면 될 것이다. 여러분의 업무에 유용하게 사용되기를 바란다.

  적용 용이성을 위해 'ㅇㅇㅇ'은 당신의 '브랜드명'으로, 'XXX'는 '경쟁사'로 표기했다. 'ㅇㅇㅇ시장'의 의미는 '화장품 시장', '자동차 시장'과 같이 당신의 브랜드가 포함한 시장으로 바꾸면 된다.

자사 분석을 위한 프롬프트 명령어

• **자사 브랜드 가치 분석 1**

1. [○○○] 브랜드가 성장해 온 역사의 흐름을 표로 정리해 줘.
- 창립 시기 또는 브랜드/제품이 처음 개발된 시점부터 시작해.
- 각 연도 또는 주요 시기별로 상징적 이슈(런칭, 리뉴얼, 수상, 사회적 이슈 등)
- 주요 업적·실적(매출, 시장 점유율, 글로벌 진출, 신제품 등)
- 브랜드명 변경, M&A, 계열사 편입, 사업 구조 변화 등 중요한 변곡점이 있었다면 모두 표에 포함해서 정리해 줘.

2. 표로 정리한 성장 흐름을 바탕으로, 각 시기별로 업의 정의(Why we exist, 브랜드가 세상에서 해결하고자 한 본질적 문제)가 어떻게 변화했는지 분석해 줘.
- 업의 정의가 바뀌었다고 판단되는 시점이 있다면,
- 이전과 이후의 업의 정의를 비교해서 차이점을 명확히 설명해 줘.
- 업의 정의 변화의 배경(시장 환경, 소비자, 경쟁, 내부 혁신 등)도 간략히 분석해 줘.

3. 마지막으로, 전체 성장 흐름에서 드러나는 브랜드의 본질적 강점과, 업의 정의 변화가 브랜드 전략에 미친 영향에 대해 전문가 관점에서 의견을 제시해 줘.

• **자사 브랜드 가치 분석 2**

1. [○○○] 공식 웹사이트(및 공식 자료)를 참고해서 다음 항목을 찾아 줘.

– 브랜드 철학(Philosophy), 브랜드 미션(Mission), 브랜드 비전(Vision), 브랜드 웨이(Brand Way), 브랜드 가치(Value) 등 브랜드의 정체성과 방향성을 표현하는 공식 문구(슬로건, 매니페스토, 신념, 원칙 등)를 모두 찾아 정리해 줘.
 – 브랜드 스토리, CEO 인사말, 브랜드 캠페인, 연혁, 주요 광고 카피 등에서 브랜드가 반복적으로 강조하는 문구나 메시지도 포함해 줘.
2. 위에서 정리한 브랜드의 공식 메시지와 문구를 기반으로, 해당 브랜드가 소비자에게 전달하고자 하는 핵심 가치(benefit, promise, relevance)가 무엇인지 도출해 줘.
 – 브랜드가 고객에게 약속하는 효익(Benefit), 브랜드가 해결하고자 하는 문제, 소비자와의 정서적 연결고리, 브랜드의 차별화된 가치 등을 구체적으로 분석해 줘.
 – 만약 브랜드가 여러 가지 가치를 제시한다면, 그중에서도 가장 일관되게 강조하는 핵심 가치를 중심으로 정리해 줘.

• 자사 브랜드 가치 분석 3
1. [○○○] 공식 웹사이트, 대표/CEO의 철학, 경영이념, 신념, 인사말, 신년사, 취임사, 비전발표, 대외 인터뷰 자료를 참고하여 브랜드가 반복적으로 강조하는 가치(철학, 미션, 비전, 신념 등)가 무엇인지 정리해 줘.
2. 대외 기사, 뉴스, [○○○] 공식 웹사이트를 참조하여 [○○○]이 속한 기업의 현재 사업 포트폴리오(주요 사업부문, 제품군, 서비스, 브랜드 등)가 어떻게 구성되어 있는지 표로 정리해 줘. 최근 3~5년간 공개된 중장기 성장 전략 또는 향후 사업 전략 관련 공식 자료(CEO 메시지, IR, 사

업보고서, 언론 인터뷰 등)가 있으면 주요 내용을 요약해 줘.
3. 위에서 조사한 자료를 기반으로 현재의 사업(주력 사업/제품/서비스)과 향후 사업(신사업, 확장 계획, 미래 전략 등)을 구분하여 정리해 줘.
4. 각 사업별로 브랜드가 추구하는 가치 또는 전략적 방향성이 무엇인지 간단히 분석해 줘. 그리고 사업별로 추구하는 브랜드가 회사의 미션, 비전의 방향성과 어떻게 연결되어 있는지 분석해 줘.

- **자사 브랜드 가치 분석 4**

1. [○○○]이 ○년간 광고, 잡지, 영상, 콘텐츠 등으로 홍보하고 있는 내용들을 연도별로 검색해 줘.
- 각 연도별로 진행한 캠페인, 광고, 주요 콘텐츠(영상, 잡지, SNS 등)를 분류해 표로 정리해 줘.
- 각 연도별 캠페인/광고/콘텐츠에서 브랜드가 커뮤니케이션을 통해 전달한 핵심 가치(예: 연결, 포용, 혁신, 신뢰, 친환경 등)가 무엇인지 도출해 줘.
- 캠페인별로 사용된 주요 메시지, 해시태그, 슬로건, 크리에이티브 컨셉 등도 함께 정리해 줘.
- 메시지의 변화(예: 혁신 → 포용성, 기능 강조 → 정서적 가치 등)와 일관적으로 유지된 가치가 무엇인지 구분해 줘.

2. **분석 시 참고할 주요 포인트**
- 캠페인, 광고 등은 단순 노출이 아니라, 브랜드가 일관되게 강조하는 가치와 연결되어야 함.
- 브랜드의 가치와 메시지는 시대·사회 변화에 따라 진화할 수 있으나, 일

관성과 진정성이 중요함.
- 캠페인별로 소비자와의 정서적 연결, 사회적 메시지, 브랜드의 차별화된 약속이 무엇인지 명확히 분석해 줘.

• **자사 브랜드 가치 분석 5**

1. [○○○]의 제품소개서, 브로셔, 프로모션, 전시회 관련 공식 자료를 찾아, 아래 내용을 정리해 줘.

- 각 자료에서 브랜드가 강조하는 USP(Unique Selling Point, 차별화 포인트)가 무엇인지 명확히 찾아 정리해 줘.
- USP가 실제로 제품/서비스/브랜드 커뮤니케이션에서 어떻게 표현되고 있는지(예: 슬로건, 주요 메시지, 시각적/언어적 요소 등) 구체적으로 설명해 줘.
- USP가 고객에게 어떤 강점(benefit)과 가치를 전달하는지 분석해 줘.

2. 분석 시 참고할 주요 포인트

- USP는 경쟁사와 뚜렷하게 구별되는 브랜드만의 핵심 강점이어야 함.
- USP가 고객의 니즈와 어떻게 연결되는지, 시장 내에서 어떤 차별적 포지셔닝을 만드는지 설명해 줘.
- USP가 제품/서비스/브랜드의 신뢰, 혁신성, 친환경성, 효능, 편의성 등 어떤 가치를 강조하는지 구체적으로 분석해 줘.

• **자사 브랜드 가치 분석 6**

1. [○○○]이 ○년간 신문기사, 기획기사, 인터뷰, 기고 등 뉴스에서 다뤄진 내용을 연도별·월별로 찾아 정리해 줘.

- 각 기사/뉴스/인터뷰에서 브랜드가 전달하고자 한 커뮤니케이션 메시지나 강조한 가치를 월별로 표로 정리해 줘.
- 기사별로 반복적으로 등장하는 키워드, 슬로건, 사회적 메시지, 브랜드의 차별화 포인트 등도 함께 정리해 줘.

2. 분석 시 참고할 주요 포인트
- 일관되게 강조하는 가치(예: 혁신, 신뢰, 친환경, 포용, 다양성 등)와 특정 시기별로 강조가 변화된 가치 구분
- 브랜드의 커뮤니케이션 메시지가 소비자와의 정서적 연결, 시장 내 포지셔닝, 차별화 전략과 어떻게 연결되는지 분석

• 자사 브랜드 가치 분석 7

1. [○○○]의 브랜드 로고, 캐릭터, 엠블럼 등 시각적 요소를 활용해 소비자에게 전달하고 있는 가치를 정리해 줘.
- 로고, 심볼, 컬러, 캐릭터, 엠블럼 등 시각적 자산이 상징하는 가치(예: 신뢰, 혁신, 포용, 젊음, 다양성, 친근함, 연대 등)를 구체적으로 설명해 줘.
- 각 시각적 요소가 브랜드 아이덴티티와 어떻게 연결되는지, 소비자에게 어떤 감정·의미를 전달하는지 분석해 줘.

2. [○○○]의 슬로건, 태그라인, 광고 카피 등 언어적 요소를 활용해 소비자에게 전달하고 있는 가치를 분류해 줘.
- 슬로건, 태그라인, 광고 카피, 브랜드 스토리 등 언어적 메시지가 강조하는 가치(예: 진정성, 혁신, 신뢰, 포용, 즐거움, 사회적 책임 등)를 구체적으로 정리해 줘.
- 언어적 메시지가 브랜드의 핵심 약속, 소비자와의 정서적 연결, 차별화 포

인트와 어떻게 연관되는지 설명해 줘.

경쟁 분석을 위한 프롬프트 명령어

- **경쟁자 정의**
1. [○○○]이 속한 산업의 밸류 체인을 분석해 주고, 밸류 체인 단계별로 주요 경쟁사가 누구인지 알려 줘.
   - 각 밸류 체인 단계(예: 원료/부자재, 제조/생산, 브랜드/마케팅, 유통/판매, 서비스 등)를 구분해 단계별로 시장점유율(M/S)이 높은 경쟁사를 5개 이상 찾아 표로 정리해 줘.
   - 각 경쟁사의 시장점유율(M/S) 수치 또는 순위가 확인되면 함께 제시해 줘.
2. [○○○]이 직접적으로 속한 시장(카테고리)에서 시장점유율(M/S)이 가장 높은 상위 5개 경쟁사를 찾아 줘.
   - 해당 시장의 주요 경쟁사와 점유율을 표로 정리해 줘.
   - 브랜드 평판, 인지도 등 관련 자료가 있으면, 경쟁사 중 인지도가 높은 브랜드도 함께 정리해 줘(예: 브랜드 평판 지수, 구글 검색량, SNS 언급량 등).
3. 밸류 체인상에서 나오는 경쟁사, 그리고 직접적인 시장(카테고리)에서의 경쟁사를 구분해서 정리해 줘.
4. 해외 브랜드 중에서 [○○○]과 동일한 카테고리에 있는 브랜드를 두 가지 조건으로 찾아 줘.
   - 해당 국가 시장 내에서 점유율이 높은 브랜드(시장점유율 기준)
   - 시장점유율은 높지 않지만 최근 해당 국가에서 검색률이나 관심이 급상승

한 브랜드(구글 트렌드, SNS 언급 등 트렌드 자료 기반)

5. 각 조건별로 브랜드와 근거(시장점유율, 검색량 등)를 표로 정리해 줘.

• 경쟁사 커뮤니케이션 분석

커뮤니케이션 분석 등의 경쟁사 분석은 자사 분석의 프롬프트를 활용하여 적용하도록 한다. 자사 분석 프롬프트에 적용된 당신의 브랜드 ○○○ 대신 경쟁사 이름을 넣어서 진행하면 된다.

산업 분석을 위한 프롬프트 명령어

• 산업 Static Value 분석 1

1. [○○○] 산업의 역사에서, 초기 산업 시기부터 현재까지 지속적으로 중요하게 여겨 온 핵심 가치가 무엇인지 찾아 정리해 줘.
   - 산업 초기에 사람들이 중요하다고 여겼던 가치(예: 효율, 품질, 가격, 신뢰 등)가 무엇이었는지 구체적으로 정리해 줘.
   - 현재(최신) 시점에서 산업 내에서 중요하게 여기는 가치(예: 지속 가능성, 혁신, 포용, 고객 경험 등)가 어떻게 변화했는지 비교해 줘.
2. 산업의 역사에서 중요하다고 여기는 것 중, 시대가 변해도 변하지 않고 줄곧 이어져 온 '불변의 가치'가 무엇인지 분석해서 알려 줘.
   - 변하지 않는 핵심 가치(예: 고객 중심, 신뢰, 품질, 가치 창출 등)가 무엇인지 명확하게 도출해 줘.
3. 산업 가치의 변화 흐름을 연대표나 표로 시각적으로 정리해 줘.

- 주요 시기별(예: 1990년대, 2000년대, 2010년대, 2020년대)로 나누어, 각 시기별로 중요하게 여긴 가치와 그 변화, 그리고 불변의 가치를 한눈에 볼 수 있도록 표로 정리해 줘.

• 산업 Static Value 분석 2

1. [○○○] 산업의 1990년부터 2025년까지의 발전 단계를 연도별 혹은 특성별로 구분하여 표나 연대표로 정리해 줘.
- 각 단계의 명칭과 대표적 특징을 요약해 줘.
2. 각 발전 단계별로 STEEP 프레임워크(Social, Technological, Economic, Environmental, Political)를 적용해, 해당 시기별로 산업에 영향을 미친 주요 이슈, 사건, 트렌드, 정책 변화 등을 항목별로 구체적으로 정리해 줘.
3. 각 단계별로 그 시대의 산업을 이끌었던 주요 원동력(Driving Force)과 핵심 패러다임(Paradigm)이 무엇이었는지 분석해 줘.
4. 현재(2025년) 기준으로, 1990년부터 2025년까지의 발전 단계를 모두 STEEP 프레임워크로 다시 정리하여, 시대별 변화의 흐름과 상호 연관성을 분석해 줘.
5. 마지막으로, [○○○] 산업의 역사와 흐름 속에서 시대가 바뀌어도 변하지 않고 지속적으로 중요하게 여겨진 핵심 가치(불변 가치)는 무엇인지 심층적으로 분석해 줘.

시장 분석을 위한 프롬프트 명령어

- **시장 Dynamic Value 분석 1**

1. [○○○] 시장의 1990년부터 2025년까지 시장 규모 성장을 연도별로 그래프로 그려 주고, 전체 기간의 CAGR(연평균성장률)을 구해 줘.
2. 시장성장률에 따라 발전 단계를 구분해 줘.
   - 각 발전 단계별로 연도 구간, 명칭, 대표적 특징을 요약해 줘.
3. 시장 규모가 증가하거나 감소하는 데 영향을 준 외부 환경 요인을 PESTEL 프레임워크(Political, Economic, Social, Technological, Environmental, Legal)로 구분해 정리해 줘.
   - 각 발전 단계별로 시장 환경에 영향을 준 주요 이슈, 사건, 트렌드, 정책 변화 등을 항목별로 구체적으로 정리해 줘.
4. 각 발전 단계별로 시장점유율(M/S)이 가장 높거나 영향력이 높은 경쟁사 5개 이상을 찾아 표로 정리해 줘.
5. 각 발전 단계별로 시장 규모가 증가하는 데 긍정적인 영향을 끼친 key driver(핵심 성장 요인)가 무엇인지 찾해 줘.
   - 각 단계별로 key driver가 어떻게 변화해 왔는지, 앞으로 향후 중요해질 key driver는 무엇일지 예측해 줘.

- **시장 Dynamic Value 분석 2**

1. [○○○] 시장의 1990년부터 2025년까지 연도별 성장 단계에 따라 구분해 표나 연대표 형태로 정리해 줘.
   - 각 성장단계의 명칭과 대표적 특징을 요약해 줘.

2. 각 성장 단계별로 시장을 이끌었던 주요 트렌드(소비자 행동, 기술, 문화, 경제 등)를 분석해 알려 줘.
– 트렌드가 시장에 미친 영향과 대표적 사례를 함께 설명해 줘.
3. 주요 시장 트렌드를 기반으로, 시장을 이끌었던 트렌드 내용을 중요한 가치(Value)로 전환해서 정리해 줘.
– 예를 들어 '개인화' 트렌드는 '맞춤화', '지속가능성' 트렌드는 '친환경' 등의 가치로 표현.
4. 각 단계별로 트렌드가 어떻게 변화해 왔는지, 그리고 2025년 현재와 앞으로 예상되는 미래 트렌드 및 가치가 무엇인지 분석해 줘.

소비자 분석을 위한 프롬프트 명령어

• 타깃 정의

1. 상품 (혹은 서비스)을 구매하는 타깃을 인구통계학적 요소(연령, 성별, 직업, 가족 구성 등), 소득별 요소(저소득, 중산층, 고소득 등), 소비가치관(가성비, 프리미엄, 윤리, 자기표현 등), 라이프스타일(홈케어, 트렌드세터, 실용주의, 미니멀리스트 등) 기준으로 세분화해 구매군을 분류해 줘.
2. 각 구매군의 특징에 맞는 이름(예: 가치소비 그린슈머, 실용주의 스마트 컨슈머 등)을 만들어 주고, 각 타깃군의 주요 특성을 표로 정리해 줘.
3. 각 타깃군별로 구매 행동, 정보 탐색 경로, 브랜드와의 관계, 소비가치관, 라이프스타일 등에서 나타나는 차별적 특징을 구체적으로 분석해 줘.

• 소비자 관련 가치 분석 1

1. [○○○] 시장에서 ○년 동안(예: 1990~2025년) 소비 트렌드가 해마다 어떻게 변화했는지 분석해 줘.
   - 참고자료: 국내는 한국소비자원, 서울대 CTC, 컨슈머인사이트, 엠브레인, 마켓링크, KOBACO, 통계청, 증권사 리서치, CJ·KT 등 기업연구소, 제일기획 등 광고사, DMC미디어, 오픈서베이, 공공데이터포털, 빅데이터플랫폼(빅데이터 캠퍼스), 각종 산업 협회(예: 대한화장품협회, 한국프랜차이즈협회 등), 리테일앤인사이트, 리테일 톡 등 유통미디어, 글로벌은 Mintel, NielsenIQ, Euromonitor, Kantar, McKinsey, Statista, Google Trends, Ipsos, GfK, Forrester, Gartner 등 다양한 리서치·컨설팅사와 데이터 플랫폼을 참고해 줘.
   - 각 연도별(혹은 3~5년 단위)로 주요 소비 트렌드, 키워드, 소비자 행동 변화를 정리해 줘.

2. ○년 동안 변화한 소비트렌드 중에서 지속적으로 현재까지 유지되는 핵심 트렌드는 무엇이었는지 알려 줘.
   - 일시적 유행이 아닌, 장기적으로 관통하는 소비자 가치/행동/트렌드를 도출해 줘.

3. 현재 이후로 어떤 소비트렌드가 예측되는지, 주요 자료를 참고해 전망해 줘.
   - 최신 트렌드 리포트, 글로벌/국내 연구소·기업 전망, 전문가 의견 등을 바탕으로, 앞으로 중요해질 소비 트렌드와 그 배경을 정리해 줘.

4. 분석 결과는 표, 연대표, 키워드 매트릭스 등 시각적으로 정리해 줘도 좋아.

• 소비자 관련 가치 분석 2

1. [○○○] 시장에서 최근 ○년간 주요 소비 흐름이 아닌, 일부 커뮤니티나 소규모 집단에서 관찰되는 마이크로 트렌드 또는 패드(Peripheral, Accidental, Diffuse) 현상을 조사해 줘.

   - 마이크로 트렌드란 전체 시장의 주류가 아니지만, 특정 세대·커뮤니티·SNS·서브컬처 등에서 장기적이지만 소수 집단에서 강한 반향을 일으키는 소비 현상을 의미함.
   - 패드는 주로 커뮤니티, SNS, 오프라인 소모임, 특정 플랫폼 등에서만 관찰되는 지엽적·비주류 소비 트렌드임.

2. 조사 시 참고할 포인트

   - 네이버, 인스타그램, 틱톡, 디시인사이드, 레딧, 유튜브 등 다양한 커뮤니티·SNS·플랫폼에서 일어나는 소규모 트렌드 사례를 포함해 줘.
   - 마이크로 인플루언서, 숏폼 콘텐츠, 챌린지, 레트로/뉴트로, B급 감성, 미닝아웃, 부캐, OMO(Online Merges with Offline), 라이브커머스 등 최근 주목받는 마이크로 트렌드 키워드도 함께 조사해 줘.
   - 다이소 뷰티, 편의점 화장품, 시즌성 한정판, 콜라보 굿즈, 향 호불호 커뮤니티, 홈쇼핑 내 젊은 소비자 유입, 소용량·가성비 제품, 특정 피부 고민별 후기 공유 등도 마이크로 트렌드의 예시가 될 수 있음.

3. 조사 결과는 아래와 같이 정리해 줘.

   - 트렌드/패드명, 발생 채널/커뮤니티, 특징 및 내용, 소비자 반응, 브랜드 또는 시장에 주는 시사점 등

- **소비자 인사이트 분석 1**

1. [OOO] 시장에서 소비자의 구매 태도, 브랜드 인식, 구매 후 태도와 관련된 자료를 검색해 줘.
   - 구매 태도는 KBF(Key Buying Factors), 구매 동기, 소비자가 불편하게 느끼는 점 등의 자료를 중심으로
   - 소비자가 제품/서비스를 선택할 때 무엇을 가장 중요하게 생각하는지 (KBF: 가격, 품질, 브랜드 이미지, 후기, 편의성 등)
   - 구매 동기(개인적 동기, 사회적 동기, 트렌드, 감정, 정보 탐색 등)
   - 소비자가 필요로 하는 점과 불편하게 느끼는 점(예: 결제 실패, 환불 지연, 정보 부족, 품질 불만 등)
   - 브랜드 인식은 브랜드 신뢰도, 이미지, 사회적 책임, 구전 정보(SNS, 후기 등)의 신뢰성, 브랜드와 제품에 대한 긍정/부정 태도, 브랜드 차별화 포인트
   - 구매 후 태도는 만족/불만족 요인(기대와 실제 경험의 일치/불일치, 구매 후 부조화 등), 재구매 의도, 구전, 불만족 시 행동(환불, 이의 제기, 후기 작성 등)후 기업의 사후관리(강화 광고, 환불/반품 정책, 사후 커뮤니케이션 등)

2. 분석 결과는 아래와 같이 정리해 줘.
   (1) 구매 태도(KBF, 구매 동기, 불편 사항)
   - KBF: 품질, 가격, 브랜드 이미지, 리뷰/구전, 편의성, A/S, 사회적 책임 등
   - 구매 동기: 개인적 동기(자기표현, 감정, 스트레스 해소, 트렌드 체험 등), 사회적 동기(소속감, 사회적 역할, 정보 공유, 유행 참여 등)
   - 불편사항: 결제 실패, 환불/취소 지연, 할인/포인트 미적용, 개인정보 유

출, 정보 부족, 품질 불만 등

(2) **브랜드 인식**

- 신뢰도, 이미지, 사회적 책임: 브랜드 신뢰, 품질/효능, 사회적 책임(ESG, 친환경 등)이 브랜드 인식에 긍정적 영향
- 구전 정보(SNS, 후기 등): 신뢰성, 동질성 있는 정보가 소비자 태도와 구매 의도에 긍정적 영향

(3) **구매 후 태도**

- 만족/불만족 요인: 기대와 실제 경험의 일치/불일치, 구매 후 부조화 발생 시 사후 관리 필요
- 재구매/구전: 만족 시 재구매, 긍정적 구전/후기, 불만족 시 환불/이의 제기/부정적 후기
- 사후 관리: 강화광고, 사후 커뮤니케이션, 환불/반품 정책 등으로 부조화 완화

- **소비자 인사이트 분석 2**

1. [○○○] 브랜드의 소비자 CLV(고객생애가치)에서 브랜드에 대한 관심이 올라가는 시점(접점)을 예측해서 알려 줘.

- 브랜드 생애주기(도입, 성장, 성숙, 쇠퇴) 등과 연계해 소비자가 브랜드에 처음 관심을 갖거나, 재구매·충성도가 높아지는 시점이 언제인지 (예: 첫 구매, 특정 이벤트, 재구매 주기 등) 데이터 기반 또는 업계 사례로 예측해 줘.

2. 소비자 생애주기별(입학, 졸업, 취업, 결혼, 출산 등 인생의 주요 이벤트)에서 [○○○] 브랜드의 어떤 가치가 소비자 관여도(Relevance)를

높일 수 있을지 분석해 줘.

- 각 생애주기별로 소비자의 니즈와 주요 구매 동기를 분석하고, 해당 시점에서 [○○○] 브랜드가 제공할 수 있는 가치(예: 안전성, 혁신, 맞춤형, 친환경, 사회적 책임, 기분 전환 등)가 어떤 Relevance를 갖는지 구체적으로 도출해 줘.
- 예시: 취업/입사 → 이미지 관리, 자기표현/자신감, 결혼/출산 → 안전성, 가족 건강, 맞춤형 솔루션 등

• 소비자 인사이트 분석 3

1. 10대, 20대, 30대, 40대, (목표 타깃이 있다면 별도 표기)별로 ○○○ (상품/서비스)을 구매하기 전부터 구매까지의 CDJ(Customer Decision Journey) 행동 여정을 단계별로 예측해 줘. 그리고 각 연령대별로 아래 항목을 표로 정리해 줘:
- 주요 행동 단계(Awareness, Consideration, Evaluation, Purchase, Post-Purchase 등)
- 각 단계별 주요 접점(오프라인/온라인, SNS, 유튜브, 매장, 리뷰, 광고 등) 고객의 주요 니즈(정보 탐색, 실용성, 트렌드, 신뢰, 가성비, 브랜드 이미지 등), 각 단계에서 소비자가 기대하는 가치(예: 재미, 신뢰, 효능, 편의성, 프리미엄, 후기, 혜택 등)

2. [○○○] 제품에 대해 소비자가 기대하는 가치를 검색하고, 감성적, 기능적, 사회적 가치로 구분해서 정리해 줘.
- 소비자가 제품을 사용하면서 느끼거나, 기대하거나, 원하는 구체적 가치 (예: 감성적 가치: 행복감, 자신감, 편안함 / 기능적 가치: 효과, 편리함,

안전 / 사회적 가치: 소속감, 사회적 책임, 인정)를 검색 자료(리뷰, SNS, 포럼, 기사 등)에서 찾아서 정리해 줘.
- 각 가치별로 소비자가 기대하는 구체적 경험이나 감정을 명확히 기술해 줘.

3. 래더링 기법을 활용해서 기대하는 가치를 계층적 구조로 표현해 줘.

- 가장 하단에는 '구체적 기대 가치'(예: 피부가 촉촉해짐, 사용이 간편함, 환경을 생각하는 제품 등)를 배치하고, 그 위에는 '중간 기대 가치'(예: 피부 건강, 사용 편의성, 친환경성), 최상단에는 '핵심 기대 가치'(예: 자신감 향상, 안전한 제품, 사회적 책임감)로 정리해 줘.
- 각 계층별 기대 가치들이 어떻게 연결되어 있는지, 상위 가치가 하위 기대를 어떻게 충족시키는지 설명해 줘.

4. 브랜드 특성과 기대 가치 매칭 및 연결

- [○○○] 브랜드의 특성(예: 자연주의, 혁신, 포용성, 고급스러움, 친환경 등)을 명확히 적어 줘.
- 각 기대 가치(감성적, 기능적, 사회적)가 브랜드 특성과 어떻게 연관되고, 기대하는 가치를 충족하는지 매칭해서 연결선 또는 설명을 해 줘.
- 예를 들어, '자연주의' 브랜드는 '사회적 책임감'과 '감성적 가치(편안함, 자연스러움)'를 어떻게 연결하는지 설명.

5. 최종적으로, 소비자가 기대하는 핵심 가치는 무엇인지 정리해 줘.

- 감성적, 기능적, 사회적 기대 가치 중 가장 중요한 핵심 가치를 도출하고, 그 이유를 간략히 설명해 줘.
- 이 핵심 기대 가치가 브랜드 전략, 제품 개발, 커뮤니케이션에 어떤 영향을 미치는지 분석해 줘.

가치 재정리(Value Re-Creation)

1. 자사 분석(Key Value)와 소비자 분석(라이프스타일, 구매 태도, Pain Points, 기대 가치)에서 도출된 가치들을 모두 수집하고, 중복되거나 유사한 의미의 가치를 통합하거나 상위 개념으로 재구성해서 정리해 줘.

- 중복 제거 및 유사 가치 통합: 의미가 겹치거나 비슷한 가치들은 하나의 상위 개념으로 묶거나, 더 포괄적이고 명확한 표현으로 재구성해. 예를 들어, '신뢰', '믿을 수 있는', '든든한'은 '신뢰'로 통합, '효능', '성과', '성과 중심'은 '성과·효과'로 재구성.
- 유사하지만 차별적 의미를 갖는 가치 재개발
- 유사하지만 의미 차이가 있어 별도 가치로 재창조가 필요한 경우, 새로운 상위 개념 또는 차별적 가치로 재개발해 줘(예: '지속가능성'과 '환경보호'는 차별적 의미를 갖는 경우 각각 별도 가치로 재구성).
- 최종 정리: 통합·재개발된 가치들을 계층적 또는 연속적 구조로 정리하여, 핵심 가치의 상위 개념과 하위 세부 가치들을 명확히 보여 줘.

2. 자사 분석에서 나온 가치들을 산업·시장·경쟁사 분석에서 도출된 가치들과 비교하여, 차별적 가치와 Point of parity(차별점이지만 공통적으로 중요한 가치)를 구분해 줘.

- 차별적 가치: 경쟁사와 비교했을 때, 독자적이고 차별화된 핵심 강점 또는 독특한 의미를 갖는 가치(예: 경쟁사들이 공통적으로 강조하는 '신뢰성'보다, '투명한 성분 공개' 또는 '지속 가능한 원료 공급'이 차별적일 수 있음).
- POP(Point of Parity): 경쟁사들도 공통적으로 강조하는 가치 또는 시장

표준 수준의 가치(예: '품질', '효능', '안전성' 등은 대부분 경쟁사들이 강조하는 기본 가치로서 차별적이지 않음).
- 비교 분석: 도출된 가치들을 표 또는 리스트로 정리하여, 차별적 가치와 비차별적 가치를 명확히 구분하고, 차별적 가치는 브랜드의 핵심 포지셔닝에 활용할 수 있도록 제안.

3. 최종 정리
- 핵심 가치 목록: 유사·중복 제거, 재구성, 차별적 가치와 비차별적 가치 구분 후, 브랜드의 핵심 차별성에 부합하는 '차별적 가치'와 시장 표준 또는 경쟁사 공통 가치인 '비차별적 가치'를 각각 명확히 정리.
- 가치 구조도 또는 표: 계층적 또는 연속적 구조로 정리하여, 최종 브랜드 핵심 가치와 차별성, 시장 내 위치를 한눈에 파악 가능하게 시각화.

브랜드 플랫폼(Brand Platform)

1. 자사 분석에서 도출한 브랜드 Key Value를 차별적 가치와 비차별적 가치로 나눠 정리해 줘.
- 차별적 가치는 경쟁사와의 비교에서 자사만의 강점이 드러나는 가치(예: 맞춤형, 투명성, 사회적 책임 등)
- 비차별적 가치는 업계 표준이거나 경쟁사도 공통적으로 강조하는 가치 (예: 신뢰, 품질, 혁신, 고객 중심 등)

2. 두 가지 관점에서 브랜드 아이덴티티를 각각 정의해 줘.
(1) 경쟁사 차별화 관점: 경쟁사와 차별화가 극대화되는 브랜드 아이덴티

티와 자사 강점 선택

(2) 소비자 관점: 소비자 관여도(Relevance)가 높은 브랜드 아이덴티티와 자사 강점, 자사가 강화해야 할 가치 선택

3. 위 두 관점에서 도출된 브랜드 아이덴티티 중 핵심 3가지를 선정해 줘.
4. 이 3가지 아이덴티티를 기반으로 브랜드 플랫폼을 아래와 같이 만들어 줘.
- 브랜드 에센스: 브랜드가 고객에게 전달하는 본질적 가치와 지향점(한 문장 또는 키워드)
- 브랜드 핵심 가치: 위에서 선정한 3개의 브랜드 아이덴티티(키워드)
- 밸류 프로포지션(Value Proposition): 브랜드 에센스와 핵심 가치를 기반으로, 우리의 타깃에게 어떤 가치를 약속하는지 한 문장으로 제시

에필로그

　브랜드 하나를 만들기 위해 기획부터 제품 출시까지 수많은 회의와 예상치 못한 난관들을 겪게 된다. 그런 과정을 잘 알기에 브랜드를 수행하는 모든 분들께 실무에 도움이 되기를 바라는 마음으로 이 책의 집필을 시작하게 되었다.

　시중에 나와 있는 책들은 두께나 내용, 생소한 해외 사례가 많아서 처음 브랜드 업무를 배우는 분들이 공부하기에는 쉽지 않다. 신입사원 때 읽기 시작한 데이비드 아커, 켈러의 브랜딩 책들을 15년이 지난 수석이 되어서야 이해할 수 있었다. 브랜드 고전을 읽으며 누구나 쉽게 읽을 수 있고 업무에 유용한 브랜딩 책이 있었으면 좋겠다고 늘 생각했다.

　용기를 내어 글쓰기를 시작했지만, 실제 현장에서 겪은 경험과 방법들을 잘 전달하지 못한 것 같아 아쉬운 마음이 든다. 이것은 나의 부족한 필력과 글쓰기 때문인지라 매우 부끄러운 마음이다.

　사회 초년생부터 팀장, 수석의 자리까지 늘 좋은 분들과 함께 일할 수 있었던 것은 나에게 가장 큰 축복이었다. 주니어 시절 친절하게 하나하나 알려 주신 박찬희 이사님의 도제식 교육은 브랜드에 대한 나의 눈을 뜨게 했다. 수석 시절 김은하 대표님과 브랜드를 논의하는 시간은 브랜드에 대해 가장 많이 배울 수 있어서 매우 감사한 순간이었다.

본부장 시절 이성훈 대표님, 김세진 대표님과 매일 늦은 밤까지 프로젝트를 함께 고민했는데, 이때의 경험은 나의 브랜드 시야를 더 풍부하게 만들던 시간이었다. 또 인생의 독서지기인 박종한 교수님과 강상만 대표님의 날카로운 통찰력과 따뜻한 조언은 지금도 나의 지식과 사고를 넓혀 주고 있다.

내가 무엇을 하더라도 언제든 응원해 주시고 따뜻한 마음을 내어 주시는 김희수 대표님, 그리고 중국에서 늘 기도해 주시는 장영권 목사님, 이 책을 쓰는 데 항상 옆에서 물심양면으로 도와준 아내 김성은, 이분들은 나에게 힘이 되어 주신 너무나 고마우신 스승이자 선배, 동료이다. 이분들을 만나지 못했다면 지금의 경험도 책도 존재하지 못했을 것이다. 이분들을 통해 얻은 값진 경험을 다시 사회에 나눔으로써 선배들의 고마움과 따뜻함이 세상에도 널리 퍼졌으면 좋겠다.

브랜드 수립에 정답은 없다. 하지만 브랜드 수립을 할 때 꼭 짚어야 할 내용만 담았다. 이 방법을 기반으로 더 많은 아이디어들이 더해지고 브랜드 아이덴티티를 수립하는 데 더 좋은 방법이 나오기를 바란다.

참고 자료

3-2. 자체내부평가 (2024. 컨설턴트 15명, 클라이언트 20명의 5점 척도 평가결과로 4.0초과=H, 4~3=MH, 3~2.5=M, 2.5미만=L로 표기함)

5-2. 위키백과, https://ko.wikipedia.org/wiki/아이폰

6-3. Keller, Kevin Lane, and Donald R. Lehmann. "How Do Brands Create Value?" Marketing Management, May-June 2003, pp. 27-31

9-2. 포스코인터내셔널 홈페이지 www.poscointl.com

9-3. 현대사이트솔루션 홈페이지 www.hd-xitesolution.com.

9-5. CJ올리브영 홈페이지 www.corp.oliveyoung.com

9-6. 메트리쿨 홈페이지 www.metricool.com

10-1. 디지털헬스케어 혁신동향과 정책 시사점. 과학기술정책연구원, 2019.

10-2. GS리테일 홈페이지 www.gsretail.com

10-3. KBS, MBC, SBS 지상파, SK, KT, LG iptv, 유튜브, 넷플릭스 등 홈페이지

11-1. 현대건설기계 내부 직원들의 브랜드 이미지 설문 조사 결과(2020)

11-2. 국가철도공단 일반 국민 브랜드 이미지 설문 조사 결과(2020)

11-3. 국내자산운용 소비자 조사 결과(2024)

11-4. 썸클라우드 홈페이지 www.some.co.kr(검색어: 이탈리아커피, 검색 기간: 2022.11.21.~2023.11.21. 연관어 분석 결과)

12-1. 김난도 외. 트렌드 코리아 2017. 미래의창, 2016, 2017, 2018, 2019, 2020, 2021.

12-2. "여행트렌드 분석 2019-2022". Korea Tourism Data Lab, 2024.

12-5. 국내 뷰티 조사 결과, 오픈서베이, 2019.
화장품 쇼핑 경험 및 소비패턴 변화, 픽플리 데이터 조사, 2025.

12-6 '헬스케어 서비스' FGD 조사 결과, 2022.

14-1. 은종성. 취향과 경험을 판매합니다. 책길, 2022.

14-2. 이동인, 이철희, 이대엽, 이승배. 건설기계 공학개론. 야스미디어, 2019.

14-3. "동남아 온라인 유통시장 현황 및 진출 방안". 2016.
유로모니터. "주요국 전자상거래 규모 비중". 2019.

15-1. "소비자가 인식하는 아파트 브랜드 구성요소 중요도 분석". 한양사이버대학교, 2019.

15-2. Global Power of Retailing 2021. Deloitte, 2021.
Global Channel Opportunity Framework. Deloitte, 2016.

15-3. Samil Insight. KPMG, 2020.
Automotive Executive Survey. KPMG, 2020.

21-1. 니켄 홈페이지 www.nikken.co.jp
Miyazawa, Hiroshi. Nikken Sekkei: Building the Future. Translated by Jeong Byungkyun and Kim Mi-hwa, Daega, 2023.

21-2. 어웨이 홈페이지 www.awaytravel.com

21-3. 에어비앤비 홈페이지 www.airbnb.com

21-4. 마녀공장 홈페이지 www.manyo.com